PETER HEINE
MÄRCHEN, MINIATUREN, MINARETTE

PETER HEINE

MÄRCHEN, MINIATUREN, MINARETTE

EINE KULTURGESCHICHTE

DER ISLAMISCHEN WELT

Die Deutsche Bibliothek verzeichnet diese Publikation in der
Deutschen Nationalbibliographie; detaillierte bibliographische
Daten sind im Internet über http://dnb.d-nb.de abrufbar.

© 2011 by Primus Verlag, Darmstadt
Die Herausgabe des Werkes wurde durch die Vereinsmitglieder
der WBG ermöglicht.
Gedruckt auf säurefreiem und alterungsbeständigem Papier

Umschlagabbildung: Dachterrasse mit Pfauen während des Monsunregens;
Ausschnitt aus einer Miniatur mit Darstellung der Ragini Setmalar
(Indische Miniatur, um 1800). © R. u. S. Michaud / akg-images
Umschlaggestaltung: Jutta Schneider, Frankfurt a. M.
Layout & Satz: Anja Harms, Oberursel
Printed in Germany
www.primusverlag.de
ISBN 978-3-89678-855-9

Lizenzausgabe für die WBG (Wissenschaftliche Buchgesellschaft), Darmstadt
Umschlagabbildung der WBG-Lizenzausgabe: Mazar-i-Sharif, Blaue Moschee,
Provinz Balkh, Afghanistan. © akg-images / Gerard Degeorge
Umschlaggestaltung der WBG-Lizenzausgabe: Peter Lohse, Heppenheim
www.wbg-wissenverbindet.de
ISBN 978-3-534-23798-2

INHALT

VORWORT 7

GRUNDLAGEN DES ISLAMS 8

Die Entstehung – Vom Polytheismus zum Monotheismus 10

Prophet und Koran – Muhammad und die Offenbarung 13

Die Fünf Säulen – Dogmatische und rituelle Grundlagen des Islams 19

Das islamische Recht – Verhalten zu Gott und zum Anderen 26

Sunniten und Schiiten – Mehrheiten und Sekten 32

Religiöse Sonderformen – Heterodoxien im Islam 39

Kritik und Reform – Moderne Formen des Islams 44

LITERATUREN IN DER ISLAMISCHEN WELT 46

Manuskripte und Drucke – Die Bücher der Muslime 48

Dichtung – Unter islamischer Kritik 59

Prosaformen – Von den Wissenschaften bis zum Märchen 63

Moderne Literaturen – Nationalität und Internationalität 76

BILDENDE KUNST 82

Das Bilderverbot – Landschaften, keine Menschen 84

Die Kalligraphie – Eine eigene Schriftkunst 88

Wandbilder und Miniaturen – Bildlicher Ausdruck 96

Die Moderne – Abstraktion und Kalligraphie 112

ISLAMISCHE ARCHITEKTUR 124

Moschee und Karawanserei – Ein Überblick 126

Die Moschee – Ort des Gebets 130

Die Madrasa – Ort des Lehrens und des Lernens 148

Mausoleen – Orte der Totenruhe und -verehrung 150

Paläste – Orte der Herrschaft 154

Basar und Karawanserei – Orte von Handel und Wandel 166

168 MUSIK IN DER ISLAMISCHEN WELT

170 **Musik und Tanz** – Die Haltung des islamischen Rechts

178 **Musikalische Praxis** – Die Stimme als Instrument

184 **Musikinstrumente** – Zupfen und Schlagen

194 **Musiktheorien** – Melodie und Rhythmus

202 TEXTILIEN IM ISLAM

204 **Stoffe mit Tradition** – Von Andalusien bis Indonesien

220 **Unter islamischen Vorzeichen** – Die Kleidung der Muslime

234 **Gewebt und geknüpft** – Teppiche

239 ANHANG

239 Anmerkungen

239 Literatur

240 Register der Glossarbegriffe

240 Bildnachweis

240 Dank

VORWORT

In den vergangenen beiden Jahrzehnten ist die politische und ideologiebestimmte Seite des Islams in den Blickpunkt des öffentlichen Interesses gerückt. Dabei ist in Vergessenheit geraten, dass unter islamischer Herrschaft eine Vielzahl von kulturellen Errungenschaften zur Blüte gelangte. In manchen Fällen fungierten Muslime als Vermittler zwischen dem Wissen der klassischen Antike und dem westlichen Abendland, in anderen machten sie das christliche Europa mit kulturellen Errungenschaften Indiens und Chinas bekannt. Dabei übten sie aber mehr als eine ‚Briefträgerfunktion‘ aus. Vielmehr entwickelten sie auf dieser Basis philosophisches Gedankengut, medizinische Methoden oder technische Konstruktionen weiter. Andere kulturelle Phänomene entstanden aus eigenen empirischen Erfahrungen oder waren Ergebnisse eigener kultureller Traditionen. Die spezifischen Besonderheiten der muslimischen Hochkulturen ergaben sich aus einem lebhaften inner-muslimischen Austausch an Sachen und Informationen, für den die enorme Mobilität der durch den Islam bestimmten Gesellschaften der Alten Welt verantwortlich war. Neben dieser Mobilität spielte für den Kulturaustausch auch die praktische Akzeptanzbereitschaft der Muslime für neue technische oder intellektuelle Entwicklungen eine große Rolle. Diese Akzeptanzbereitschaft ist in der Praxis des Kulturaustauschs heute noch festzustellen, auch wenn eine gewisse Furcht vor der ‚Westtoxikation‘ vor allem in konservativen muslimischen Kreise nicht zu leugnen ist. Dass die modernen muslimischen Gesellschaften in der Lage sind, aktuelle kulturelle Entwicklungen und Debatten in der westlichen Welt wahrzunehmen und für sich fruchtbar werden zu lassen, ohne in eine pure Imitation zu verfallen, kann an verschiedenen Beispielen thematisiert werden.

Der europäische Blick auf die islamische Welt ist häufig konzentriert auf die Regionen des Nahen und Mittleren Ostens. Doch der demographische Schwerpunkt des Islams liegt in Südasien, und der Staat mit der zahlenmäßig größten muslimischen Bevölkerung ist nach verbreiteter Auffassung das südostasiatische Indonesien. In diesem Buch wird versucht, auch die muslimische Kultur Süd- und Südostasiens mit einzubeziehen, selbst wenn die entsprechenden Informationen nicht in dem Maß zur Verfügung stehen, wie das im Bezug auf den Nahen und Mittleren Osten der Fall ist. Im Übrigen wird sich in den folgenden Ausführungen herausstellen, dass der kulturelle Einfluss von Muslimen aus den Regionen zwischen dem Atlantik und dem Oxus, also zwischen Nordafrika und Zentralasien, für die weiter östlich gelegenen muslimischen Gesellschaften unverkennbar ist.

Im Folgenden wird ein bewusst reduzierter Kulturbegriff verwendet. Die Kultur muslimischer Gesellschaften umfasst eine Vielzahl von Erscheinungen, die hier schon aus Platz- und Zeitgründen nicht beschrieben werden können. Auf kulturelle Phänomene wie Kochkunst, Recht oder Sport kann hier daher nicht eingegangen werden. Auch der weite Bereich der Sozial- und Wirtschaftsgeschichte, der für muslimische Gesellschaften ebenso bedeutsam ist wie für jede andere Gesellschaft, muss in diesem Buch leider ausgeblendet bleiben.

GRUNDLAGEN DES ISLAMS

Der Islam ist in der ersten Hälfte des 7. Jahrhunderts auf der Arabischen Halbinsel entstanden. Muhammad, der Religionsstifter des Islams, war Araber. Die wichtigsten dogmatischen Entwicklungen haben sich in Ländern wie Ägypten, Mesopotamien, also dem heutigen Irak, oder Syrien vollzogen und die immer noch einflussreichen Stätten islamischer Gelehrsamkeit finden sich in Städten wie Kairo, Tunis, Kerbela und Najaf im Irak oder im iranischen Ghom. In der Türkei, in Ankara, werden heute an der dortigen theologischen Fakultät die progressivsten Interpretationen des Korans versucht.

*„Wenn einer von euch seinen Islam
gut praktiziert, dann wird ihm jede gute Tat,
die er vollbringt, wie zehn solche Taten
gutgeschrieben bis zu siebenhundertfach."*

DIE ENTSTEHUNG – VOM POLYTHEISMUS ZUM MONOTHEISMUS

Der spätere Prophet des Islams, Muhammad, wurde um das Jahr 570 in der zentralarabischen Handelsstadt Mekka geboren. Die Stadt lag an der Kreuzung verschiedener Handelswege und war bekannt für Messen, bei denen eine Friedenspflicht galt, die sich auch auf die Hin- und Rückreise der Händler erstreckte. Auf diese Weise gelangten nicht nur verschiedenste Arten von Waren aus allen Teilen der damals bekannten Welt in die Geburtsstadt des Propheten, sondern auch Glaubensvorstellungen und religiöse Riten aus den benachbarten großen Kulturen des Alten Orient und der europäischen Antike.

RELIGIONEN VOR DEM ISLAM

Die ursprünglichen Glaubensüberzeugungen der sesshaften Einwohner Mekkas und der verschiedenen Nomadenstämme der Arabischen Halbinsel kann man als Formen des Animismus beschreiben. Die Welt wurde als von geistigen Wesen belebt vorgestellt, die mit gewöhnlichen und ungewöhnlichen Naturerscheinungen wie Quellen, Bäumen, Felsgruppen, aber auch Gestirnen und anderen Himmelserscheinungen in Verbindung gebracht wurden. Man glaubte, dass diese Geistwesen in der Lage seien, positiv oder negativ auf das Schicksal der Menschen Einfluss zu nehmen. Es wird auch vermutet, dass totemistische Vorstellungen auf der Arabischen Halbinsel nicht un-

bekannt waren. Danach gab es einige Stammesgruppen, die ihre Herkunft auf einen tierischen Urahn zurückführten und ihn verehrten. Stammesnamen wie „Kalb" (Hund) oder „Asad" (Löwe) werden als Indizien dafür angeführt. Offenbar hat sich aus den animistischen Vorstellungen die Idee von persönlichen Gottheiten entwickelt, die zwar ihre animistische lokale Herkunft nicht verleugnen, aber doch eine überregionale Bedeutung gewinnen konnten und neben lokalen Gottheiten in zahlreichen Regionen der Arabischen Halbinsel Verehrung erfuhren.

Wie sich das vor-islamische arabische Pantheon zusammensetzte, ist nicht bekannt. Schon sehr früh lässt sich jedoch eine Gottheit identifizieren, die als wichtigster Gott verstanden wurde. Nicht nur in Mekka, sondern auch in anderen Orten der Arabischen Halbinsel verstärkte sich diese Tendenz zur Vorstellung eines Hochgottes. Eine Rolle spielt dabei, dass das Wort für Gott im Arabischen „Ilâh" lautet. Der Artikel im Arabischen ist „al", woraus dann „Allâh" wurde. Mithin bedeutet der arabische Begriff „Allâh" so viel wie „der Gott". Allâh wurde offenbar als eine Vatergottheit verstanden. Daher ist es nicht erstaunlich, dass ihm eine Anzahl von Kindergottheiten zugesellt wurden. Zu ihnen gehören Göttinnen mit den Namen „al-Lât", „al-Manât" und „al-´Uzza". Neben diesen einheimischen Gottheiten wurden über

*Darstellungen der Kaaba und
der große Moschee von
Mekka sind vielfach ein Wandschmuck muslimischer Häuser;
hier eine Fayencewand aus dem
Palast des Kurschid-Pascha
in Kairo, 19. Jh. – die
Darstellung zeigt Mekka
im 15. Jh.*

die Handelswege einige Götter importiert, zu denen als wichtigster der Gott Hubal zu zählen ist, der aus dem damaligen Syrien nach Mekka kam. Dieser Import macht deutlich, wie leicht religiöse Vorstellungen nach Mekka gelangen und in den einheimischen Götterkanon integriert werden konnten.

Wichtigstes Heiligtum im vor-islamischen Mekka war die Kaaba, die der muslimischen Tradition nach von Abraham gebaut worden sein soll. Dabei handelt es sich um ein bis heute bestehendes quaderförmiges Gebäude, in dessen Außenseite ein Meteorit eingelassen ist. Im Inneren der Kaaba soll es Statuen und Bilder von verschiedenen Gottheiten gegeben haben.

JUDEN, CHRISTEN, MAGIER

Neben diesen alt-orientalischen Gottheiten fanden sich auch religiöse Vorstellungen, die dem entsprachen, was Juden und Christen auf der Arabischen Halbinsel in dieser Zeit glaubten. Man kann davon ausgehen, dass zumindest Christen in Mekka ihren Geschäften nachgingen. Die konfessionellen und dogmatischen Unterschiede innerhalb der orientalischen Christengemeinschaft mögen auch im letzten Viertel des 6. Jahrhunderts so deutlich gewesen sein, dass Christen sich über das Auftauchen einer neuen Religion kaum Gedanken gemacht haben. Wir wissen von einigen christlichen Einsiedlern, vor denen später auch die Angehörigen der muslimischen Kampftruppen einen großen Respekt hatten. In der Frühgeschichte der islamischen Offenbarungsberichte spielt darüber hinaus ein Christ nach muslimischer Überlieferung eine wichtige Rolle: Nach den ersten Offenbarungserfahrungen war der Prophet Muhammad unsicher im Bezug auf seine Berufung. Seine Frau Khadîja suchte daher einen Verwandten, Waraqa ibn Naufal, auf, einen Christen, „der die Schriften las". Sie berichtete ihm von Muhammads Erfahrungen, worauf dieser das Prophetentum Muhammads bestätigte und ihn in seiner Sendung bestärkte.

Neben Christen lebten auch größere Gruppen von Juden auf der Arabischen Halbinsel. Auch ihre Glaubensüberzeugungen und Rituale waren bekannt. Schließlich muss es auch einige Anhänger der persischen Religion des Zoroastrismus gegeben haben, die in den Quellen als „Majûs" (Magier) bezeichnet werden. Insgesamt war die religiöse Situation auf der Arabischen Halbinsel zur Zeit des ersten Auftretens des Propheten Muhammad vergleichsweise bunt. Offenbar gab es aber keine ernsthaften religiösen Auseinandersetzungen zwischen den verschiedenen Glaubensgemeinschaften.

PROPHET UND KORAN –
MUHAMMAD UND DIE OFFENBARUNG

Der Prophet Muhammad, über dessen Zeugung, Geburt und frühe Kindheit verschiedene wunderbare Erzählungen überliefert werden, verlor früh seine Eltern und musste sich als Kind bei der Familie seines Onkels väterlicherseits sein Auskommen durch das Hüten von Ziegen sichern. Später wurde er dann als Kaufmannsgehilfe tätig. Durch seinen Fleiß und seine Zuverlässigkeit wurde eine erfolgreiche Händlerin mit Namen Khadîja auf ihn aufmerksam, die ihm die Ehe anbot. Die Ehe mit der älteren Frau kam zustande. Sie war glücklich und Muhammad heiratete

keine weitere Frau, solange Khadîja lebte. Muhammad war ein nachdenklicher Mann, der zu den Menschen gehörte, die man in Mekka als HANÎF bezeichnete. Unzufrieden mit den religiösen Überzeugungen seiner Landsleute, war er auf der Suche nach einer überzeugenderen Glaubensvorstellung. Regelmäßig zog sich Muhammad mit seiner Familie in die Einsamkeit zum Fasten und Meditieren zurück. In einer Höhle des Berges Hîra hatte er eine Erscheinung: Der Engel Gabriel diktierte ihm die ersten Verse der Offenbarung, die in der Folge als Koran bezeichnet wur-

Als HANÎF wurden in vor-islamischer Zeit Personen bezeichnet, die statt der in ihrer Umgebung üblichen ‚falschen' Religion die ‚wahre' Religion bekennen.

Der Engel Gabriel besucht den Propheten. Osmanische Miniatur aus dem 17. Jh.

de. Dabei handelte es sich nach muslimischer Überzeugung um die Verse 1–5 der Sure 96 des Korans, die die Überschrift „al-Qalam" (Das Schreibrohr) trägt. Sie lautet in der Übersetzung von Friedrich Rückert:

> „Lies im Namen deines Herrn, der
> Den Menschen schuf aus zähem Blut.
> Lies, dein Herr ists, der dich erkor,
> Der unterwies mit dem Schreibrohr,
> Den Menschen unterwies er in dem,
> was er nicht weiß zuvor."

Der Prophet war tief erschüttert. Bei einer zweiten Offenbarung versuchte er, sich angesichts der auf ihn zukommenden Aufgabe zu verbergen, und bat Khadîja, ihn unter ihrem Mantel zu verstecken. Er fürchtete, dass es sich bei den Erscheinungen um Trugbilder handelte und er im Begriff war, den Verstand zu verlieren. Es war seine Frau Khadîja, die ihn bestätigte und ermunterte, an seine Mission, er sei der Prophet, der von Gott zu den Arabern als Verkünder der wahren Religion gesandt worden sei, zu glauben.

ÖFFENTLICHES AUFTRETEN

Als sich diese Überzeugung in ihm gefestigt hatte, trat er öffentlich auf und begann seine Lehre zu verkünden. Dabei betonte er die Einheit und Einzigkeit Gottes im Gegensatz zu den polytheistischen Überzeugungen seiner mekkanischen Landsleute. Der andere zentrale Aspekt seiner Predigten war die Lehre vom Jüngsten Gericht. Gott werde am Ende der Zeiten alle Menschen auferwecken und nach ihren Taten richten. Die, bei denen die guten Taten überwiegen, würden in das Paradies gelangen, die anderen müssten das Höllenfeuer erleiden. Alle Menschen seien daher dazu aufgerufen, die Gebote Gottes zu erfüllen, Gutes zu tun und schlechte Taten zu meiden. Die Vorstellung von einem Leben nach dem Tod und eine Bewertung all ihrer Handlungen in einem Jenseits war für die Zeitgenossen Muhammads sehr fremd. Die Reaktion der Mehrzahl seiner Zuhörer bestand aus Ablehnung und Spott. Man hielt ihn für besessen. Für diese Einschätzung sprach auch die Tatsache, dass er erklärte, Gott lasse ihm Offenbarungen zukommen. Man bezeichnete ihn als Dichter. Die arabischen Dichter aber

waren Personen, von denen man annahm, Geister wären für ihre Poesie mitverantwortlich. Muhammad wehrte sich heftig gegen die Behauptung, ein Dichter zu sein oder den Verstand verloren zu haben. Da seine Lehren zunächst jedoch nur auf geringe Zustimmung stießen, ignorierten die führenden Kreise Mekkas ihn anfangs. In einer weiteren Präzisierung seiner religiösen Überzeugungen, vor allem was die Lehre von der Einheit und Einzigkeit Gottes anging, sahen sie dann aber eine Gefahr für die polytheistischen Rituale in Mekka, die wiederum eng mit der Sicherheit der Märkte verbunden waren. Sie fürchteten, dass diese geschwächt würde und damit eine entscheidende wirtschaftliche Grundlage der Stadt in Gefahr geriete. Es kam zu ständigen Belästigungen und Verfolgungen der Mitglieder der jungen Gemeinde der Muslime, die vor allem aus Sklaven, Armen und „kleinen Leuten" bestand. An Muhammad selbst, der aus einer bedeutenden Familie Mekkas stammte, wagte man sich zunächst noch nicht heran. Je größer die Anhängerschaft des Propheten wurde, desto stärker wurde aber auch der Druck auf ihn.

DIE HIJRA UND DIE GRÜNDUNG DES ISLAMISCHEN STAATES

Schließlich war Muhammad gezwungen, Mekka mit seinen Anhängern zu verlassen. Nach entsprechenden Vorbereitungen und Verhandlungen wanderten die Muslime in die einige Tagesreisen westlich von Mekka gelegene Stadt Yathrib aus, die fortan den Namen Medina (Stadt des Propheten) erhielt. Mit dieser Auswanderung, der HIJRA, im Jahr 622 beginnt zugleich die islamische Zeitrechnung. Muhammad war in Medina nun nicht mehr allein religiöser, sondern auch politischer Führer.

Durch alle Jahre bis zu seinem Tod setzten sich die Offenbarungen des Korans fort. Dadurch wurden die Lehren des Islams komplexer und gingen über den engeren theologischen und rituellen Rahmen deutlich hinaus. Es finden sich nun auch Aussagen zu rechtlichen, gesellschaftlichen und politischen Fragen. Rasch begann auch die Auseinandersetzung mit seinen mekkanischen Gegnern, die er mit Unterbrechun-

عقعقدر اندز عقعقدن ذوالحلفه واردله

gen fast zehn Jahre lang führte. Zu den Gründen für seinen politisch-militärischen Erfolg zählten einerseits seine überraschenden Siege im Kampf gegen die Mekkaner, in deren Folge sich ihm immer mehr Stämme der Arabischen Halbinsel anschlossen. Wichtig war aber auch eine strategische Änderung der religiösen Vorstellungen. Muhammad war zunächst überzeugt, dass Gott ihn als Propheten zu den Arabern gesandt hatte. Er wusste, dass es andere Propheten vor ihm gegeben hatte, und war überzeugt, dass seine Lehren mit denen seiner Vorgänger übereinstimmten. In Medina musste er die Erfahrung machen, dass die dort ansässigen Juden sein Prophetentum nicht anerkannten. In der Folge verstand er sich nun als Prophet mit einem universalen, über die arabische Welt hinausgehenden Anspruch. Eine nicht unwichtige Konsequenz aus dieser Erweiterung seines Anspruchs war, dass nun Mekka und das dort vorhandene Heiligtum der Kaaba zum religiösen Zentrum des Islams wurde. Damit war den Mekkanern ein Hauptgrund für ihre Ablehnung des Islams, nämlich die Sorge um ihre wirtschaftlichen Möglichkeiten, genommen. Die Einnahme Mekkas durch muslimische Truppen ging daher relativ unproblematisch vonstatten. Im Jahr 632 starb Muhammad nach kurzer Krankheit.

ISLAMISCHE EXPANSION

Nach heftigen inneren Auseinandersetzungen, bei denen die weitere Existenz der jungen Staates von Medina auf Messers Schneide stand, konnte sich ein politisches System unter der Führung von Kalifen (Stellvertreter) etablieren, das einen erstaunlichen Expansionsdrang entwickelte. Arabische Beduinentruppen eroberten weite Landstriche des südlichen Ufers des Mittelmeers und drangen ab 711 nach Spanien vor. Erst 732 wurde diese Expansion im Westen bei Tours und Poitiers gestoppt. Nach der Eroberung des Persischen Reiches um 635 rückten muslimische Truppen weiter nach Osten und Norden vor und gelangten 711 bis in das indische Multan. Grund für die raschen Erfolge war die Tatsache, dass die muslimischen Heere in vielen Fällen auf politische und militärische Gegner stießen, die durch interne Auseinandersetzun-

gen oder lang andauernde Kämpfe mit feindlichen Staaten sehr geschwächt waren. Teilweise zog die ansässige Bevölkerung auch die muslimische Herrschaft der der bisherigen Machthaber vor.

Bei dieser militärischen Expansion handelte es sich um die Ausdehnung eines politischen und rechtlichen Systems, nicht etwa um die Ausbreitung des Islams als Religion. Diese Vorgehensweise entsprach militärischem wie politischem Pragmatismus. Die muslimischen Truppen und deren nicht-militärische Begleitung bildeten in den eroberten Gebieten teilweise verschwindend kleine Minderheiten, die nie in der Lage gewesen wären, diese Gebiete mit militärischen Mitteln gegen eine unwillige Mehrheitsbevölkerung zu halten.

Der Schwung der Expansion wäre verloren gegangen angesichts der ständigen Bemühung um die politische und militärische Kontrolle der gewonnenen Gebiete. Dieses „tolerante" Vorgehen war unter religiösen Gesichtspunkten möglich. Schon zur Zeit des Propheten Muhammad hatten die Angehörigen der Religionen des Judentums und des Christentums den Status als Schutzbefohlene („Dhimmî") erhalten. Sie hatten eine sogenannte Kopfsteuer („Jizya") zu bezahlen und galten zwar als Bürger zweiter Klasse, konnten aber Religions- und Ritualfreiheit in Anspruch nehmen. Neben Juden und Christen hatten auch die Angehörigen der iranischen zaratustrischen Religion diesen Status erhalten. In der Folge erklärten die muslimischen Eroberer auch die Anhänger von Religionen wie Hindus in Indien oder die Angehörigen von Ahnenkulten in Nordnigeria zu MAJÛS und vermieden so langwierige Konfrontationen.

HÄNDLER UND MISSIONARE

In einem größeren Teil der heutigen islamischen Welt verbreitete sich der Islam durch die Vermittlung von muslimischen Kaufleuten. Sie konnten sich bei ihrer „Mission" auf das Vorbild des Propheten Muhammad beziehen. Er hatte die Menschen durch seine Predigten, seine Überzeugungskraft und seine Persönlichkeit bewegen können, den Islam anzunehmen. Die mittelalterlichen Reise- und Kommunikationsbedin-

Muhammad zieht mit seinen Anhängern nach Mekka.

Während die religiösen Vorstellungen von Juden und Christen den frühen Muslimen in groben Zügen bekannt waren, fanden sich im Koran keine genauen Angaben über die Religion der MAJÛS.

gungen machten es notwendig, dass sich muslimische Händler oft jahrelang in fremden Handelsstädten aufhielten. Manche ließen sich hier auch auf Dauer nieder. In zahlreichen Fällen entstanden neben den Ansiedlungen der einheimischen Bevölkerung Zwillingsstädte, die von den muslimischen Kaufleuten bewohnt wurden.

Die Händler, die in der Regel ohne familiären Anhang zu ihren langfristigen Unternehmungen aufgebrochen waren, gingen Ehen mit einheimischen Frauen ein, die in vielen Fällen die Religion ihrer Ehemänner annahmen. Die Kinder aus diesen Verbindungen waren nach dem islamischen Recht ohnehin Muslime. So reproduzierten sich diese kleinen muslimischen Gemeinden und wuchsen, wenn dies auch ein sehr langsamer Prozess war.

Noch einen weiteren Faktor gab es für die Annahme des Islams in vielen Regionen Afrikas und Asiens. Der Handel in diesen Ländern wurde in der Regel von den Herrschern monopolisiert oder zumindest strikt kontrolliert. Auf diese Weise kamen die muslimischen Händler mit den herrschenden Eliten der Länder, in denen sie sich aufhielten, in ständigen Kontakt. Die Muslime verfügten über Kulturtechniken wie Schreiben und komplexere Rechenoperationen, die diesen Eliten nicht bekannt waren. Die Herrscher erkannten bald die Vorteile dieser Kompetenzen und beauftragten die fremden Muslime mit verschiedenen Funktionen in ihrem Herrschaftsgebiet. Dazu gehörten das Steuerwesen, diplomatische Aufgaben und die Abfassung von Chroniken, in denen die Taten der Herrscher lobend geschildert wurden. Die kulturelle Überlegenheit bezog auch nach und nach ihre religiösen Vorstellungen mit ein. Nach einer gewissen Zeit übernahmen die Herrscher und ihre engere Umgebung den Islam. Die Islamisierung der gesamten Bevölkerung folgte dann in einer sehr langsamen Entwicklung.

DIE FÜNF SÄULEN – DOGMATISCHE UND RITUELLE GRUNDLAGEN DES ISLAMS

Muhammad hinterließ bei seinem Tod ein erst in Umrissen erkennbares religiöses System, das sich dann in den folgenden 100 Jahren zu dem entwickelte, was wir heute als Islam kennen. Wie jede andere Religion hat sich der Islam in den mehr als 1400 Jahren seiner Geschichte weiterentwickelt und stellt sich heute in unterschiedlichen Ausprägungen dar. Man kann aber einige grundlegende Gemeinsamkeiten der verschiedenen Formen des Islams feststellen. Große Gemeinsamkeiten bestehen vor allem im Bereich der Dogmatik, die sich durch Einfachheit auszeichnet.

DAS GLAUBENSBEKENNTNIS

Muslime glauben und bezeugen, dass es keinen Gott außer Gott gibt und dass Mohammed der Gesandte Gottes ist. Die „Beigesellung" von anderen Göttern oder gottähnlichen Personen oder Sachen wird von der muslimischen Dogmatik als die größte vorstellbare Sünde angesehen. Konsequenterweise lehnt der Islam auch die Trinitätslehre des Christentums strikt ab. Für Muslime ist Gott der alleinige Weltenherrscher, Schöpfer des Himmels und der Erde. In seiner Allmacht kümmert sich Gott weiterhin um seine Schöpfung und führt sie bis in alle Ewigkeit fort. Weil Gott der Schöpfer aller Dinge ist, hat er Anspruch auf den Gehorsam aller seiner Geschöpfe. Am Ende der Zeiten wird er als strenger und gerechter Richter von den Menschen Rechenschaft für ihr Verhalten ihm und seinen Geboten gegenüber einfordern. Der Mensch ist Gott gegenüber direkt verantwortlich, eine Mittlerperson oder -institution wie Priester, Schamanen oder Kirchen u. Ä. ist nicht erforderlich.

DAS PROPHETENTUM MUHAMMADS

Der zweite Teil des islamischen Dogmas ist das des Prophetentums Muhammads. Nach muslimischer Überzeugung ist Muhammad ein Mensch, der von Gott mit einer Botschaft an die Menschen gesandt worden ist. Nach ihm wird kein weiterer Prophet mehr folgen. Daher wird er als das Siegel der Propheten bezeichnet. Wer dennoch erklärt, dass er ein Prophet sei, wird als Häretiker verfolgt.

Die Schahâda (Glaubensbekenntnis) wird in zahlreichen kalligraphischen arabischen Formen dargestellt.

Die verschiedenen Gebets-haltungen zeigt diese Darstellung aus dem 19. Jh.

Als QIBLA *bezeichnet man die Gebetsrichtung nach Mekka, die der Muslim bei jedem Pflichtgebet einnehmen muss. In Moscheen oder auch in Hotels wird diese Richtung durch verschiedenartige Markierungen angegeben.*

Unter einem IMÂM *wird nicht nur der Vorbeter beim freitäglichen Gemeinschaftsgebet verstanden, sondern auch die großen Gestalten der schiitischen Religionsgeschichte.*

Nach früh entstandenen muslimischen Traditionen war Muhammad ein sündenloser Mensch. Er gehört zu den wenigen Menschen, denen schon zu Lebzeiten ein Platz im Paradies versprochen wurde. Sein Verhalten hat daher einen paradigmatischen Charakter für jeden Muslim. Seine Biographie wurde zu einem häufig zitierten Text. Sein Geburtstag wird alljährlich vor allem im sunnitischen Islam gefeiert. Dabei werden Teile aus der Lebensgeschichte des Propheten zitiert und diese so lebendig gehalten. Muslime sind überzeugt, dass ihnen der Prophet Muhammad im Traum erscheinen kann, um ihnen Ratschläge und Ermahnungen zukommen zu lassen. Beleidigungen des Propheten durch Muslime werden als Zeichen für den Abfall vom Islam gesehen. Manche Muslime sehen sie als ein todeswürdiges Verbrechen an.

GEBET UND FASTEN, ALMOSEN UND PILGERFAHRT

Angesichts der Einfachheit des islamischen Dogmas mag es nicht erstaunen, dass nach muslimischem Verständnis der Erfüllung der Gebote Gottes eine besondere Bedeutung zukommt. In der Regel spricht man in diesem Zusammenhang von den fünf Säulen des Islams. Diese zentralen Gebote Gottes sind für Gläubige beiderlei Geschlechts verbindlich. Die erste Glaubenspflicht, das Glaubensbekenntnis („Schahâda"), ist zugleich der Eintrittsakt in den Islam. Das Bekenntnis zum Islam muss absolut freiwillig erfolgen. Es handelt sich um einen Vorgang, der nicht zurückgenommen werden kann.

Im Verlauf des Lebens wiederholen die Gläubigen die Schahâda unzählige Male im Gebet, aber auch in kritischen Situationen des Lebens. Die Schahâda

wird dem Neugeborenen von der Hebamme als Erstes ins Ohr geflüstert. Die letzen Worte, die ein Sterbender von sich gibt, sollten die Schahâda sein.

Das erste Gebot Gottes, dessen Erfüllung sich ständig wiederholt, ist das tägliche Pflichtgebet („Salât"). Von der Geschlechtsreife an muss der Muslim fünfmal am Tag im Zustand der rituellen Reinheit an einem reinen Ort bei Ausrichtung auf die QIBLA eine Reihe von vorgeschriebenen Gebeten verrichten. Dabei muss er verschiedene Körperhaltungen einnehmen. Die Betenden stehen, beugen sich nach vorn, knien nieder und berühren in einer Vorwärtsbewegung mit der Stirn den Boden, dann richten sie sich wieder in eine kniende Position auf. Die Gebetszeiten beginnen mit dem Mittagsgebet, dem die Gebete am Nachmittag, am Abend, in der Nacht und vor Morgengrauen folgen. Unter Umständen können zwei Gebete zusammengelegt werden. Versäumte Gebete müssen nachgeholt werden. Von dem Gebet am Freitagmittag abgesehen sind die Gebete Individualgebete. Es wird jedoch als schön empfunden, wenn sich mehrere Beter auch bei den täglichen Pflichtgebeten zusammenfinden. Zum Gebet am Freitagmittag treffen die Gläubigen einer Stadt zu einem Gemeinschaftsgebet in der Freitagsmoschee zusammen. Damit dieses Gebet gleichmäßig vollzogen werden kann, übernimmt ein Gläubiger das Amt des Vorbeters („IMÂM"). Dazu bedarf es keiner speziellen Ausbildung oder eines Ernennungsrituals. Der Imâm muss jedoch frei von körperlichen Mängeln sein. In der Regel ist der Imâm ein Mann. Beten ausschließlich Frauen in Gemeinschaft, kann auch eine Frau das Amt des Vorbeters ausüben. Das Freitagsgebet wird von einer Predigt unterbrochen, in der die Betenden ermahnt werden, das Gute zu tun und das Böse zu meiden. Bei dieser Gelegenheit wird auch des Herrschers gedacht. In vielen Moscheen wird das Amt des Predigers heute von der Moscheegemeinde oder von staatlichen Institutionen bezahlt.

Die nach dem Gebet wichtigste Glaubenspflicht der Muslime ist das Fasten im Monat Ramadan. Im 9. Monat des islamischen Mondkalenders verzichten die Gläubigen von dem Moment an, da man am Morgen einen weißen von einem schwarzen Faden unterscheiden kann, bis zu dem Zeitpunkt, zu dem dies am Abend nicht mehr möglich ist, auf jede feste oder flüssige Nahrung, auch auf das Rauchen und auf sexuelle Aktivitäten. Nach Einbrechen der Dunkelheit sind diese Restriktionen bis zum folgenden Morgen aufgehoben. Dann sind Essen, Trinken usw. erlaubt. Im Ramadan bemühen sich die Gläubigen auch sonst um ein besonders gottgefälliges Leben. Der Fastenmonat endet mit dem zweitägigen Fest des Fastenbrechens.

Zu den Glaubenspflichten zählt ferner eine Pflichtabgabe („Zakât"), die jährlich zu erstatten ist. Sie ist vornehmlich für Arme und Bedürftige bestimmt, für Gefangene, Verschuldete, für Menschen, die im Begriff sind, zum Islam zu konvertieren, und für die Kämpfer im Glaubenskrieg. Auch die Verwaltter der Zakât-Mittel werden aus eben diesen entlohnt. Die Höhe der Abgabe von bis zu einem Zehntel ist abhängig von dem vorhandenen Vermögen oder der Art, durch die es erworben wurde. So sind auf Vermögen aus Feldarbeit niedrigere Abgaben zu entrichten als auf solche aus Handelsgeschäften. Die Abgabe wird nur in wenigen muslimischen Ländern staatlich erhoben, ansonsten erfolgt sie ohne öffentliche oder sonstige administrative Kontrolle. Von manchen Gelehrten wird sie als wichtiger als das Gebet erachtet.

Die fünfte Glaubenspflicht ist die Pilgerfahrt („Hâjj"), die die Gläubigen einmal im Leben zu den heiligen Stätten des Islams in und um Mekka erfüllen müssen, wenn sie dazu körperlich und finanziell in der Lage sind. Ein Muslim kann als Stellvertreter für jemanden, der dazu nicht in der Lage ist, die Pilgerfahrt vollziehen. Er muss die Wallfahrt jedoch zuvor für sich selbst schon durchgeführt haben. Es handelt sich um ein komplexes, mehrere Tage andauerndes Ritual, dessen religiösen Höhepunkt „das Stehen auf dem Berge Arafât" darstellt. Mit dem Ausruf „Labaika" (Da bin ich, Gott) stellen sich die Gläubigen ganz unter den Willen Gottes, ein für viele Muslime zutiefst bewegender und erschütternder Augenblick. Zum Pilgerritual gehört auch ein Schlachtopfer, das

An langen, in einer Moschee aufgestellten Tischen brechen saudische Muslime gemeinsam das Fasten.

Das Stehen auf dem Berg Arafat, der auch „Berg der Erbarmung" genannt wird,

bedeutet für die muslimischen Pilger den geistig-religiösen Höhepunkt der umfangreichen

Rituale der Pilgerfahrt. Dicht an dicht stehen Männer und Frauen in die weißen

Pilgergewänder gehüllt auf dem heiligen Berg und stellen sich mit dem Wort „Labaika"

(Da bin ich, Gott) ganz unter den Willen Gottes, nachdem viele von ihnen in großen

Gruppen den Weg dorthin zu Fuß zurückgelegt haben. Auf diesem ca. 20 km langen

Marsch erfahren sie in besonderer Weise die Einheit der muslimischen Glaubens-

gemeinschaft. Für die Gläubigen erfüllt sich in diesem Ritual ein zentraler Wunsch ihres

religiösen, aber auch ihres sozialen Lebens, auf den sich die Mehrzahl von ihnen

über Jahre vorbereitet hat. Viele machen hier eine religiöse Erfahrung, die sie für ihr

ganzes weiteres Leben tief prägt.

an diesem Tag, dem Opferfest, von allen Familien in der islamischen Welt mitvollzogen wird. Zur Pilgerfahrt kommen Muslime aus aller Welt zusammen. Viele erfahren bei dieser Gelegenheit die konkrete Universalität ihrer Religion. Hier kam und kommt es immer wieder zum Austausch von Informationen und politischen und religiösen Anschauungen, die dann ihre Wirkung in den verschiedenen Herkunftsländern nicht verfehlten. Auch heute noch ist es in jedem Jahr ein zentrales Ereignis in der gesamten islamischen Welt.

DER GLAUBENSKAMPF

Der Begriff JIHÂD *wird in der Regel durch „fî sabîli llâh" (auf dem Wege Gottes) ergänzt. In seiner Grundbedeutung versteht man unter Jihâd die Anstrengung aller Kräfte, um ein Ziel zu erreichen.*

Unter muslimischen Religionsgelehrten herrscht keine Einigkeit, ob der „JIHÂD" (Glaubenskampf) zu den Glaubenspflichten der Muslime gehört. Auch die religionsgeographischen Konzepte sind nicht einheitlich. Eine Mehrheit der Gelehrten teilt die folgende Auffassung: Die Welt lässt sich in mehrere Bereiche einteilen. Der erste Teil ist das Gebiet des Islams („Dâr al-Islâm"), in dem das islamische Recht zur Anwendung kommt und ein Muslim Staatsoberhaupt ist. Nach der klassischen Definition steht der Dâr al-Islâm das Gebiet des Krieges („Dâr al-Harb") gegenüber. Das ist das Gebiet, in dem das islamische Recht nicht gilt und das von einem Nicht-Muslim regiert wird. Muslime sollten sich dort nur in Ausnahmefällen aufhalten, sei es als Kaufleute, zu Studienzwecken oder als Diplomaten. Urlaubs- oder Erholungsreisen sind dagegen abzulehnen.

Muhammad verfolgt die geschlagenen Mekkaner.

Da mit den sich verändernden internationalen Beziehungen eine rigide Abschottung der Gebiete des Islams und des Krieges unrealistisch geworden ist, hat das islamische Recht eine weitere Kategorie für die Einteilung der Welt, die „Dâr al-Ahd" (Gebiet des Vertrages), entwickelt. Darunter versteht man die Teile der nicht-islamischen Welt, in denen Muslime den Pflichten ihrer Religion ungehindert nachkommen können. Die Frage der Übergänge zwischen Dâr al-Harb und Dâr al-Ahd sind bisher jedoch nicht eindeutig definiert.

Mit der Idee vom Glaubenskampf war die eschatologische Vorstellung verbunden, dass erst dann das Ende der Welt eintreten werde, wenn alle Menschen auf der Welt mit dem Islam bekannt gemacht worden seien und die Gelegenheit gehabt hätten, sich der Religion der Muslime freiwillig anzuschließen. In frühislamischer Zeit wurde die Pflicht zum Jihâd als Individualpflicht der Muslime, die dazu in der Lage waren, betrachtet. Je größer das islamische Reich wurde und je komplexer sich dessen administrative und militärische Strukturen gestalteten, desto mehr wurde der Glaubenskampf zu einer Individualpflicht des Kalifen, des Beherrschers der Gläubigen, bzw. der von ihm beauftragten regionalen Machthaber. Daher ging nach und nach die Pflicht zum Jihâd auf die regionalen Herrscher über. Es kam zu einer Regionalisierung dieser verpflichtenden Aufgabe.

Muslimische Gelehrte erklären heute den Jihâd zu einem defensiven Konzept. Der Jihâd dürfe nur dann ausgerufen werden, wenn ein Teil der Dâr al-Islâm angegriffen werde. Zur Verteidigung sollten dann die Muslime der Region eilen, die angegriffen werde. Diese Verteidigung muss nicht unbedingt auf militärische Mittel reduziert werden. Die Verbreitung des Islams durch friedliche Mittel wird ebenfalls als Jihâd verstanden.

Die militärische Form des Glaubenskampfes wird als der „kleine Jihâd" bezeichnet. Unter dem „großen Jihâd" versteht man dagegen die individuellen Bemühungen jedes Gläubigen, ein möglichst gottgefälliges Leben zu führen, seine eigenen Schwächen zu bekämpfen und Gottes Gebote zu erfüllen. Dieser persönliche Kampf ist natürliche Verpflichtung für alle Muslime. Die muslimischen Theoretiker des Jihâd haben verschiedene Unterkategorien des Jihâd entwickelt. Dazu gehören der Jihâd der Hand, der Jihâd der Zunge und der Jihâd des Herzens. Die Gläubigen erfüllen die Pflicht des Jihâd des Herzens, indem sie sich bemühen, den Teufel zu bekämpfen und sich gegen die Verführung zum Bösen zur Wehr setzen. Beim Jihâd der Zunge oder der Hand bemühen sie sich, mit Wort und Tat das Gute zu befördern und das Schlechte zu verhindern.

DAS ISLAMISCHE RECHT – VERHALTEN ZU GOTT UND ZUM ANDEREN

Die für Muslime zu verbindlichen Präzedenzfällen erhobenen Aussagen und Handlungen des Propheten Muhammad werden als **SUNNA** *bezeichnet. Daneben wird Sunna auch als Kollektivbegriff für die Mehrheitsgruppe der Muslime, die Sunniten, verwendet.*

Der **MUFTÎ** *ist eine im islamischen Recht ausgebildete Person, die die Methoden der Rechtsschöpfung beherrscht und die bedeutenden Entscheidungen großer Rechtsgelehrter kennt. Auf dieser Basis erteilt er eine* **FATWÂ** *(Pl. Fatâwâ), ein Rechtsgutachten.*

Beginn der 2. Sure des Korans, in der zahlreiche rechtliche Tatbestände festgelegt werden.

Einer der von Nicht-Muslimen häufig debattierten Begriffe im Zusammenhang mit dem Islam ist der der Scharia. Das Wort bedeutet eigentlich „Weg zur Wasserstelle". Es handelt sich dabei weniger um ein kodifiziertes Recht als vielmehr um eine Methode und eine Methodologie der Rechtsschöpfung. Da jeder Muslim alle seinen Handlungen, auch die ganz alltäglichen, einem Raster für gute und schlechte Handlungen unterwerfen muss, braucht er einen entsprechenden Kriterienkatalog. Häufig kann der durchschnittlich gebildete Gläubige diesen aber nicht in einer für ihn selbst heilsgewissen Weise anwenden. Daher gibt es Rechtsgutachter („**MUFTÎ**"), die auf die entsprechenden Anfragen hin oder aus eigenem Antrieb Rechtsgutachten („**FATWÂ**") erstellen. Sie benutzen dazu in der Regel verschiedene Rechtsquellen.

DIE RECHTSQUELLEN

Die erste und wichtigste islamische Rechtsquelle ist der Koran selbst, in dem zum Strafrecht und Zivilrecht verschiedene Aussagen gemacht werden. Da mit dem Tod des Propheten die Offenbarung abgebrochen ist, die gesellschaftliche und damit auch die rechtliche, wirtschaftliche und kulturelle Entwicklung aber nicht stehenblieb, mussten weitere Quellen hinzugezogen werden.

Da der Prophet Muhammad als sündenfreier Mensch gilt, werden alle seine Handlungen von den Muslimen als mit dem Willen Gottes übereinstimmend angesehen. Daher lag es nahe, die Berichte über sein Leben als Quelle für die islamische Rechtsprechung zu verwenden. Systematisch wurden also schon bald nach dem Tod Muhammads die Aussprüche Muhammads und die Überlieferungen über seine Handlungen gesammelt. Diese einzelnen Prophetentraditionen werden „Hadîth" (Pl. Ahâdîth), wörtlich Ereignis oder Bericht, genannt. Die Sammlung all dieser Traditionen wird auch als „**SUNNA**" (Brauch) bezeichnet. Ein solcher „Hadîth" ist aus zwei Teilen zusammengesetzt. Der erste Teil ist die Überliefererkette („Isnâd"). Sie besteht aus mindestens drei Namen, die die Überlieferer benennen und schließlich auf den Propheten führen. Sie können lauten: „Es berichtete mir Mansûr. Er sagte: Ich hörte Râbi ibn Hirasch sagen: Ich hörte ´Alî sagen: Der Prophet Gottes, Gott erbarme sich seiner und schenke ihm Heil, hat gesagt: ‚Lügt mich nicht an. Denn wer mich anlügt, geht ganz gewiss in das Feuer der Hölle.'" Der eigentliche Text der wörtlichen Rede des Propheten wird als „Matn" (Hauptsache, Text) bezeichnet.

Schon den frühen Muslimen war bewusst, dass aus verschiedenen Gründen solche Überlieferungen von Worten und Aussprüchen des Propheten gefälscht werden konnten. Ein Motiv konnte sein, dass man Ansprüche auf politische Positionen durch einen entsprechenden Hadîth zu unterstützen oder aber den Inhaber einer politischen Position durch einen solchen Text zu diskreditieren versuchte. Daher begannen muslimische Gelehrte schon früh, Kriterien aufzustellen, mit denen man echte von gefälschten Prophetentraditionen unterscheiden konnte. Ein Hauptkriterium war dabei, dass der Hadîth Aussagen des Korans nicht widersprechen durfte. Die Traditionen mussten auch dem kulturellen und gesellschaftlichen Kontext der früh-islamischen Gemeinde entsprechen. Das war einer der Gründe, warum man schon früh begann, Berichte über vor- und früh-islamische kulturelle und gesellschaftliche Verhältnisse zu sammeln und zu tradieren, auch wenn sie nichts mit dem Leben des Propheten zu tun hatten. Neben diesen inhaltlichen

AUS DEM KORAN

DER MUSLIMISCHE DUODEKALOG

„Setze Gott keinen anderen Gott zur Seite, sonst wirst du dasitzen, gescholten und im Stich gelassen. Und dein Herr hat bestimmt, dass ihr nur Ihm dienen sollt und dass man die Eltern gut behandeln soll. Wenn einer von ihnen oder beide bei dir ein hohes Alter erreichen, so sage nicht zu ihnen ‚Pfui!‘ und fahre sie nicht an und sprich zu ihnen ehrerbietige Worte. Und senke für sie aus Barmherzigkeit den Flügel der Untergebenheit und sage: ‚Mein Herr, erbarme Dich ihrer, wie sie mich aufgezogen haben, als ich klein war.‘ Euer Herr weiß besser, was in eurem Inneren ist. Wenn ihr rechtschaffen seid, so ist Er für die, die immer wieder umkehren, voller Vergebung.

Und lass dem Verwandten sein Recht zukommen, ebenso dem Bedürftigen und dem Reisenden, aber handele nicht ganz verschwenderisch. Diejenigen, die verschwenderisch sind, sind die Brüder der Satane; und Satan ist gegenüber seinem Herrn sehr undankbar. Und falls du dich von ihnen abwendest im Streben nach einer von dir erhofften Barmherzigkeit von deinem Herrn, so sprich zu ihnen milde Worte.

Und lass deine Hand nicht an deinem Hals gefesselt sein, aber strecke sie auch nicht vollständig aus. Sonst würdest du getadelt und mittellos dasitzen. Dein Herr teilt den Lebensunterhalt großzügig, wem er will, und auch bemessen zu. Er hat Kenntnis von seinen Dienern und Er sieht sie wohl.

Und tötet nicht eure Kinder aus Furcht vor Verarmung. Ihnen und euch bescheren Wir doch den Lebensunterhalt. Sie zu töten, ist eine große Sünde. Und nähert euch nicht der Unzucht. Sie ist etwas Schändliches und ein übler Weg. Und tötet nicht den Menschen, den Gott für unantastbar erklärt hat; es sei denn bei vorliegender Berechtigung. Wird jemand ungerechterweise getötet, so geben Wir seinem Verwandten Vollmacht (ihn zu rächen). Nur soll er nicht maßlos im Töten sein; siehe, er wird Beistand finden.

Und nähert euch nicht dem Vermögen des Waisenkindes, es sei denn auf die beste Art, bis es seine Vollkraft erreicht hat.

Und erfüllt eingegangene Verpflichtungen. Über die Verpflichtungen wird Rechenschaft gefordert.

Und gebt volles Maß, wenn ihr messt. Und wägt mit der richtigen Waage. Das ist besser und führt zu einem schöneren Ergebnis.

Und verfolge nicht das, wovon du kein Wissen hast. Über Gehör, Augenlicht und Herz, über all das wird Rechenschaft gefordert.

Und schreite nicht unbekümmert auf der Erde einher. Du wirst ja die Erde nicht durchbohren und die Berge an Höhe nicht erreichen können.“ (Sure 17, 22 – 38)

DAS GEBET

„O ihr, die ihr glaubt, wenn ihr euch zum Gebet hinstellt, so wascht vorher euer Gesicht und eure Hände bis zu den Ellbogen und streicht euch über den Kopf und wascht eure Füße bis zu den Knöcheln. Wenn ihr sexuell verunreinigt seid, dann reinigt euch. Und wenn ihr krank oder auf Reisen seid, oder wenn einer von euch vom Abort kommt, oder wenn ihr die Frauen berührt habt und ihr kein Wasser findet, dann sucht einen sauberen Boden und streicht euch davon über das Gesicht und die Hände. Gott will euch keine Bedrängnis auferlegen, sondern Er will euch rein machen und seine Gnade an euch vollenden, auf dass ihr dankbar seid.“ (Sure 5, 6)

DAS ALMOSEN

„Das Almosen ist bestimmt für die Armen, die Bedürftigen, die, die damit befasst sind, die, deren Herzen damit vertraut gemacht werden sollen, die Gefangenen, die Verschuldeten, für den Einsatz auf dem Wege Gottes und für den Reisenden. Es ist eine Rechtspflicht von Seiten Gottes. Und Gott weiß Bescheid und ist weise.“ (Sure 9, 60)

DIE TALIO

„Eine schlechte Tat soll mit etwas gleich Bösem vergolten werden. Wer aber verzeiht und Besserung schafft, dessen Lohn obliegt Gott. Er liebt ja die nicht, die Unrecht tun.“ (Sure 42, 40)

Kriterien wurden aber auch formale herausgearbeitet. In einem umfänglichen, geradezu wissenschaftlichen Prozess wurde die Plausibilität der Überliefererkette überprüft. Man untersuchte, ob sich die einzelnen Personen in der Kette gekannt haben konnten, weil sie eine gemeinsame Lebensspanne aufwiesen und sich gleichzeitig an ein und demselben Ort aufgehalten hatten. Für die einzelnen Überlieferer wurden auch charakterliche Kriterien entwickelt. Wenn jemand als Lügner bekannt war, er des Weinkonsums beschuldigt wurde oder ihm Verstandeskräfte fehlten, wurde die Echtheit der entsprechenden Überlieferung bezweifelt. Auch die Berichte von Kindern vor der Pubertät wurden als problematisch angesehen. Wenn ein Tradent nur in einem einzigen Isnâd genannt wurde, galt die Echtheit des entsprechenden Hadîth als problematisch. Später interessierten sich die Gelehrten auch für die „durchgefallenen" Prophetenüberlieferungen. Sie können aber nicht als Quelle für die islamische Rechtsprechung verwendet werden.

Die als authentisch angesehenen Prophetentraditionen wurden in fünf oder sechs umfänglichen Sammlungen zusammengetragen, inhaltlich oder nach den Tradenten strukturiert und können heute auch mithilfe der EDV genutzt werden. Dennoch gibt es weiterhin Kontroversen um die Echtheit einzelner Überlieferungen. Das gilt vor allem für die Beurteilung einzelner Traditionen durch sunnitische und schiitische Religionsgelehrte. Alles in allem soll es ca. 60 000 unterschiedliche Traditionen geben, die auf den Propheten Muhammad zurückgeführt werden. Da die Kanonisierung der Sammlungen der Prophetentraditionen spätestens 915 abgeschlossen waren, ergab sich angesichts immer wieder neu entstehender religiöser, ethischer, aber auch ganz alltäglicher Fragen, auf die auch die Überlieferungen keine Antwort geben konnten, die Notwendigkeit zur Entwicklung weiterer Rechtsquellen.

ANALOGIESCHLUSS UND KONSENS

Zu nennen ist hier zunächst der Analogieschluss („Qiyâs"). In Fällen, die mit Beispielen vergleichbar sind, die im Koran oder den Prophetentraditionen geklärt werden, wird analog entschieden. Ein Beispiel aus den Prophetentraditionen wird als Beleg für die Akzeptanz des Qiyâs angeführt: „Ein Mann kam zum Propheten und sagte: Mein Vater ist gestorben, ohne die im Islam verpflichtende Wallfahrt vollzogen zu haben. Soll ich an seiner Stelle die Wallfahrt leisten? Der Prophet sagte: Was meinst du, wenn dein Vater Schulden hinterlässt, würdest du sie dann für ihn begleichen? Er antwortete: Ja. Der Prophet sagte: Dann leiste die Wallfahrt anstelle deines Vaters." Der Prophet schließt hier von der Verpflichtung der Rückzahlung einer dinglichen Schuld auf die Erfüllung einer religiösen Schuld gegenüber Gott.

Ferner gibt es als Rechtsquelle noch den Konsens („Ijmâ'"). Dieser geht zurück auf eine Prophetentradition. Vom Propheten wird der Ausspruch überliefert, dass die Gemeinschaft der Muslime in einer wichtigen Angelegenheit in ihrer Gesamtheit nicht in die Irre gehen werde. Man geht davon aus, dass anderenfalls einer oder mehrere Gelehrte auftreten würden, die gegen problematische Entwicklungen das Wort erheben. Die Gelehrten greifen schließlich als Rechtsquelle bei ihren Entscheidungen auf den gesunden Menschenverstand („Ray") und auf das „Gutdünken" zurück. Von praktischer Bedeutung für ihre Entscheidungen ist schließlich auch noch das Gewohnheitsrecht.

FUNKTIONEN DES RECHTS

Ziel und Zweck jedes rechtlichen Handelns im Islam ist die Erkennung und Durchsetzung rechtmäßiger und schützenswerter Interessen oder das Allgemeinwohl. Die Gelehrten sind der Ansicht, dass der Mensch zwar in der Lage ist, die Prinzipien des Allgemeinwohls mithilfe des Verstandes zu erkennen. Sie sind aber auch davon überzeugt: „Die Interessen des Menschen im Leben sind zahlreich und unterschiedlich; denn sie befinden sich nicht im Gleichklang, sondern sie sind verschiedenartig und untereinander widerstrebend; einige davon sind feststehend und ändern sich nicht, während andere neu hinzukommen und nicht von dauerhafter Natur sind." Das islamische Recht unterscheidet dabei drei Kategorien von schützenswerten Interessen. Am wichtigsten sind die „notwendigen Interessen" wie die basalen Rechtsgüter: Religion, Leben, Vernunft, Reinheit der Abstammung und Besitz. Diese müssen vor allem durch das Rechtssystem geschützt werden.

Es folgen die „bedürfnisorientierten Interessen". Dabei handelt es sich um Dinge oder Handlungen, die erforderlich sind, um Schäden abzuwenden oder Bedrängnissen zu entkommen. In solchen Fällen können sogar Vorschriften des Korans außer Kraft gesetzt werden. So dürfen Nahrungstabus wie das Verbot des Fleischkonsums von nicht rituell geschlachteten Tieren übertreten werden, wenn sonst der Hungertod droht.

Schließlich sind noch die „auf Verbesserung gerichteten Interessen" zu nennen. Ohne diese Interessen gerät die muslimische Gemeinschaft nicht in existenzielle Gefahr, sie verbessern aber das Zusammenleben und erleichtern den Alltag. Als Beispiel sind hier die Tischsitten zu nennen oder die Vielzahl der modernen Erfindungen. Was im Einzelnen der Verbesserung des Lebens dient, ist jedoch umstritten.

Neben den Rechtsgelehrten, die in einem eher informellen Verfahren über Rechtsfragen Auskunft erteilen, gibt es im Islam auch ein formales Rechtssystem. Die Durchsetzung des Rechts ist eine der Pflichten des muslimischen Herrschers. Dafür setzt er den Richter („Qâdî") ein, an den sich Parteien wenden können, die in straf- oder zivilrechtlichen Fragen im Streit miteinander liegen. Nach Anhörung der beiden Parteien und der von ihnen benannten Zeugen und nach der Erhebung weiterer Beweise entscheidet der Richter. Das Urteil muss dann von der staatlichen Autorität durchgesetzt werden. Neben diesem sogenannten „religiösen Gericht" gab es schon immer weltliche Gerichte. Vor diese Gerichte kam „jede Sache, für die der Qâdî zu schwach ist und die ein Mächtigerer entscheiden muss". Vor allem seit dem Beginn des 20. Jahrhunderts sind die religiösen Gerichtshöfe von Gerichten nach westlichem Vorbild zurückgedrängt worden. Die religiösen Gerichte haben in solchen Fällen nur noch Funktionen in einigen Bereichen des Zivilrechts. Diese Parallelität verschiedener Rechtssysteme findet sich in vielen muslimischen Staaten immer noch. So kann in Marokko ein Kläger entscheiden, ob er sein Verfahren vor einem religiösen oder einem staatlichen, nach westlichem Vorbild verhandelnden Gericht durchfechten will. Auch in Ländern, die von sich sagen, dass in ihnen allein das religiöse Recht des Islams, die Scharia, gültig sei, gibt es neben dieser als Form des staatlichen Rechts den „königlichen Befehl" oder die „Anweisung des revolutionären Kommandorats".

Im Zusammenhang mit der juristischen Praxis vor islamischen Gerichtshöfen muss noch auf eins hingewiesen werden. Es gibt keine Funktionsträger der Rechtspflege außer dem Richter und einigen Helfern wie Protokollanten und Gerichtsdienern. Es fehlen also Staatsanwälte und Verteidiger. Eine staatliche Behörde kann jedoch als Kläger auftreten. Der Beklagte muss sich selbst verteidigen, kann sich dabei allerdings durch Fachleute beraten lassen. Bei staatlichen Gerichten, die in ihrem Aufbau dem französischer, britischer oder anderer westlicher Gerichte entsprechen, sind Staatsanwaltschaften und Verteidigung dagegen durchaus üblich.

SUNNITEN UND SCHIITEN –
MEHRHEITEN UND SEKTEN

Bei einer Religion von der historischen Tiefe und geographischen Ausbreitung des Islams darf es nicht verwundern, dass sich im Laufe der Zeit Debatten um das rechte dogmatische Verständnis und die korrekte Durchführung der religiösen Rituale ergeben haben. Zu den strukturellen Gründen für die Vielzahl von unterschiedlichen religiösen Überzeugungen unter den Muslimen zählt die Tatsache, dass sich im Islam bisher kein mit den christlichen Kirchen vergleichbares Lehramt entwickeln konnte. Die Einfachheit des islamischen Glaubensbekenntnisses und die von unterschiedlich starken religiösen Autoritätsvorstellungen geprägte theologische und ethische Normengebung hat es mit sich gebracht, dass sich der einzelne Gläubige in einem unmittelbaren Verhältnis zu Gott verstehen kann, das nicht unbedingt durch menschliche Vermittlungsinstanzen gefestigt werden muss. Die Tatsache, dass verschiedene religiöse Bewegungen und schließlich auch Konfessionen im Islam entstehen konnten, wird von vielen Muslimen als eine problematische Entwicklung angesehen. Zumindest in theoretischen Debatten fordern sie die konfessionelle Einheit im Islam und weisen dabei auf die Einheit und Einheitlichkeit der frühen muslimischen Gemeinde unter der Führung des Propheten Muhammad hin.

DIE SUNNITEN

Die Mehrheit der Muslime auf der Welt wird als Sunniten bezeichnet. Ihre Glaubensvorstellungen und ihre rituelle Praxis sind sehr einfach. Nach ihrer Glaubensüberzeugung gibt es keinen Gott außer Gott und Muhammad ist der letzte Gesandte, den Gott zu den Menschen geschickt hat. Zu den Propheten, die Muhammad vorausgingen, gehören Moses und Jesus.

Für Muslime ist Jesus jedoch nicht Gottes Sohn. Für wahr halten sie die Berichte von seiner Kreuzigung. Die Lehre von seiner Auferstehung lehnen sie dagegen ab. Die Sunniten glauben an die Offenbarung des Korans und der anderen heiligen Bücher, zu denen sie die Thora und davon unterschieden die Psalmen zählen, sowie an die Evangelien. Ferner glauben sie an die Existenz von Engeln, an das Jüngste Gericht und die Belohnung oder Bestrafung der Menschen im Paradies oder im Höllenfeuer. Damit hat es mit der Dogmatik der Sunniten sein grundsätzliches Bewenden.

Die islamische Theologie hat jedoch heftige Auseinandersetzungen um Einzelfragen der göttlichen Allmacht oder um die Existenz des Korans erlebt. Nach der Mehrheit der sunnitischen Theologen ist der Koran das unerschaffene Wort Gottes in arabischer Sprache. Die Urschrift der göttlichen Offenbarung wurde von Ewigkeit her auf „wohlverwahrten Tafeln" bei Gott aufbewahrt. Der Koran ist also von Gott nicht geschaffen worden, sondern ewig. Nach muslimischer Überzeugung gibt es nur eine Offenbarung an die Menschheit. Auch die heiligen Schriften von Juden und Christen enthalten diese göttliche Offenbarung. Wo sie sich von den Aussagen des Korans unterscheiden, handele es sich um Verfälschungen, die von Juden oder Christen verfertigt worden seien.

PRÄDESTINATION

Eine weit in die Religionsgeschichte des Islams zurückreichende Frage ist die nach der Prädestination. Schon im 1. Jahrhundert islamischer Zeitrechnung stritt man unter den Gelehrten darüber, wie weit der freie Wille des Menschen reiche. Die Aussagen des Korans sind hier nicht eindeutig. Einerseits spricht er von der Allmacht Gottes, andererseits von der Handlungsfreiheit des Menschen. Man stritt um die Frage, ob es erlaubt sei, vor einer heranziehenden Epidemie und damit vor Krankheit und Tod zu fliehen. Ein Teil der Gelehrten verstand das als einen Versuch, dem Willen Gottes entgegenzuwirken und damit als eine Form des Unglaubens. Dem hielten andere entgegen, dass Gott ohnehin über das Schicksal des Menschen und seine Lebensspanne entscheide und die Bemühungen des Menschen zwecklos seien. Diese Vorstellung kollidierte aber mit dem Gerichtsgedanken. Wenn sich der Mensch am Jüngsten Tag würde verantworten müssen, dann könne das nur geschehen, wenn er seine Handlungen mit freiem Willen vollziehen könne.

Einen Höhepunkt erreichten diese Auseinandersetzungen unter der Herrschaft der Dynastie der Abbasiden in Baghdad zwischen 833 und 850. Das Herrscherhaus unterstützte eine dogmatische Schule, die von ihren Gegnern als „Mu´tazila" (die sich zurückgezogen haben) bezeichnet wurden. Sie selbst nannten sich „Ahl al-adl wa-t-tauhîd" (Leute der Gerechtigkeit und der Einheit Gottes). Sie zeichneten sich durch eine stark rationalistische Theologie aus, die nicht zuletzt von der antiken griechischen Philosophie beeinflusst war. Die Gruppe hob unter den Eigenschaften Gottes seine Gerechtigkeit hervor. Wenn Gott gerecht war, so ihre Argumentation, dann konnte er niemanden belohnen oder bestrafen, der durch die Allmacht Gottes zu seinen Handlungen gebracht worden war. Wenn der Mensch für seine Taten verantwortlich gemacht werde, müsse er auch über die entsprechende Handlungsfreiheit verfügen. Der zweite Teil der Lehre dieser Rationalisten bezog sich auf das göttliche Wesen. Nach ihrer Lehre sei Gott einzig und unteilbar. Ihre Gegner verwiesen auf den Koran, in dem von Gottes Thron die Rede sei, Gott alles sehen könne usw. Die Rationalisten sahen dagegen die im Koran genannten göttlichen Eigenschaften als identisch mit dem göttlichen Wesen an. Schließlich lehrten sie auch noch die Erschaffenheit des Korans durch Gott. In einer letztlich politisch entschiedenen Auseinandersetzung konnten die Gegner der Mu´tazila obsiegen, ohne dass bis heute die Frage nach der Willensfreiheit des Menschen endgültig geklärt werden konnte.

ISLAMISCHE MYSTIK

Der sunnitische Islam stellt sich in seinen Ritualen und seiner Glaubenspraxis als eine nüchterne und kaum emotionale Religion dar. Die Gottesvorstellungen sind die von einem fernen, strengen, aber gerechten Gott. Die verschiedenen Rituale sprechen Emotionen nur in geringem Maße an. Gegen diese Grundhaltung wandte sich die islamische Mystik („Tasawwuf"), die sich vor allem im Gebiet des heutigen Irak seit dem frühen 8. Jahrhundert entwickelt hatte. Der einzelne Mystiker wird „SÛFÎ" genannt. Die islamische Mystik wird auch als Sûfîtum bezeichnet. Die islamische Mystik sucht in Gott den Geliebten, dem sich der Mensch als Liebender immer mehr annähert, um schließlich ganz mit ihm zu verschmelzen oder in ihm aufzugehen. Sûfîs erreichen dieses Ziel durch verschiedene asketische Techniken wie Fasten, Beten, Schlafentzug, sexuelle Enthaltsamkeit, Verzicht auf Besitz, den Rückzug in die Einsamkeit und andere Übungen.

Auch Unglücks- und Schicksalsschläge, die dem Menschen widerfahren, werden von den Sûfîs als Teil ihres Weges zu Gott angesehen. Sie müssen deshalb geduldig ertragen werden. Mystiker beschreiben sich in ihren Selbstentäußerungen als Wanderer auf einem Pfad („Tarîq"), der sie Gott immer näher bringen soll. Dieser Weg besteht aus verschiedenen Etappen, die die Mystiker als „Maqâma" (Rastplatz) bezeichnen. Der mystische Weg ist voller Gefahren für den Sûfî, der Trugbildern zum Opfer fallen kann. So mag es sein, dass der Wanderer glaubt, dem göttlichen Geliebten schon nahe zu sein. In Wirklichkeit hat er jedoch den Weg verloren. Es hat aber stets Menschen gegeben, die den mystischen Pfad erfolgreich beschritten haben. So können sie anderen Mystikern als Führer dienen. Diese Führer bildeten Kreise von Anhängern um sich, für die sie hohe Autoritäten darstellten. Auf diese Art entstanden hierarchisch strukturierte Organisationen mit zahlreichen Mitgliedern, die als „Tarîka" (Pl. Turuk) bezeichnet werden.

Der Name **SÛFÎ** *leitet sich von dem Wollgewand (sûf = Wolle) ab, in das sich die Anhänger dieser Gruppe kleideten.*

In westlichen Untersuchungen dieses Phänomens spricht man von Orden oder Bruderschaften. Schließlich kam es zu einer Popularisierung dieser mystischen Lehren. Vor allem im sunnitischen Islam war es seit dem 12. oder 13. Jahrhundert kaum noch möglich, Muslim zu sein, ohne nicht gleichzeitig einer der neu entstandenen Mystikergemeinschaften anzugehören. Damit veränderten sich Ziele und Praktiken der islamischen Mystik. Im Vordergrund stand weiterhin die liebende Erkenntnis Gottes. Diese aber war nicht für jeden erreichbar. Für die Anhänger mystischer Vorstellungen, die nur zeitweilig den Riten und Übungen der Gemeinschaften folgen wollten oder konnten, weil sie berufliche und familiäre Verpflichtungen hatten, stand im Vordergrund ihrer Bemühungen, dem Propheten Muhammad als großer Leitfigur ihres Lebens nachzueifern. Mit der Verbreitung mystischer Überzeugungen kam es auch zu manchen problematischen Entwicklungen. In die mystischen Lehren gelangten volksreligiöse Vorstellungen, Wunderglaube, Heiligenverehrung und Gräberkult.

Manche Mystiker waren auch davon überzeugt, dass für sie nach der Vereinigung mit dem göttlichen Geliebten die im Koran und den Traditionen niedergelegten Regeln und Pflichten nicht mehr von Bedeutung seien. So bildeten sich in einigen Fällen gesetzesfeindliche Vorstellungen heraus. Sûfîs, die das Ziel des mystischen Pfades erreicht hatten, meinten, dass für sie die üblichen Pflichten und Verbote des Islams keine Bedeutung mehr hätten.

Der Gründer des Mystikerordens der Mewlewiyya, Jalâl al-Dîn al-Rûmî (1207–1273) begrüßt seinen Freund Schams.

Diese Entwicklungen ließen seit dem Ende des 19. Jahrhundert zahlreiche muslimische Kritiker hervortreten, die die Mystik als Zeichen islamischer Dekadenz und Rückschrittlichkeit ansahen und damit auch als Ursache für die offenkundige Schwäche der islamischen Welt gegenüber dem europäischen Kolonialismus. Die islamische Mystik verlor durch diese Kritik zunächst an politischer und gesellschaftlicher Bedeutung. Islamische Reformbewegungen, die sich gegen die islamische Mystik wandten, konnten sich jedoch nur in wenigen Ländern endgültig durchsetzen. Inzwischen treten die Sûfî-Orden und ihre Anhänger wieder stärker in der Öffentlichkeit hervor.

DIE SCHIITEN

Der Tod des Propheten Muhammad im Jahr 632 traf die Gemeinde seiner Anhänger unvorbereitet. Sogleich entstanden Auseinandersetzungen um die geistige und politische Führung des jungen Staates. Dabei konnten sich die Vertreter einer Richtung durchsetzen, aus der sich in der Folge der sunnitische Islam entwickelte. Ihr stand eine Gruppe gegenüber, die für die Herrschaft des Vetters und Schwiegersohns des Propheten Muhammad, ´Alî ibn Abî Tâlib, des Gatten der Prophetentochter Fâtima, eintrat. Sie wurde als „Schî´at ´Alî" (Partei ´Alîs) bezeichnet. Das entscheidende Ereignis für die feste Etablierung der schiitischen Konfession im Islam ereignete sich jedoch im Jahr 680: In der im heutigen südlichen Irak gelegenen Stadt Kufa war es zu einem Aufstand gegen die Herrschaft der Omayyadendynastie in Damaskus gekommen. Die Aufständischen riefen den Prophetenenkel Hussein zur Hilfe. Nach einigem Zögern machte sich dieser von Medina aus mit einer kleinen Begleitung auf den Weg. Noch während der Reise brach der Aufstand in Kufa zusammen. Hussein wurde bei der heutigen Stadt Kerbela von omayyadischen Truppen gestellt und mit allen seinen männlichen Gefährten getötet. Die ihn begleitenden Frauen wurden als Gefangene nach Damaskus gebracht.

Der Tod Husseins wurde von seinen Anhängern als Martyrium verstanden. Vor allem aber hatte Hussein nach Überzeugung der Schiiten seinen Opfertod bewusst auf sich genommen, um für die Sünden der Menschen zu büßen. Damit gelangt das Martyrium als höchste Form der Aufopferung in den Islam. Der Opfertod Husseins verstärkte die Bedeutung der Nachfolger ´Alîs für die schiitischen Gläubigen. Herausragende männliche Nachfolger des Schwiegersohns des Propheten werden in der Folge als „Imâm" bezeichnet. Sie gewannen eine besondere Bedeutung für die Lebensgestaltung jedes einzelnen Schiiten.

DER IMÂM

Nach schiitischer Lehre bedarf jeder Gläubige, aber auch die Gemeinschaft der Gläubigen in ihrer Gesamtheit der Führung durch einen lebendigen Imâm.

دم اوردردی وهرکون بلکه هرساعت قدر زیاده لکنک استداعاسین یلردی مولانا شمس الدین
بوجوابدن خوشحال اولوب فریادایدوب بهوش دوشدی مولانا استردن ینوب شاکرهدله پور
آنی کوروب مدرسه یراپلتدیلرو مولانا شمس الدینک باشین زانوسی اوزرنه قومشایدی

ناکه افاقت بولدی اندن الین دوتوب منزله کوتردی اندنصکره برخلوته کیروب صوم ایله
اوچ آی منزوی اولدیلرکه اصلا برفرهد برخلوته کلمک قادر اولمزدی وبعضلر نقل ایلشلرکه

Dieser Imâm ist von Gott inspiriert und fehlerlos. Alle Imâme verfügen über sittliche und theologische Unfehlbarkeit. Vom Propheten Muhammad unterscheidet sie nur die Tatsache, dass sie keine göttliche Offenbarung zu den Menschen bringen. Sie verstehen aber den Koran und die anderen Offenbarungsschriften in ihrer offenkundigen und in ihrer verborgenen Bedeutung. Sie haben wie Muhammad Kenntnis von allen offenbaren und verborgenen Dingen in Gegenwart, Vergangenheit und Zukunft.

Der schiitische Islam erweitert damit die islamische Dogmatik um diese spezielle Bedeutung der Imâme. Das wird durch die Ergänzung des Glaubensbekenntnisses von der Einheit Gottes und der Prophetenschaft Muhammads deutlich, wenn die Bekenntnisformel erweitert wird um den Satz: „Und ´Alî ist der Freund Gottes" („wa ´Alî walî Allâh"). Dabei muss bedacht werden, dass das arabische Wort „walî" für Freund auch die Bedeutung „Bevollmächtigter" haben kann.

Es kann nach schiitischer Lehre jeweils nur einen Imâm geben. Dieser gibt in einem kurzen Augenblick vor seinem Tod sein besonderes Wissen und seine mit dem Imâmât verbundenen Eigenschaften an einen seiner Söhne weiter. Dabei wird die Nachfolge durch göttlichen Willen bestimmt. Die genealogische Kette der Imâme wird von verschiedenen schiitischen Gruppen unterschiedlich abgeschlossen. Sie bricht nach fünf, sieben oder schließlich bei der Mehrheit der Schiiten nach 12 Imâmen ab. Da aber stets ein Imâm existieren muss, glauben die Schiiten, dass der letzte Imâm sich in der Verborgenheit befindet und eines Tages als Messias („Mahdî") zurückkehren wird, um die Welt mit Gerechtigkeit und Frieden zu erfüllen. Mit der Vorstellung der Wiederkunft des Mahdî treten starke messianische Vorstellungen in den schiitischen Islam ein, die zwar auch dem sunnitischen Islam nicht fremd sind, für die Schiiten aber eine herausragende Bedeutung haben. Der Glaube an die Wiederkehr des Mahdî ist bei den Schiiten bis heute ungebrochen.

In einer komplizierten religionsgeschichtlichen Entwicklung wurde die Funktion des Imâms als heilsnotwendige Gestalt der Rechtleitung der Gläubigen

seit dem 16. Jahrhundert von schiitischen Religionsgelehrten übernommen. Jeder schiitische Gläubige („Muqallid") bedarf der Führung durch einen Rechtsgelehrten („Mujtahid"). Der Gläubige kann seinen Mujtahid frei wählen, muss sich dann aber allen dogmatischen oder ethischen Anweisungen dieses Gelehrten unterwerfen. Rechtsgelehrter wird man durch ein Studium, dessen Lehrplan neben verschiedenen theologischen Fächern auch Logik, Geographie und andere säkulare Fächer umfasst. Die Studierenden können durch ihre Studien unterschiedlich hohe akademische Ränge erreichen, deren höchster der des „Ayatollah" ist. In der Regel befinden sich die Theologiestudenten und jungen Gelehrten in einem Autoritätsverhältnis zu einem bedeutenden Gelehrten, der wiederum in einem vergleichbaren Abhängigkeitsverhältnis zu einer weiteren Autorität steht. Auf diese Weise entsteht eine Hierarchie von Rechtsgelehrten, an deren Spitze der „Marja al-Taqlîd" (Quelle der Nachahmung) steht. Es gibt jedoch keine etablierte Form der Wahl dieses obersten Gelehrten. Der Prozess ist eher amorph und dauert in der Regel etliche Jahre. Die religiöse wie politische Macht des Marja al-Taqlîd ist beträchtlich. Sie wurde von den jeweiligen Amtsinhabern jedoch stets sehr vorsichtig verwendet. Mit dem Erscheinen des Buches *Herrschaft des Rechtsgelehrten* des Ayatollah Rûkhollâh Khomeini (1901–1989) kam es zu einer Spaltung der schiitischen Gelehrtenschaft über die politische Rolle der Gelehrten. Während ein Teil von ihnen eine traditionelle quietistische Haltung in politischen Fragen vorzog, meinten Khomeini und seine Anhänger, dass die Religionsgelehrten zu direkten politischen Aktionen schreiten sollten. Dieser Gruppe gelang es unter der Führung Khomeinis, im Jahr 1979 das Schah-Regime im Iran zu stürzen und die „Islamische Republik" zu etablieren.

SCHIITISCHE RITUALE

Im Gegensatz zum sunnitischen Islam zeichnet sich die schiitische Konfession durch ein hohes Maß an Emotionalität aus, das durch lebhafte Rituale zum Ausdruck kommt. Zu nennen sind hier besonders die verschiedenen Trauerrituale, mit denen an den Mär-

Muhammad mit ´Alî und den Prophetenenkeln Hassan und Hussein im Paradies.

tyrertod Husseins erinnert wird. Dabei wird an den ersten zehn Tagen des Monats Muharram, des ersten islamischen Monats, mit Geißlerumzügen und mit Passionsspielen und Rezitationen des Leidens und Sterbens des Imâm Hussein gedacht. Auch ein lebhafter Gräberkult an den Bestattungsorten der Imâme, vor allem im heutigen Irak, ist kennzeichnend für die schiitische Glaubenspraxis.

DIFFERENZEN ZWISCHEN SUNNITEN UND SCHIITEN

Die sunnitische Mehrheit und die schiitische Minderheit erkennen sich gegenseitig als Muslime an. Es gibt allerdings einige schiitische Praktiken, die von den Sunniten strikt abgelehnt werden. Bei den Sunniten ist die Ehe grundsätzlich auf Dauer angelegt, auch wenn eine Scheidung möglich ist. Die Schiiten kennen daneben auch eine Ehe, die schon bei der Eheschließung in ihrer Dauer begrenzt wird. Diese Ehe wird als „Zeitehe" bezeichnet. Sie wird von den Sunniten strikt abgelehnt. Weiterhin stößt die „Taqiya" (Verheimlichung der Religionszugehörigkeit) auf sunnitische Kritik. Danach ist es schiitischen Gläubigen erlaubt, bei Gefahr für Leib und Leben, ihre wahre Konfession zu verleugnen und sich stattdessen als Angehörige der Mehrheitsreligion auszugeben. Schiiten weisen darauf hin, dass diese Praxis verhindert, dass so die ohnehin kleine Zahl der Schiiten noch weiter verringert würde. Diese Regelung sei umso notwendiger gewesen, weil angesichts der besonderen Bedeutung des Martyriums für die Schiiten die Gefahr bestand, dass sich viele Gläubige wissentlich in eine Situation begeben hätten, in der sie das Martyrium erleiden würden.

RELIGIÖSE SONDERFORMEN –
HETERODOXIEN IM ISLAM

Aus dem sunnitischen, vor allem aber aus dem schiitischen Islam sind einige religiöse Sonderformen entstanden, die von einer Vielzahl von islamischen Religionsgelehrten als heterodox angesehen werden. Im sunnitischen Islam kann als Beispiel für eine Heterodoxie die Ahmadiyya genannt werden. Der Gründer dieser Bewegung, Mirzâ Ghulâm Ahmed (gest. 1908) stammte aus dem pakistanischen Pandschabgebiet. Im Jahr 1889 erklärte er, dass er Offenbarungen erhalte. Zwei Jahre später erklärte er, dass er der Mahdî, also der Messias, sei, Wissen über zukünftige Dinge besitze, Wunder vollbringen könne, ein herabgestiegener Krischna, wiedergekommener Jesus und wiedererschienener Buddha sei. Die Exzentrik dieser Positionen rief heftige Reaktionen der muslimischen Bevölkerung des Pandschab und der muslimischen Führer des kolonialen Indiens hervor.

DRUSEN UND ALEWITEN

Aus der Gemeinschaft der sogenannten Siebener-Schia, die unter der Dynastie der Fatimiden vom 10. bis 12. Jahrhundert in Ägypten die Herrschaft ausübten, entstand die Gemeinschaft der Drusen, die heute vor allem im Libanon beheimatet ist. Als Gründer wird der Fatimiden-Sultan al-Hâkim bi-amr Allâh (gest. 1021) angesehen. Die Drusen leugnen das Prophetentum Muhammads und sehen den Koran nicht als absolute Offenbarung an. Sie glauben an eine Seelenwanderung von Mensch zu Mensch, wobei die Seele nach Vollkommenheit strebt, die sie in der Einheit mit al-Hâkim erreicht. Die Gemeinschaft der Drusen unterteilt sich in „Eingeweihte" und „Unwissende". Die „eingeweihten" Männer und Frauen bewahren die Geheimnisse der Religion, die den „Unwissenden" verborgen bleiben.

Eine andere, aus der Schia entstandene Gruppe sind die türkischen Alewiten. Sie entstanden im 16. Jahrhundert in dem Grenzgebiet zwischen Osmanischem Reich und Iran. Bei dieser Religion handelt es sich um einen Synchretismus, in den verschiedene muslimische, christliche und andere religiöse Vorstellungen einflossen. Sie verfügen über heilige Bücher und erkennen Koran, Thora und Evangelium als gleichwertig an. Die Alewiten glauben an eine Wahrheit, die allmächtig, allgegenwärtig und unsterblich ist. Diese Macht erlegt den Menschen Pflichten und Aufgaben auf. Dies geschieht durch die Vermittlung ´Alîs, der auch Moses und Jesus mit ihren Missionen beauftragt hat. Die Alewiten glauben mithin an eine Präexistenz ´Alîs. Er ist auch jetzt noch existent und kann seinen Anhängern durch die Vermittlung des Heiligen Geistes erscheinen. Alle voll initiierten Alewiten haben ´Alî gesehen, der ihnen die unbeantwortbaren Fragen des Lebens beantwortet hat. Dieser Kontakt mit ´Alî ist durch den Gläubigen allerdings nicht zu provozieren.

Westliche Beobachter haben sich immer wieder beeindruckt gezeigt von den spezifischen religiösen Praktiken der Alewiten. Sie kennen Gebete, sind aber nicht verpflichtet, diese zu bestimmten Zeiten und unter festgelegten Bedingungen wie der rituellen Reinheit zu vollziehen. Sie finden sich zu gemeinsamen Ritualen in Versammlungshäusern zusammen, an denen Männer und Frauen gemeinsam teilnehmen. Dabei werden Gebete rezitiert und Predigten gehalten. Die Alewiten kennen auch ein Sündenbekenntnis. Es gibt Fastentage im Trauermonat Muharram, bei denen nur alle drei Tage eine leichte Mahlzeit konsumiert werden darf. Zweck des Fastens ist nach alewitischer Überzeugung Reinigung und Meditation. Die

Stellung der alewitischen Frauen ist stärker als die der Frauen im sunnitischen Umfeld. Man sieht sie in der Öffentlichkeit auch häufig ohne Kopftuch. Vor allem können sie auch die Funktion des Familienoberhaupts übernehmen, wenn sie dazu besser geeignet sind als die Männer. Die Alewiten haben daher den Ruf, liberaler, aufgeschlossener und fortschrittlicher zu sein als die Sunniten.

VOLKSRELIGION

Im sunnitischen wie im schiitischen Islam lassen sich zahlreiche Abweichungen von den orthodoxen religiösen Vorstellungen und Praktiken feststellen. Diese unterscheiden sich von Ort zu Ort und von Region zu Region voneinander. Sie werden als Volksislam bezeichnet und von den sunnitischen wie schiitischen Vertretern der islamischen Gelehrsamkeit zum Teil heftig bekämpft. Es gibt trotz der regionalen Unterschiede einige Gemeinsamkeiten in diesen volksreligiösen Überzeugungen und Ritualen. Häufig hängen sie mit den Gefahren des täglichen Lebens wie Krankheit, Schwangerschaft, Eifersucht oder mit speziellen Übergangsriten wie Heirat, Beschneidung oder Tod zusammen.

Eines der weitverbreiteten Phänomene der islamischen Volksreligion ist die Heiligenverehrung. Sie ist oft mit populären Formen der islamischen Mystik verbunden. Bei islamischen Heiligen kann es sich um lebendige oder tote Personen handeln, die über besondere Wunderkräfte verfügen. Sie sind in der Lage, verborgene Dinge wiederzufinden, die Zukunft vorauszusehen, sich an mehreren Orten gleichzeitig aufzuhalten, weite Strecken schnell zu überwinden, Kranke zu heilen oder Tote wieder zum Leben zu erwecken. Die Wunderkräfte („Baraka") der Heiligen können auch durch den körperlichen Kontakt mit ihnen erworben werden. Übernatürliche Hilfe wird vor allem gegen den „bösen Blick" in Anspruch genommen. Wie in anderen mediterranen Gesellschaften fürchtet das muslimische Volk sich vor dem Blick von neidischen Menschen, die ihnen schaden könnten. Besonderer Gefahr sind Personen in glücklichen Umständen ausgesetzt. Dazu gehören vor allem Bräute, Schwangere, neugeborene Kinder. Als Schutzmittel werden verschiedene Amulette (vom arabischen „Hamûla") und Talismane verwendet. Häufig sind dabei die „Hand der Fâtima", die Darstellung einer geschlossenen Hand, oder Koranamulette, Lederbeutel, in die Blätter mit Koranzitaten eingenäht sind.

Zu den Erscheinungen der Volksreligion gehört auch die Besessenheit. In vielen islamischen Gesellschaften glauben Menschen, von Geistern besessen zu sein. Das drückt sich in verschiedenen pathologischen Erscheinungsformen wie plötzlichen Lähmungen, Sprachverlust oder schweren Depressionen aus. Solche Besessenheitsphänomene können sogar endemisch in Erscheinung treten. Gegen diese Erscheinungen gibt es verschiedene traditionelle Therapieformen, bei denen Musik, Tanz und aufwendige Rituale eingesetzt werden. Diese Therapien bewirken keine Heilung, aber sie ermöglichen es den Patienten, mit ihren Leiden erfolgreich umzugehen. Gegen alle diese Phänomene des Volksislams formulieren die Vertreter des offiziellen Islams scharfe Kritiken. Solange aber in vielen islamischen Ländern der Prozentsatz der Analphabeten eher noch steigt als zurückgeht, ist nicht damit zu rechnen, dass sich orthodoxere oder rationalistischere Formen des Islams durchsetzen werden.

RADIKALER ISLAM

Vor allem seit den 1970er-Jahren waren die in vielen islamischen Staaten vorherrschenden, aus dem Westen stammenden Ideologien wie Nationalismus oder Sozialismus angesichts von militärischen Niederlagen, wirtschaftlicher Inkompetenz oder weitverbreiteter Korruption so desavouiert, dass allenthalben nach einem geistigen Neuanfang gesucht wurde. In einer revivalistischen Bewegung wandten sich viele Menschen wieder dem Islam zu, den sie zuvor aufgegeben hatten. Dies führte zu einem Erstarken mystischen Gedankenguts, moderner religiöser Vorstellungen, aber auch orthodoxer und fundamentalistischer Überzeugungen.

Die Geschichte des modernen radikal-islamischen Aktivismus lässt sich gut an einem ägyptischen

Beispiel aus den 1970er-Jahren dokumentieren. Dort entstand aus einer Akademikergruppe von Naturwissenschaftlern und Medizinern eine Geheimgesellschaft mit dem Namen „al-Takfîr wa-l-Hijra". Dieser Name ist auch Programm. Das arabische Wort „Takfîr" bedeutet, jemanden für einen Heiden halten oder ihn zu einem Heiden erklären. Hijra ist der Abbruch aller Beziehungen zu Familie und Herkunftsgesellschaft, wie ihn der Prophet Muhammad selbst vollzogen hatte. Die ägyptische Gesellschaft wurde von den Mitgliedern dieser Gruppe als heidnisch angesehen, weil das islamische Recht nicht durchgehend Anwendung fand, weil der Staat nicht konsequent gegen Alkohol- und Rauschmittelkonsum vorging, weil in den Fernsehprogrammen amerikanische TV-Serien ausgestrahlt wurden, in denen Betrug und Unzucht gezeigt und damit als erlaubt angesehen würden. Die Gruppe verließ die großen Städte und siedelte sich in einem Wüstengebiet an, vollzog also die Hijra. Sie begann dann einen Guerilla-Kampf gegen das ägyptische politische Regime durch Attentate und Entführungen. Die Gruppe wurde relativ rasch von den Sicherheitskräften aufgelöst. Einige Anhänger führten den Kampf jedoch weiter. Es gelang ihnen 1981, den ägyptischen Präsidenten Anwar al-Sadat zu ermorden. Eine jüngere Generation von Radikalen hielt den Kampf gegen die lokalen und regionalen Regime für sinnlos und sah die angeblichen oder tatsächlichen Helfer dieser Regime, nämlich die westlichen Staaten, als Hauptfeind an. Der Kampf gegen diese Staaten erlebte in den Attentaten des 11. September 2001 in New York durch das Netzwerk al-Qaida einen ersten Höhepunkt. Westliche Versuche, durch militärische Invasionen in Afghanistan oder dem Irak al-Qaida auszuschalten, waren bisher nicht erfolgreich.

Die „Hand der Fâtima" ist eines der häufigsten Amulette gegen den „bösen Blick" und anderes Unheil in der islamischen Welt.

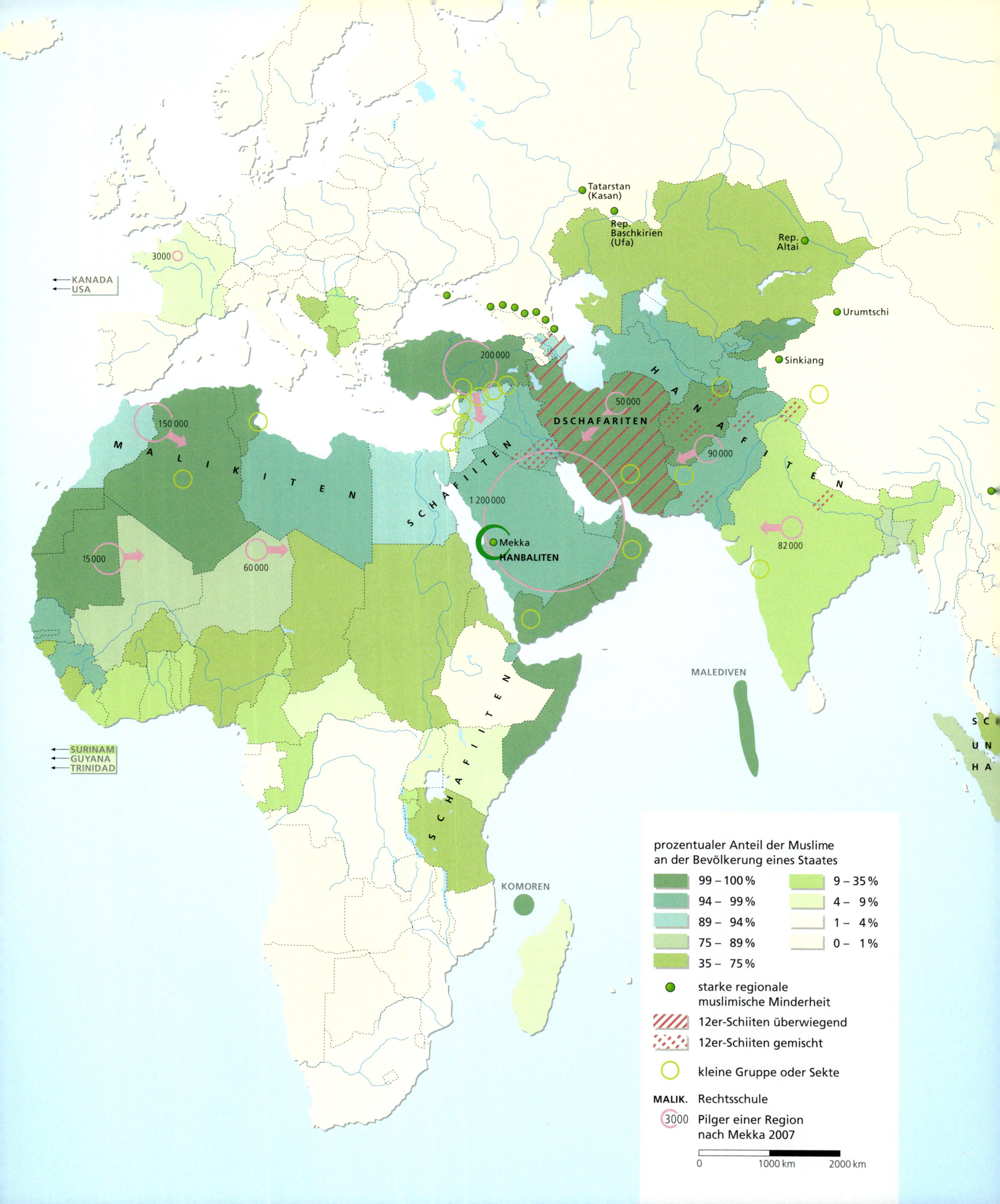

KANADA
USA

SURINAM
GUYANA
TRINIDAD

3000

Tatarstan
(Kasan)

Rep.
Baschkirien
(Ufa)

Rep.
Altai

Urumtschi

Sinkiang

200 000

M A L I K I I T E N

H A N A F I T E N

DSCHAFARITEN

50 000

150 000

90 000

S C H A F I I T E N

1 200 000

82 000

15 000

60 000

Mekka
HANBALITEN

MALEDIVEN

S C H A F I I T E N

SC
UN
HA

KOMOREN

**prozentualer Anteil der Muslime
an der Bevölkerung eines Staates**

99 – 100 %	9 – 35 %
94 – 99 %	4 – 9 %
89 – 94 %	1 – 4 %
75 – 89 %	0 – 1 %
35 – 75 %	

starke regionale
muslimische Minderheit

12er-Schiiten überwiegend

12er-Schiiten gemischt

kleine Gruppe oder Sekte

MALIK. Rechtsschule

3000 Pilger einer Region
nach Mekka 2007

0   1000 km   2000 km

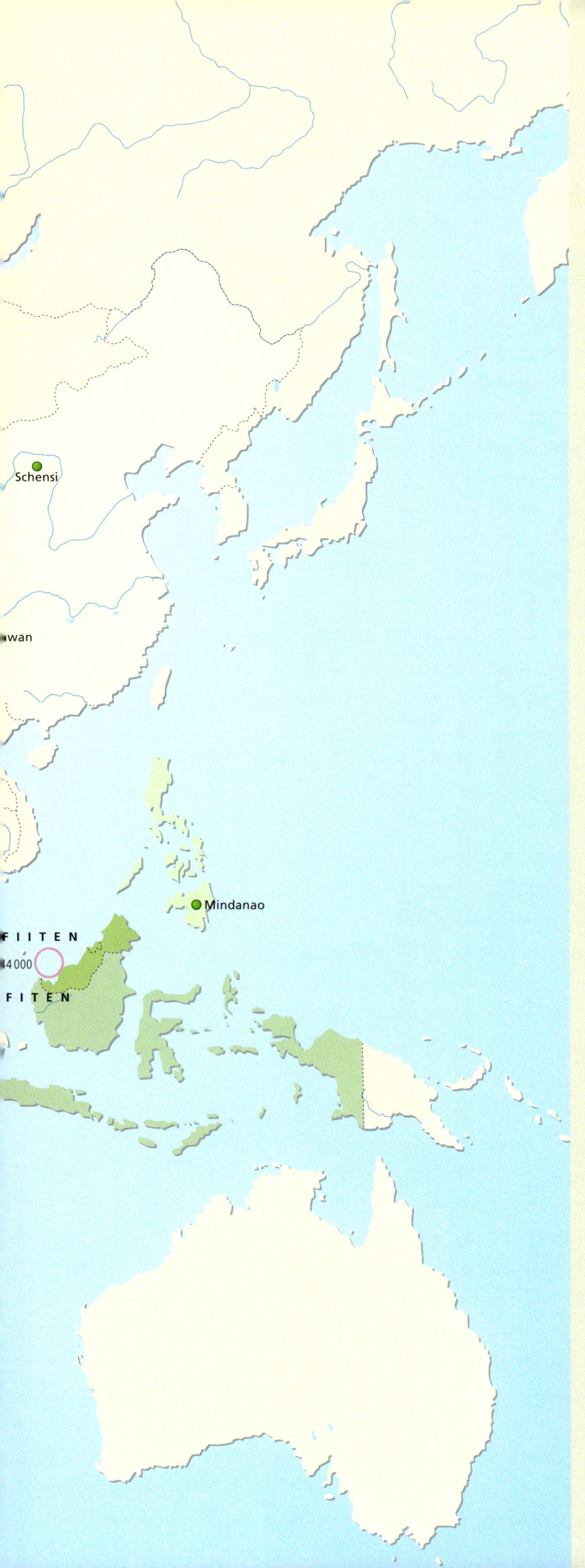

Schensi

wan

Mindanao

FIITEN

4 000

FIITEN

DIE VERBREITUNG
DER MUSLIME
AUF DER WELT

Auf der Welt leben ca. 1,5 Milliarden Menschen, die sich zum Islam bekennen. Aus europäischer Perspektive finden sie sich vor
allem in den Regionen des Nahen und Mittleren Ostens. Diese Einschätzung ist nachvollziehbar; denn mit diesen Anhängern des Islams, den Muslimen, haben die europäischen
Staaten die intensivsten Beziehungen, positi-
ver wie negativer Art. Der wirtschaftliche und
kulturelle Austausch zwischen Morgenland
und Abendland über das Mittelmeer hinweg
hat die längsten Traditionen und besonders
weitreichende Konsequenzen auf vielen kulturellen Gebieten. Dennoch ist die Einschätzung
des Islams als einer nahöstlichen Religion
unter demographischen Gesichtspunkten nicht
korrekt. Der muslimische Bevölkerungsschwer-
punkt findet sich viel weiter östlich, nämlich
in Süd- und Südostasien. Indonesien gilt als
der Staat mit der zahlenmäßig stärksten muslimischen Bevölkerung und die südasiatischen
Staaten, Indien, Pakistan und Bangladesh machen den Schwerpunkt der muslimischen
Weltbevölkerung aus. Die Region auf der Welt,
in der Muslime die Mehrheit der Bevölkerung
stellen, reicht von Marokko und Senegal im
Westen bis Indonesien im Osten, von den Staaten Zentralasiens im Norden bis zur ostafrikanischen Küste im Süden. In vielen Staaten
bilden Muslime große Minderheiten. In China
leben mehr Muslime als in Syrien, im latein-
amerikanischen Surinam machen Muslime
20 % der Bevölkerung aus.

*Die Karte zeigt die aktuelle
Bevölkerungsdichte und die
geographische Verteilung von
muslimischen Konfessionen
und Rechtsschulen.*

KRITIK UND REFORM –
MODERNE FORMEN DES ISLAMS

Komplexe religiöse Systeme, die den Menschen in seiner Gesamtheit ansprechen, müssen sich immer wieder Reformprozessen unterziehen, weil sie auf politische, gesellschaftliche und kulturelle Veränderungen reagieren müssen. Der Islam akzeptiert diesen Zwang zur Reform, indem er davon ausgeht, dass Gott in regelmäßigen Abständen einen Erneuerer der Religion schickt. Solche Reformer hat es über die Jahrhunderte immer wieder gegeben. Sie wurden wegen ihrer intellektuellen oder religiösen Kompetenz auch allgemein anerkannt. Aus muslimischer Sicht wurden solche Reformer besonders erforderlich, als die politische und militärische Macht der westlichen Staaten dazu führte, dass die muslimischen Reiche von diesen kontrolliert werden konnten.

Jamal al-Din al-Afghani (1838-1897), war der erste muslimische Gelehrte, der sich intensiv mit dem Westen auseinandersetzte.

Muhammad Abduh (1849-1905) verfasste einen Korankommentar, in dem er u. a. auch westliche Erfindungen für seine Argumentation verwendete.

Zu den wichtigsten Reformern der Neuzeit gehören der wohl aus dem Iran stammende Jamâl al-Dîn al-Afghânî (gest. 1897) und sein Schüler, der Ägypter Muhammad ´Abduh (gest. 1905). Zentrales Moment ihrer Vorstellungen war der Begriff der Einheit („Tauhîd"). Mit Schmerz mussten sie die problematische Situation des Islams und der Muslime im Zeitalter des Kolonialismus zur Kenntnis nehmen. Die Ursache für die festgestellte Schwäche des Islams sahen sie in einem zweifachen Verlust der Einheit. In religiöser Hinsicht hatte sich dieser Verlust durch die Spaltung der muslimischen Gemeinde in Sunniten und Schiiten ergeben. Die beiden Reformer versuchten alles, um diese Spaltung zu überwinden. Sie sahen die Spaltung aber auch in den zahlreichen mystischen Bruderschaften, in denen sich die Muslime organisierten. Zwischen den einzelnen Orden bestand heftige Konkurrenz, die aus der Sicht der Reformer die islamische

Gemeinschaft spaltete. In religiöser Sicht nicht weniger problematisch war für die Reformer die Verbreitung volksislamischer Vorstellungen, in denen es von Heiligen und Geistern nur so wimmelte. Diese wurden, nach Ansicht der Reformer, Gott beigesellt und reduzierten dadurch das monotheistische Moment des Islams. Aus der Sicht von al-Afghânî und ´Abduh hatten sich die islamische Theologie und Dogmatik weit von den Ursprüngen des Islams entfernt. Der Koran als das zentrale Dokument des Islams wurde immer weniger in seiner Originalform zur Kenntnis genommen. Stattdessen hatte sich ein umfangreicher scholastischer Apparat entwickelt, in dem Kommentare und Superkommentare verfasst wurden, von denen wiederum Zusammenfassungen verfertigt wurden. Der Originaltext war darüber fast in Vergessenheit geraten. Immer wieder forderten die Reformer zur Rückkehr zum eigentlichen Text auf, der die Einheit der islamischen Welt und die Einheit des Islams selbst bedeutete.

Auch die Existenz der verschiedenen islamischen Staaten, die nicht selten gegeneinander Krieg führten, trug nach ihrer Meinung zur Schwächung des Islams bei. Im Bezug auf die politische Struktur forderten sie eine Vereinigung der islamischen Staaten unter dem Banner des osmanischen Herrschers. Die Lehren der beiden Reformer wurden in der ersten Hälfte des 20. Jahrhunderts in der islamischen Welt mit Begeisterung aufgenommen und haben bis heute ihre Wirkung noch nicht verloren. Diese Vorstellung wurde in Europa als Panislamismus bezeichnet und von den politischen Entscheidungsträgern und den Medien mit großer Sorge und Aufmerksamkeit verfolgt.

In den vergangenen Jahrzehnten haben zahlreiche muslimische Studierende an europäischen und amerikanischen Universitäten westliche Bildungs- und Forschungsformen kennengelernt. In islamischen Ländern sind darüber hinaus zahlreiche akademische Einrichtungen nach westlichem Vorbild gegründet worden. Neben naturwissenschaftlichen, medizinischen, wirtschafts- und ingenieurwissenschaftlichen wurden auch geisteswissenschaftliche Fakultäten eingerichtet. An diesen werden historisch-kritische, hermeneutische, empirische und andere Forschungsmethoden vermittelt, die auch auf verschiedene Aspekte des Islams angewandt werden können. Das konnte nicht ohne Folgen für das islamische Selbstverständnis bleiben. Das gilt vor allem für Staaten wie die Türkei, in denen starke Säkularisierungstendenzen festzustellen sind. An der islamisch-theologischen Fakultät von Ankara nutzen seit den späten 1990er-Jahren junge Koranforscher die Hermeneutik von Hans Georg Gadamer. In Kairo wurden fast zur selben Zeit literaturwissenschaftliche Theorien auf den Koran angewandt. Das weltweit zwischen Kuala Lumpur, Kairo, Köln und verschiedenen Universitäten in Nordamerika arbeitende Netzwerk „Islamisierung des Wissens" versucht, Ergebnisse der verschiedensten natur- und geisteswissenschaftlichen Forschungen auf eine mögliche Übereinstimmung mit islamischem Gedankengut zu überprüfen. Es gibt gegen diese Entwicklungen zwar Widerstand von konservativen muslimischen Gelehrten, die in einigen Ländern auch von staatlichen Institutionen unterstützt werden. Aber vor allem junge Akademiker sind von diesen Bemühungen begeistert.

LITERATUREN IN DER ISLAMISCHEN WELT

Unter Muslimen sind zahlreiche, häufig sehr unterschied-

liche Sprachen gebräuchlich. Die wichtigste Sprache ist das

Arabische; denn in ihr ist der Koran offenbart worden.

Immer wieder haben sich aber neben dem Arabischen be-

deutende Literaturen auch in anderen Sprachen entwickelt.

Die wichtigsten sind das Persische, das Türkische, die west-

afrikanische Verkehrssprache Hausa, die ostafrikanische

Verkehrssprache Suaheli, südasiatische Sprachen wie Urdu,

Singhalesisch und Bengali und die südostasiatischen Spra-

chen Bahase Indonesia oder Bahase Melayu.

*„Ein arabischer Beduine kam zum Propheten und fing
an, wunderbare Worte zu sprechen. Da sagte
der Gesandte Gottes: In der Beredsamkeit steckt ein
Zauber und in der Dichtung Weisheiten."*

MANUSKRIPTE UND DRUCKE –
DIE BÜCHER DER MUSLIME

Vom Beginn der islamischen Geschichte an spielten
Schrift und Bücher für Muslime eine wichtige Rolle.
An erster Stelle steht hier der Koran, gefolgt von den
Sammlungen der Prophetentraditionen („Hadîth"),
juristischen Werken, naturwissenschaftlichen und
historischen Abhandlungen, zahllosen dogmatischen
und theologischen Kontroversen und vielem mehr.
Ganz ohne eine Kontroverse um die Fixierung von literarischen Texten entwickelte sich die arabische Literatur jedoch nicht. Bis weit in die Zeit der ersten
islamischen Dynastie der Omayyaden (660 – 750) hinein gab es immer wieder Fromme, die es vorzogen,
nicht nur den Koran, sondern auch zahlreiche dogmatische und rechtliche Ausführungen auswendig zu
lernen. Sie hielten es für falsch, religiöse Texte schriftlich zu fixieren. Das Memorieren von jeder Form von
Literatur behielt bis weit in die Gegenwart hinein
einen wichtigen Platz in der geistigen Kultur der islamischen Welt. Dabei gibt es für den Vorzug des Me-
morierens folgende muslimische Argumentation: Die
Wiedergabe eines auswendig gelernten Textes erfolgt
immer laut und vernehmlich. Der Text ist daher öffentlich, und jeder, dem dieser Text ebenfalls geläufig
ist, kann dann feststellen, ob das Rezitieren fehlerlos
erfolgt. Im anderen Fall kann er korrigierend eingrei-
fen. Bei einem schriftlich fixierten Text fehlt diese Öffentlichkeit. Fehler und Missverständnisse können

nicht direkt berichtigt werden und bleiben daher oft
bestehen.

Zunächst wurden die Werke der arabischen Literatur auf wenig praktikablem Material wie Palm-
blättern, Papyrus, Bast, Holz oder Steinen festgehalten. Rasch begann man auch auf Pergament zu
schreiben. Da dieser Schriftträger jedoch sehr teuer
war, war die Zahl der Werke, die den Interessierten
zur Verfügung standen, gering. Das veränderte sich
mit der Einführung von Papier in den Nahen Osten.
Unter der Herrschaft des Kalifen Harûn al-Raschîd
wurde um 795 eine erste Papiermühle in Baghdad gegründet. Für Korrespondenzen und Akten der ver-
schienen DÎWÂNE wurde nun das sehr viel preis-
wertere Papier benutzt. Bald wurden auch die Texte
von umfangreichen literarischen Werken auf Papier
festgehalten. Lediglich für den Koran wurde noch einige Zeit lang das kostbarere Pergament verwendet.
Da es im Orient noch keine Drucktechniken gab,
mussten alle Bücher abgeschrieben werden. Professionelle Schreiber kopierten nach Auftragserhalt ein be-
stimmtes Buch ein oder auch mehrere Male. Sie
nutzten dafür spezielle Schreibrohre aus verschiedenen Rohrhölzern oder -gräsern, mit denen wegen der
geringen Tintenaufnahme aber nur wenige Zeichen
geschrieben werden konnten. Neben den Schreibroh-
ren waren auch Messer für das regelmäßige Anspit-

*Mit dem Wort DÎWÂN bezeichnet
man verschiedene Dinge. Zunächst
handelt es sich um die Gedichtsammlung eines Dichters, dann um
Rechnungsbücher für den Staats-
haushalt und um Kanzlei, Amt, be-
ratende Versammlung, Sitzungssaal.
Davon abgeleitet ist der Dîwân
auch eine lange Polsterbank mit
Rückenkissen der Wand entlang,
und schließlich das Sofa.*

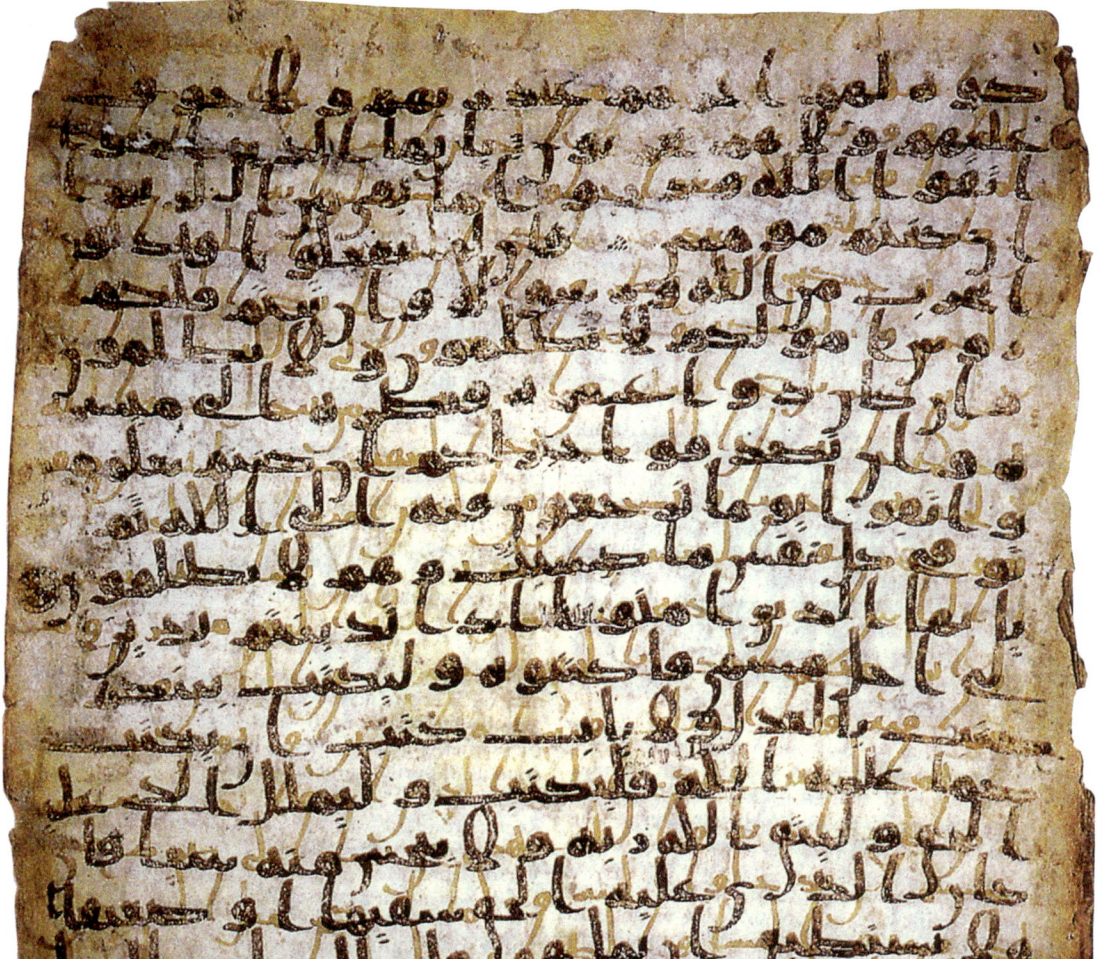

Oben:
Links sehen wir vier Elfenbeinplatten mit Mulden (unten), in die die Schreibrohre (in der Bildmitte) gelegt werden können. Diese werden mit einem kleinen Messer (rechts daneben zu sehen) immer wieder nachgeschärft. Die Scheren (rechts) dienen zum Zurechtschneiden des Papiers.

Links:
Eine Koranhandschrift aus der 2. Hälfte des 7. Jh.s als Palimpsest (wiederverwendetes, d. h. überschriebenes Pergament).

zen des Schreibgeräts, Ablageplatten aus Elfenbein für die Schreibrohre und Scheren für das Zuschneiden des Papiers erforderlich. Die Tinte bestand aus Lösungen von Lampenruß und Gummi Arabicum oder anderen flüssigen Trägern. Da sie zunächst kaum zu löschen war, mussten die Kopisten Fehler vermeiden. Dennoch kam es hin und wieder zu Verschreibungen. Mit der Verbesserung der Papierherstellung konnten sowohl die Vorder- wie die Rückseite des Papiers beschrieben werden, was die Preise für die Bücher verringerte. Denn Papier blieb lange Zeit ein teures Material, zumal es auch noch nach Europa exportiert wurde, das Angebot also knapp war.

Zum Schutz der kostbaren Texte wurden bald Einbände aus Holz, Leder oder fester Pappe entwickelt. Vor allem bei wertvollen Büchern kam aufwendig hergestelltes, mehrfarbig marmoriertes, mit zarten Abbildungen bedrucktes Papier zur Anwendung, das in kostbare, mit Edelsteinen verzierte Einbände gebunden wurde. Die Kopisten wurden nach dem Umfang der Bücher bezahlt. Wenn es sich um berühmte Kopisten handelte, die in der Lage waren, die Texte kalligraphisch wiederzugeben, war der Lohn entsprechend hoch. In der Regel wurden die Kopisten aber nicht sehr gut bezahlt. Wichtig war zunächst auch, dass die Kopien durch den Autor des Werks autorisiert wurden. Später wurde auf die Autorisierung weniger Wert gelegt.

Es ist nicht übertrieben, die Eliten des islamischen Mittelalters als bibliophil, wenn nicht als biblioman zu bezeichnen. Im Vergleich zu den mittelalterlichen abendländischen Bibliotheken war die Zahl der Bücher, die in Bibliotheken des Orients aufbewahrt wurden, geradezu exorbitant. Um 841 bewahrte das Kloster von St. Gallen 400 Bücher auf und in der päpstlichen Bibliothek in Avignon zählte man im 14. Jahrhundert ca. 2000 Bücher. Dagegen gehörten zur Bibliothek des andalusischen Omayyadenherrschers al-Hakam II. (reg. 961–976) über 400 000 Bücher. Der WESIR der ägyptischen Fatimiden-Dynastie al-Afdal (1066–1126) soll bei seinem Tod eine Bibliothek von einer halben Million Bände hinterlassen haben. Ob diese Bibliotheken Lesern außerhalb des Hofes zugänglich waren, ist nicht bekannt. Im Lauf der Jahrhunderte änderte sich die Büchersammelwut. Im Istanbul des 16. Jahrhunderts galt eine Zahl von 7000 Bänden in einer privaten Bibliothek als ungewöhnlich groß. Oft wurden private Bibliotheken als Stiftungen berühmten Moscheen übergeben. In einer derartigen Stiftungsurkunde von 1584 wird bezüglich der Nutzungsregeln festgehalten: „Es ist nicht gestattet, dass jemand die Bücher bei sich behält. Jeder soll sie nutzen können. Niemand darf die Bücher länger als ein Jahr ausleihen."[1]

Buchdruck wurde im Orient zunächst mit Holzplatten, vor allem aber im Steindruck praktiziert. Der moderne Buchdruck mit beweglichen Lettern kam zu Beginn des 17. Jahrhunderts in die Welt des Nahen und Mittleren Ostens. Zunächst waren es Bischöfe der christlichen Minderheiten, die Druckereien vor allem aus Italien importierten, mit denen sie das Evangelium in verschiedenen orientalischen Schriften drucken konnten. Schon hundert Jahre zuvor war in Venedig der Koran zum ersten Mal auf Arabisch mit einer lateinischen Übersetzung gedruckt worden. Muslime standen der neuen Vervielfältigungstechnik zunächst sehr skeptisch gegenüber. Das galt nicht nur für den Druck des Korans. Im Osmanischen Reich konnte erst 1727 eine Druckerei eingerichtet werden, der es aber ausdrücklich untersagt wurde, Werke religiösen Inhalts herzustellen. Erst 1803 erschien eine Art muslimischer Katechismus für osmanische Soldaten im Druck. Der Druck des Korans selbst und der von Korankommentaren blieben aber weiterhin untersagt. Schließlich wurde im Osmanischen Reich eine entsprechende Erlaubnis erst 1874 erteilt.

Die erste moderne Druckerei in der arabischen Welt kam mit der ägyptischen Expedition Napoleons 1798 nach Kairo. Eine von arabischen Druckern geleitete Druckerei wurde 20 Jahre später auf Befehl des Vizekönigs Muhammad ʿAlî (reg. 1805–1848) in dem Kairiner Stadtteil Bûlâq eingerichtet. Muhammad ʿAlî sah im Buchdruck ein Mittel der Modernisierung und Reform seines Landes. Die Druckerei von Bûlâq blieb bis in die 1950er-Jahre die wichtigste Druckerei in der arabischen Welt. Zu etwa der gleichen Zeit wie in

Diese Miniatur des irakischen Illustrators Yahyâ ibn Mahmûd al-Wâsitî aus dem Jahr 1237 zeigt eine Gruppe von Gelehrten vor einem Bücherregal, in dem Bücher gelegt und nicht gestellt aufbewahrt werden.

Der WESIR (arabisch: Wazîr) war in der mittelalterlichen arabischen Welt der Leiter der staatlichen Verwaltung, in modernen arabischen Staaten ist Wazîr die Bezeichnung für einen Minister. Im orientalischen Schach bezeichnet Wazîr die Figur der Dame.

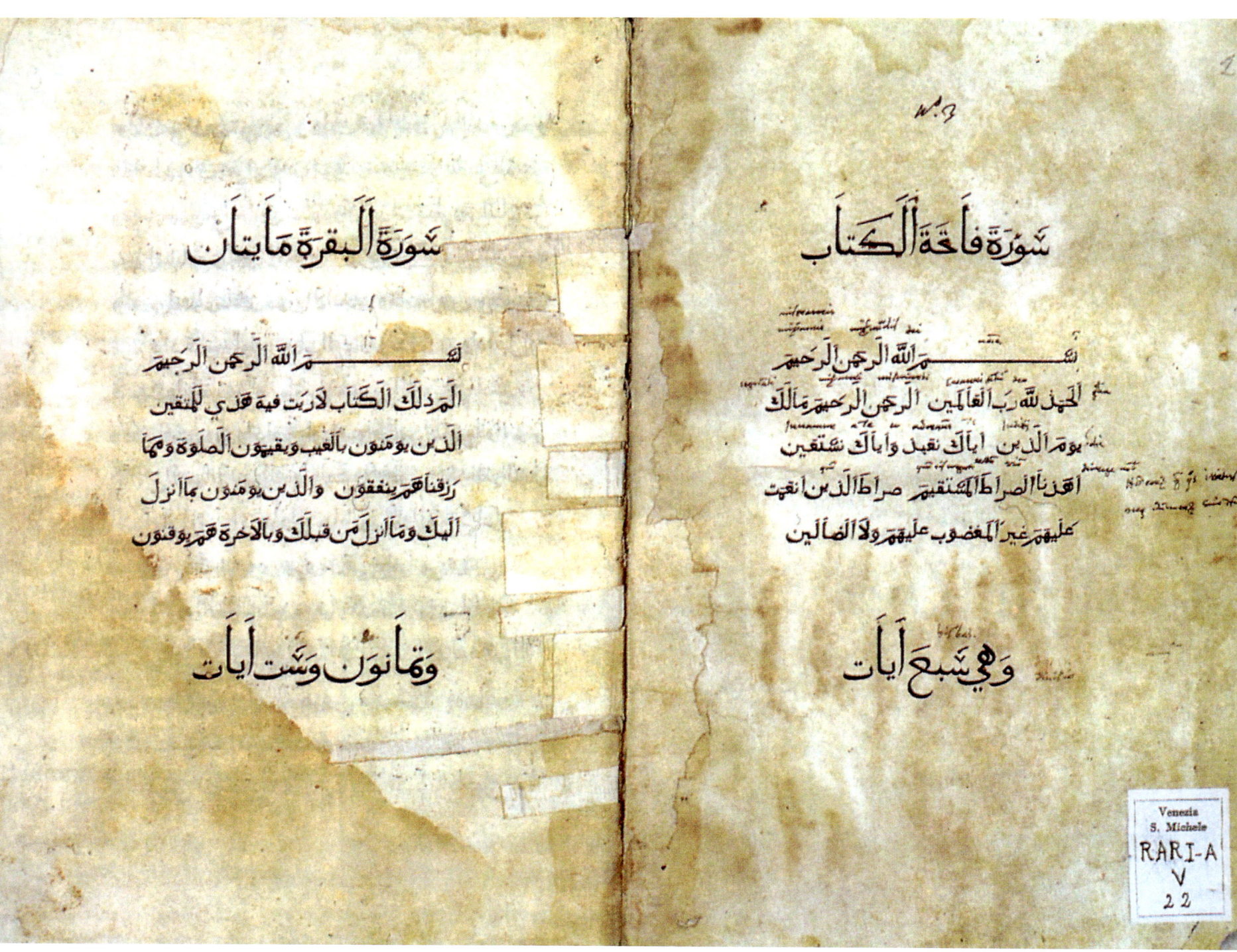

سُورَةُ الْبَقَرَةِ مَايَتَان

سُورَةُ فَاتِحَةِ الْكِتَاب

بِسْمِ اللَّهِ الرَّحْمَنِ الرَّحِيمِ

الم ذَلِكَ الْكِتَابُ لَارَيْبَ فِيهِ هُدًى لِلْمُتَّقِينَ
الَّذِينَ يُؤْمِنُونَ بِالْغَيْبِ وَيُقِيمُونَ الصَّلَوةَ وَمِمَّا
رَزَقْنَاهُمْ يُنْفِقُونَ وَالَّذِينَ يُؤْمِنُونَ بِمَا أُنْزِلَ
إِلَيْكَ وَمَا أُنْزِلَ مِنْ قَبْلِكَ وَبِالْآخِرَةِ هُمْ يُوقِنُونَ

بِسْمِ اللَّهِ الرَّحْمَنِ الرَّحِيمِ
الْحَمْدُ لِلَّهِ رَبِّ الْعَالَمِينَ الرَّحْمَنِ الرَّحِيمِ مَالِكِ
يَوْمِ الدِّينِ إِيَّاكَ نَعْبُدُ وَإِيَّاكَ نَسْتَعِينُ
اهْدِنَا الصِّرَاطَ الْمُسْتَقِيمَ صِرَاطَ الَّذِينَ أَنْعَمْتَ
عَلَيْهِمْ غَيْرِ الْمَغْضُوبِ عَلَيْهِمْ وَلَا الضَّالِّينَ

وَثَمَانُونَ وَسِتُّ آيَات

وَهِيَ سَبْعُ آيَات

Kairo wurde auch in Teheran eine erste kleine Druckerei etabliert. Unter britischer Herrschaft wurden in Südasien und unter holländischer Verwaltung auch in Südostasien moderne Drucktechniken eingesetzt.

DER KORAN ALS LITERARISCHES DOKUMENT

Für Muslime ist der Koran das unerschaffene Wort Gottes in arabischer Sprache. Der einzelne Vers dieser Offenbarungsschrift wird „Âya" genannt. Das Wort bedeutet aber nicht nur Vers, sondern auch Wunder. Nach muslimischer Überzeugung ist der Koran ein unnachahmliches Werk. Daher kann er auch nicht in andere Sprachen übersetzt werden. Die vorhandenen Übersetzungen gelten lediglich als Kommentare. Die literarische Qualität des Korans wird auch von säkularen Arabern und von arabischen Juden und Christen hervorgehoben. Große Teile des Korans sind in einer besonderen Sprache formuliert, die als Reimprosa („Sâjj") bezeichnet wird. Der deutsche Orientalist und Poet Friedrich Rückert (1788–1866) hat in seiner Koranübersetzung diese Reimprosa nachgeahmt. So beginnt Sure 53, die den Titel „Der Stern" trägt, mit den Versen:

> „Beim Stern, der flirrt!
> Nicht euer Genosse thört noch irrt,
> Spricht nicht aus eigener Begierd',
> Es ist, was offenbar ihm wird."

Für Muhammad war es wichtig, dass er nicht mit den Dichtern seiner Zeit gleichgesetzt wurde. Diese waren aus zwei Gründen gefürchtete Gestalten in den arabischen Stammesgesellschaften des 6. Jahrhunderts. Sie stritten für ihren Stamm in intertribalen Auseinandersetzungen mit ihren Versen. Dabei waren sie oft erfolgreicher als ihre Stammesgenossen mit Schwert und Lanze. Denn sie setzten die Gegner Hohn und Spott aus, der sich schnell in allen Beduinenzelten verbreitete. Ihre „langen Zungen" richteten sich auch gegen einzelne Personen. Weder diese noch die einzelnen Stämme konnten sich gegen witzige, elegante und aggressive Gedichte wehren, weil sie von den Zuhörern schnell aufgenommen und weiterverbreitet wurden. Diese Sprachmächtigkeit verdankten die Dichter nach Überzeugung ihrer Zeitgenossen dem

Umgang mit JINNEN, die ihnen die entsprechenden Verse eingaben. Ihr Umgang mit Geistern aber wurde als gefährlich für die angesehen, die sich die Feindschaft der Dichter zugezogen hatten. Immer wieder wehrte sich der Prophet Muhammad dagegen, mit den Dichtern gleichgesetzt zu werden. Daraus ergab sich auch seine Abneigung gegen die Vertreter dieser Kunstgattung und gegen die Dichtung insgesamt.

Vor allem in den Offenbarungen, die Muhammad als religiöser und politischer Führer in Medina erhielt, spielt die literarische Form der Reimprosa keine herausragende Rolle mehr. Aber auch die Prosa des Korans bleibt exstatisch, zeichnet sich durch Wiederholungen, ANAKOLUTHE und schwierige syntaktische Konstruktionen aus, ist jedoch trotz unbekannter Worte und Hinweise auf Dinge, die dem Hörer oder Leser nicht vertraut sein können, sehr viel verständlicher. Auch diese Prosateile werden von den Muslimen als ästhetisch und inhaltlich ideale Sprachformen angesehen.

VOR-ISLAMISCHE DICHTKUNST

Die Verse berühmter arabischer Dichter der vor-islamischen Zeit wurden mündlich tradiert. Besonders gelungene Gedichte aber sollen schriftlich festgehalten, auf Tücher gestickt und am Heiligtum der Kaaba in Mekka aufgehängt worden sein. Daher hießen diese Gedichte „Mu'allaqât" (Aufgehängte). Diese Gedichte waren in der festgelegten inhaltlichen Form der „Qasîde" (Zweckgedichte) verfasst. Die Qasîden, die in dieser Form von traditionsbewussten Dichtern auch heute noch formuliert werden, beginnen stets mit dem „Nasîb", einem Trauergedicht über die verschwundene Geliebte, und enden mit dem „Madîh", einem Lobgedicht auf einen Mäzen, von dem der Dichter eine entsprechende Belohung erwartet. Andere Themen sind die Beschreibung von Landschaften, Naturerscheinungen, Tieren, vor allem den Reittieren des Dichters, die Verhöhnung seiner Gegner und nicht zuletzt die Ruhmrede auf die eigenen Fähigkeiten und Charaktereigenschaften. Aus vor-islamischer Zeit sind nur wenige dieser Qasîden vollständig erhalten geblieben. Aber über Jahrhunderte

Als JINN (Pl. Junûn, Pl. dt.: Jinnen) werden Wesen aus Feuer bezeichnet, die verschiedene Formen annehmen können, in denen sie Menschen erscheinen. In der Regel stellt man sie sich als unsichtbar vor. Es gibt gläubige und ungläubige, gute und bösen Jinnen. Die Menschen versuchen mit verschiedenen Mitteln, einen Konflikt mit ihnen zu vermeiden, weil diese sich sonst an den Menschen rächen.

Unter einem ANAKOLUTH versteht man den Abbruch eines in der Regel gesprochenen Satzes, der in einer anderen syntaktischen Form wieder aufgenommen wird. Der Anakoluth kann bewusst als rhetorisches Mittel eingesetzt werden oder die Konsequenz einer spontanen Veränderung der Satzintention sein.

Der erste gedruckte Koran von 1537/38 wurde für christliche Missionare hergestellt.

Im Zusammenhang mit den Ritualen der Wallfahrt umwandern die Pilger siebenmal die

Kaaba, die mit einem großen schwarzen Stoff bekleidet ist, auf den in aufwendiger

Kalligraphie mit Goldfäden Koransprüche gestickt sind. Bis weit in das 19. Jh. hinein war

es die Ehrenpflicht der ägyptischen Muslime, für diese Verkleidung der Kaaba zu sorgen.

Heute geschieht dies durch die saudische Verwaltung der Pilgerstätten. Dieser Stoff

wird in jedem Jahr ausgewechselt und durch eine neue Verkleidung der Kaaba ersetzt.

Die Umhüllung der Kaaba setzt eine vor-islamische Praxis nun in muslimischem Gewand

fort. Vor dem Islam wurden an der Kaaba die schriftlich fixierten Texte von Gedichten

aufgehängt, die nach allgemeiner Ansicht eine besondere poetische Qualität aufwiesen.

Diese Gedichte wurden als „al-Mu´allaqât" (die Aufgehängten) bezeichnet. Dies war

die früheste Form der schriftlichen Fixierung von arabischen Gedichten. Die Dichter

dieser Verse sollten so besonders geehrt werden.

hinweg verfassten arabische Poeten weiterhin Gedichte dieses Typs. In den seltensten Fällen konnten sie dabei auf eigene Erfahrungen des Wüstenlebens zurückgreifen. Sie versuchten vielmehr, die von den alten Dichtern verwendeten poetischen Techniken in immer neuen Formen, Bildern und Vergleichen zu nutzen.

Angesichts der Ablehnung der Dichtung durch den Propheten Muhammad mag es erstaunlich erscheinen, dass Dichtung überhaupt und die Qasîde im Besonderen überdauern konnten. Dafür gibt es wohl zwei Gründe. Der erste hängt damit zusammen, dass der Koran auch von vielen Muslimen als ein schwer zu verstehender Text eingeschätzt wird. Unklare oder auch Muttersprachlern gänzlich unverständliche Stellen müssen aus religiösen Gründen dennoch mit einem Sinn versehen werden. Daher entwickelte sich sehr rasch eine Koranauslegung, in der es zunächst vor allem um das rechte Verständnis des eigentlichen Textes ging. Die Korankommentatoren gingen bei ihrer Arbeit davon aus, dass sie vieles aus der gesellschaftlichen, politischen, aber vor allem auch aus der sprachlichen Umgebung, in der der Koran offenbart worden war, für das Verständnis des heiligen Textes erschließen könnten. Also sammelte man die schriftlich, aber vor allem auch oral vorhandenen sprachlichen Zeugnisse aus der Zeit, in der der Koran offenbart worden war. Die mündlichen Überlieferungen wurden dann schriftlich fixiert. Diese geradezu wissenschaftlichen Bemühungen boten Gelegenheit, auch die vor-islamische Dichtung in umfangreichen Sammlungen zusammenzustellen und vor der Gefahr des Vergessens zu bewahren. Mit diesen antiquarischen Aktivitäten wurde dann eine dichterische Tradition fortgesetzt, die sich der Islamisierung der Literatur entzog.

MOBILE DICHTER

Trotz ihrer Zugehörigkeit zu einem bestimmten Clan oder Stamm waren die vor-islamischen Dichter ständig auf Wanderschaft. Dieses Unterwegssein war ein zentrales Moment ihrer dichterischen Existenz. Aus ganz praktischen Gründen waren sie gezwungen,

wieder und wieder nach Mäzenen zu suchen, die bereit waren, ihre Kunst in Möglichkeiten des Lebensunterhalts umzumünzen. Sie waren aber auch darauf angewiesen, immer wieder ein neues tribales Publikum mit ihren Versen zu amüsieren, zu erheitern und zu bewegen. Wohl daher war ein zentraler Teil der Thematik ihrer Dichtung das Wandern. Sie beschreiben die Fremdheit von Landschaften, Menschen und Erfahrungen. Das Unterwegssein ist Teil der beduinischen Existenz und wurde daher von den Zuhörern als sprachmächtige Darstellung ihrer eigenen Erfahrungen zur Kenntnis genommen. Auch für die im Grunde sesshaften Kaufleute der Oasen der Arabischen Halbinsel gehörte das Wandern zu ihrer Existenz. So kann es denn nicht erstaunen, dass auch nach der festen Etablierung des Islams in weiten Teilen des Nahen und Mittleren Ostens Mobilität nichts Negatives war. Beduinen zogen weiter durch die Wüsten Syriens und Kaufleute suchten Absatzmärkte für ihre Waren weit über die Grenzen der islamischen Herrschaft hinaus. Durch die Verfestigung der administrativen Strukturen des islamischen Reiches hatten sich die wirtschaftlichen Verhältnisse der Dichter nicht grundsätzlich verändert. Zwar gab es nun eine Vielzahl von möglichen Mäzenen zwischen Andalusien und Indien. Die Zahl der Dichter auf der Suche nach einem wohlwollenden Literaturenthusiasten hatte aber wahrscheinlich ebenfalls zugenommen. Die Wege von Herrscher zu Herrscher waren länger geworden. Darüber hinaus war eine neue Gruppe von Konkurrenten in Erscheinung getreten. Nun baten auch die Verfertiger von Prosatexten um mäzenatische Unterstützung. Theologen, Historiographen, Juristen, Literaten und Witzbolde zogen durch die islamischen Länder auf der Suche nach einem gesicherten Auskommen. Betrachtet man die Biographien bedeutender Gelehrter, so ist es nicht ungewöhnlich, dass ein nordafrikanischer Gelehrter sich als wichtiger Jurist in Damaskus wiederfindet, ein Philosoph zwischen Baghdad und Kairo pendelt oder ein Literat von Baghdad nach Andalusien reist.

Der Historiograph al-Mas´ûdî war Ende des 9. Jahrhunderts in Baghdad geboren worden. Als jun-

دُوغْ ∙ نَمَكْ

آرْدِ بِرِنْجْ

كُودِيِي

جَوْ

آرْدِ نُخُودْ

قَرَنْفُلُ ∙ اللَّائِي ∙ آ... أَنَارَهْ ∙ تَمَرْ هِنْدِيِي ∙ كَانْجَي

Die Illustration aus einem indo-muslimischen Kochbuch aus der Zeit zwischen 1495 und 1505 zeigt Musiker, die einen Sultan bei einem Picknick unterhalten.

ger Mensch kam er 912 nach Persien. 916 reiste er nach Indien weiter und blieb dort einige Zeit. Von dort setzte er nach Sri Lanka über; weiter gelangte er mit Kaufleuten durch das Chinesische Meer und nach Sansibar, Madagaskar und schließlich nach Oman. 926 finden wir ihn in Palästina, später hielt er sich in den syrischen Grenzstädten auf, dann in Basra und in Damaskus. Immer wieder kam er auch nach Ägypten, wo er 956 starb. Die Ägypter hatte er nicht nur mit neuen literarischen Moden bekannt gemacht, sondern

in seinem geistigen Gepäck befand sich auch noch ein Rezept für einen Käsekuchen. Daneben waren aber auch Musiker, Tänzer, Gaukler und Scharlatane auf Wanderschaft. Sie alle verfügten über ein weites Repertoire an Wissen, das sie durch das ständige Memorieren im Kopf mit sich herumtrugen. Darüber hinaus beherrschten viele von ihnen zumindest zwei Literatursprachen, das Arabische und das Persische, das es ihnen ermöglichte, auch an den Höfen der indischen Muslim-Prinzen auf sich aufmerksam zu machen.

DICHTUNG –
UNTER ISLAMISCHER KRITIK

Die vor-islamischen Gedichte waren über ihre Bedeutung für das Verständnis des Korans hinaus Vorbild und Ausgangspunkt für weitere poetische Entwicklungen in der arabischen wie in der persischen und schließlich auch in der türkischen und Urdu-Dichtung. Eines der poetischen Mittel der vor-islamischen Poesie, das in den verschiedenen islamischen Literaturen wiederkehrt, ist der Vergleich. Beispielsweise verglich man das Gesicht der Geliebten mit einem Vollmond, der als besonders schön angesehen wurde. Dieses poetische Bild bot nun zahlreiche Möglichkeiten der Variation und Weiterentwicklung: Das Gesicht ist so schön wie der Mond. Dann strahlt das Antlitz der Geliebten heller als der Mond, oder der Mond verbirgt sich vor dem Licht, das von dem Gesicht der Geliebten ausgeht. Dieses Bild wird überboten, wenn der Mond sein Licht vom Gesicht der Geliebten erhält. Auch die Rose wird zu Vergleichen herangezogen:

„Anmutig gehend, komm in den Garten, Du Sonne der Schönheit, sodass die Farbe der Rose schwindet wie Tau"[2], fordert der Urdu-Dichter Walliullâh Walî (1668–1741) seine Geliebte auf.

Strenge muslimische Gelehrte beurteilten diese Bilder als lügenhaft und damit aus religiösen Gründen abzulehnen, weil sie mit der Realität nichts zu tun hätten. Darüber hinaus war für sie die Art und Weise, wie die Dichter mit dem Verhältnis zwischen den Geschlechtern umgingen, ein Stein des Anstoßes.

Schon der Koran ermahnt die Gläubigen in Sure 24, 30 f.: „Sprich zu den gläubigen Männern, sie sollen ihre Blicke senken und ihre Scham bewahren. Das ist lauterer für sie. Gott hat Kenntnis von dem, was sie machen. / Und sprich zu den gläubigen Frauen, sie sollen ihre Blicke senken und ihre Scham bewahren, ihren Schmuck nicht offen zeigen, mit Ausnahme des-

sen, was sonst sichtbar ist (…)" Nach der Tradition soll der Prophet auch gesagt haben: „Der Mann darf sich nicht allein mit einer Frau befinden, es sei denn, er gehört zu den Männern, die sie nicht heiraten dürfen. Die Frau darf mit keinem Mann reisen, es sei denn, er gehört zu denen, die sie nicht heiraten dürfen."

DICHTERISCHE FREIHEITEN

Arabische Dichter der Abbasidenzeit befassten sich auch mit Themen, die vom Islam eindeutig abgelehnt wurden. So besang Abû Nuwâs (gest. 815) ausgerechnet Wein und Knabenliebe. Zur Blasphemie war es da nicht mehr weit: „Er beugt sich vor dem Lauteren im Kelch, kniet hin in Trunkenheit, ihn segnend wird der Wein gemischt und ruft aus ‚Gott ist groß'."

Hier verbeugt sich der Dichter vor dem Wein in einer Weise, die allein Gott zukäme. Und der Ausruf „Gott ist groß" verstärkt das Sakrileg noch. Aus der Sicht der Frommen bestätigte sich hier die Ablehnung der Dichtung durch den Propheten Muhammad. Auch in der persischen Dichtung eines Nizâmî (ca. 1142–ca. 1205) oder Hâfiz (ca. 1319–1389) finden sich solche Blasphemien, die die Dichter dann auch in Schwierigkeiten bringen konnten. Abû Nuwâs lernte Gefängnisse von innen kennen. Hâfiz musste sich vor Timur verteidigen, der eines seiner Gedichte als Gotteslästerung ansah. Das Gedicht lautet:

„Gestern gewahrte im Traum ich Engel,
Hörte sie pochen am Schenkenpokal,
Sah, wie den Lehmklumpen Adams sie walkten,
Wie sie ihn tränkten mit Wein im Pokal."

Gegen die kritischen Bemerkungen des Herrschers verteidigte sich der Dichter: „O Fürst, an einem Frühlingsmorgen, noch in der Dämmerung, als die Luft

Das Schâhnâmeh ist eines der wenigen Werke der klassischen islamischen Literaturen, das vielmals illustriert wurde.

sehr angenehm und frisch war und von Schiras her der Duft der Rosen in meine Nase hauchte und ich die Nachtigallen schlagen hörte, fühlte ich eine Begeisterung im Herzen und wurde von einer derartigen Erregung und Freude ergriffen, dass ich vermeinte, an allen Wesen des Kosmos teilzuhaben, und mir war, als wenn die Engel in meine Existenz eingingen und ich in die ihre. Da verfasste ich aus übergroßer Begeisterung dieses Gedicht. Und was ich mit ihm sagen will, ist, dass die Engel (…) mit mir gesprochen und mir Wanderer einige Geheimnisse der Schöpfung kundgetan haben. O Fürst, mit ‚Wein' meine ich die Erkenntnis (oder Gnosis), mit ‚Wein trinken' das Erlangen der Erkenntnis, mit ‚Weinschenke' die Stätte des Erlangens der Erkenntnis.‟[3]

Ob dieses Gespräch eine historische Grundlage hat, mag dahingestellt bleiben. Die metaphorische Bedeutung des Weins als Erkenntnis hatte sich durch die islamische Mystik zur Zeit von Hâfis schon weit verbreitet. Auch die berühmten Vierzeiler von Omar Khayyâm (1048–1123) sind voll von Anspielungen auf den Wein und die Schönheit des Schenken, zugleich aber auch auf die Vergänglichkeit des Seins. Bei diesen Vierzeilern („Rubâ´îyât") reimen der erste, zweite und vierte Vers, während der dritte in der Regel außerhalb des Reims steht:

„O Frömmler, einen Wunsch nur mir erfülle!
Spar deinen guten Rat und schweig mir stille.
Glaub mir, ich geh gradaus, du siehst nur schief –
Drum lass mich gehn und kauf dir eine Brille."

Der Dichter lässt es hier nicht mit der Ablehnung des Weinverbots sein Bewenden haben, sondern greift die Frömmler direkt an. Die Distanzierung vom Islam seiner Zeit ist deutlich und wird noch schärfer, wenn er den Propheten Muhammad selbst in ein Zwiegespräch verwickelt.

„Zu dem Propheten sollt ihr gehn und sagen:
Es lässt Khayyâm dich grüßen und dich fragen:
Wie kommt's, dass saure Milch du mir erlaubt
Und dass ich süßem Weine soll entsagen?"

Darauf antwortet der Prophet:

„Geht zu Khayyâm und sagt, ich lass ihm sagen:
‚Ein Tor nur kann so unvernünftig fragen.

Den Weisen trifft ja nicht mein Weinverbot.
Allein dem Toren muss ich ihn versagen.'‟[4]

Das Spiel mit dem Sakrileg ist deutlich, zumal wenn man die im Widerspruch zum Koran stehenden Praktiken unter manchen Sûfîs in Betracht zieht.

Bemerkenswert an dem Lebenswerk Omar Khayyâms ist aber etwas völlig anderes. Die Rubâ´îyât, die in viele westliche Sprachen übersetzt worden sind und die seinen weltweiten Ruf begründen, sind nur ein kleiner Teil seiner Arbeiten. Er war vielmehr ein bedeutender Astronom und Mathematiker. Von ihm stammen drei Abhandlungen zur Metaphysik, ein Kompendium der Naturwissenschaften, eine Abhandlung über die indische Methode, Quadrat- und Kubikwurzeln zu ziehen, ein Werk über die Jahreszeiten und die Ursachen ihrer Schwankungen sowie eine Schrift über die Geometrie bei Euklid.

Khayyâm war an der Kalenderreform von 1074 unter dem Seldschukenherrscher Malik Schah beteiligt, die noch bis in das 20. Jahrhundert im Iran Gültigkeit hatte. Er baute eine große Sternwarte, die aber nach dem Tod seines Mäzens verfiel. Er fand dafür keinen Förderer mehr und schrieb in der Einleitung zu seinem algebraischen Werk: „Wir sind Zeugen gewesen, wie die Männer der Wissenschaft untergegangen und auf ein winziges Häuflein zusammengeschmolzen sind, dessen Zahl so gering ist, wie seine Leiden groß. Diesen hat die Härte des Geschicks gemeinsam auferlegt, sich, solange sie leben, der Vervollkommnung und Erforschung der Wissenschaft allein zu widmen. Aber die meisten von denen, die heutzutage für Gelehrte gelten, verbergen die Wahrheit durch die Lüge und kommen nicht über die Schranken eines Scheingelehrtentums hinaus, indem sie das, was sie an Kenntnissen besitzen, lediglich materiellen und niedrigen Zwecken dienlich machen."

Auch in der indo-persischen Dichtung finden sich Formulierungen, die den Frommen nicht gefallen konnten. Bei einer Beschreibung des Shalimar-Gartens des Moghulherrschers Schah Jehan sagt der Dichter Sâlih Kambo im Februar 1646: „Im Zentrum dieses irdischen Paradieses fließt ein heiliger Strom langsam und voller Eleganz und Süße. Dieser Strom fließt faszinierend und erheiternd durch den Garten und bewässert die Blumenbeete."[5]

Da wird das Paradies als Ziel menschlichen Handelns auf die Erde versetzt. Die Allmacht Gottes und die des Herrschers werden gleichgesetzt. Dann aber ist auch noch die Rede von einem heiligen Strom im Palastbezirk eines muslimischen Herrschers in einem Land, für dessen hinduistische Bevölkerungsmehrheit der Ganges der heilige Strom ist. Walîullâh Walî, ein anderer bekannter indo-muslimischer Dichter dieser Epoche, zieht ebenfalls religiöse Motive heran: „Der Leberfleck auf deiner Wange ist für mich wie der schwarze Stein der Kaaba, in der Einkerbung deines Kinns sehe ich die Spur des Brunnen Zamzam."[6] Der Dichter nimmt als Vergleich das höchste Heiligtum des Islams heran – das Stirnrunzeln der Frommen war bei der Lektüre dieser Zeilen vorprogrammiert.

PERSISCHE VERS-EPEN

Eine Besonderheit der persischen Dichtung sind die umfangreichen Vers-Epen von Nizâmî (1141–1209) oder Firdûsî (ca. 940–1020). Beide Dichter legen großes Selbstbewusstsein an den Tag. So sagt Nizâmî:

> „Alles, was existiert, alt oder neu,
> Es wird betört durch mich, den Sprachmagier!
> Meine Kunst hat den Zauberern die Fassung geraubt,
> Meine Magie ist ein Bann, dem die Engel erliegen."[7]

Fünf Epen sind von Nizâmî überliefert und zahllose andere Verse. Bis auf den heutigen Tag beliebt sind seine Epen „Khosrau und Schirîn" und „Laila und Majnûn". Beides sind tragische Liebesgeschichten; beide Liebespaare handeln außerhalb des islamischen Kontextes. Die Geschichte von Khosrau und Schirîn spielt am persischen Hof in vor-islamischer Zeit, die von Laila und Majnûn in der vor-islamischen nomadischen arabischen Gesellschaft. Beide Geschichten können heute auch als Gesellschaftskritik nicht zuletzt hinsichtlich der Stellung der Frau verstanden werden. Ihre sprachliche Eleganz, ihre psychologische und kompositorische Stimmigkeit haben sie vor einem inquisitorischen Bannstrahl bewahrt.

Der ältere Firdûsî schuf mit dem gewaltigen, 60 000 Verse umfassenden Königsbuch („Schâhnâmeh") ein persisches Nationalepos. Thema ist die Geschichte Irans von den Königen der mythischen Vorzeit bis zum Ende der Sassanidenherrschft durch den Islam. Damit stellt das Werk zugleich eine historische Quelle dar, mit deren Hilfe man zumindest in Erfahrung bringt, welche historischen Vorstellungen über die Geschichte des Landes im Iran des 11. Jahrhunderts im Schwange waren. Dass dabei auch volkstümliche Überlieferungen eine Rolle spielen, darf nicht verwundern, ist jedoch kulturgeschichtlich mindestens genauso interessant. Die Wirkung des Schâhnâmeh war und ist beträchtlich.

Zunächst bedeutet GHAZAL das zärtliche Gespräch unter Liebenden und daraus folgend dann „Liebesgedicht".

Es ist eine Quelle für das iranische Nationalgefühl, das sich dem Islam gegenüber distanziert verhält. Das Epos beschreibt ja vor allem Helden des vor-islamischen Irans, denen aus der Sicht frommer Muslime keine Verehrung entgegengebracht werden sollte. Schließlich zeichnet es sich durch ein ethischnationales Überlegenheitsgefühl gegenüber anderen muslimischen Nationen aus. Vor allem aber ist es ein Aufruf zu dynamischem Handeln und Kritik an Quietismus und politischer Untätigkeit, grundlegenden Einstellungen zum Leben, die den Arabern abgesprochen werden. So wird es zu einem grundlegenden Werk für die Bedeutung des Persertums gegenüber den Arabern.

OSMANISCH-TÜRKISCHE DICHTUNG

Früh wurde in Europa die osmanisch-türkische Dichtung durch die Übersetzung des Freiherrn Joseph von Hammer-Purgstall (1774–1856) bekannt. Diese Poesie wurde von späteren europäischen Turkologen als schwülstig und dekadent kritisiert. Die Einschätzung mag auch damit zusammenhängen, dass in diesen Versen zahlreiche arabische und persische Worte verwendet wurden und dem Türkischen als Sprache nur wenig Raum gelassen wurde. Diese Dichtung entsprach auch nicht dem modernen Nationalgefühl der jungen Türkischen Republik nach 1920.

In der osmanischen Dichtung wurde die Liebesdichtung in Form des „GHAZAL" gepflegt. Hammer-Purgstalls Begeisterung für diese Poesie wird auch aus seinen kommentierenden Bemerkungen deutlich. So sagt er über den Dichter „Schemii, d. i. der Kerzenhafte, gest. i. J. 936 (1529). (…) Über die Ursache seines Dichternamens sagt Latifi: ‚Jedes seiner Worte brannte wie Feuer, jeder seiner Verse schmolz Seelen, er verdiente den Namen der Wachskerze so bildlich als sinnlich; denn sein ausgezehrter Leib war gelb wie eine Kerze aus gelbem Wachs.' Seine Gedichte hauchen das Feuer, das ihn verzehrte." Eines dieser Gedichte lautet so:

„Frühling ist's wieder, es tosen die Flüsse,
Schleppen die Ketten wie blutige Thränen;
Knospen sind Wunden von Seufzern gekühlet,
Herz ist mit Maalen wie Rosen gefüllet!
Still' ich im Haine als Freyer mein Sehnen,
Wird er zum Kerker, sind Ketten die Flüsse."[8]

PROSAFORMEN – VON DEN WISSENSCHAFTEN BIS ZUM MÄRCHEN

Prosatexte fanden im Vergleich zur Dichtung bei den Religionsgelehrten und Frommen größere Akzeptanz. Schließlich waren sie selbst deren Produzenten. Bei ihren Werken handelte es sich fast ausschließlich um „wissenschaftliche" Literatur. An erster Stelle standen die kaum noch in ihrer Anzahl zu überblickenden Korankommentare („Tafsîr"), die seit der islamischen Frühzeit bis in die Gegenwart ein tieferes Verstehen des Heiligen Buches der Muslime zu erreichen suchten. Es entstanden Traditionen des Interpretierens der Texte, die den Autoren zumindest formal keine große Freiheit ließen. In der Regel wird der Korantext von Anfang bis Ende fortlaufend kommentiert. Inhaltlich geht es in den meisten Kommentaren zunächst um die Geschichte der entsprechenden Offenbarung, dann um die Grammatik und Semantik des Textes und schließlich um die rechtlichen, theologischen und sogar um seine folkloristischen Aspekte. Obwohl es Kommentare in allen islamischen Literatursprachen gibt, ist die Mehrheit in Arabisch abgefasst, auch wenn die Interpreten eine andere Muttersprache haben. In engem Zusammenhang mit Tafsîr-Texten entwickelten sich grammatikalische, historische, juristische und dogmatische Werke, die ebenfalls bis weit in das islamische Mittelalter hinein in Arabisch verfasst wurden.

GEOGRAPHISCHE WERKE

Auf Akzeptanz bei den frommen Gelehrten stießen auch geographische Werke, die sich innerhalb der arabischen Literatur zu einer besonderen Blüte entwickelten. Grund für diese Akzeptanz war einerseits, dass geographische Werke zunächst von den Herrschern in Auftrag gegeben wurden. Die geographischen Werke hatten für sie eine nachrichtendienstliche

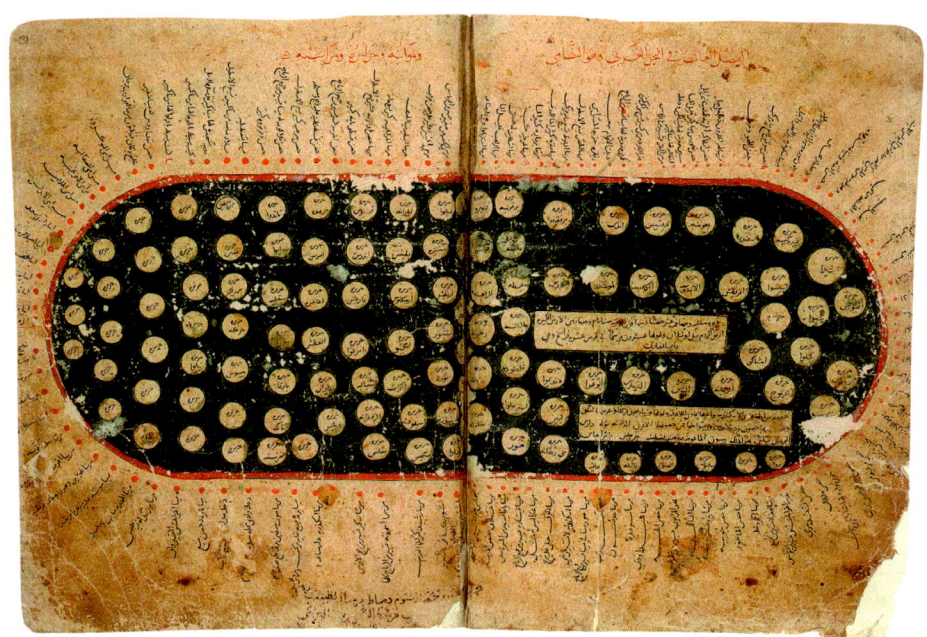

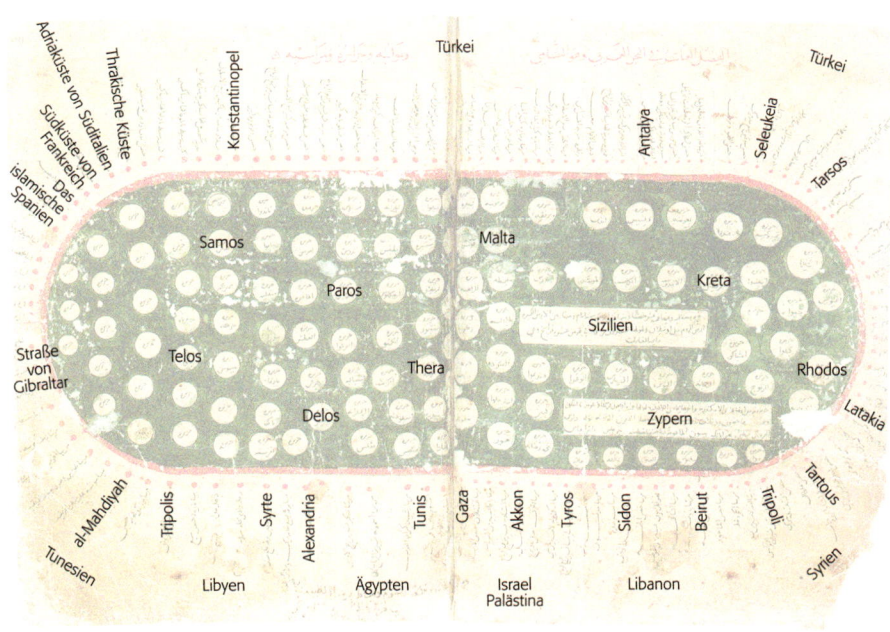

Die arabische Karte des Mittelmeers aus dem 11. Jh. zeigt die wichtigsten Handelsplätze, die für die muslimischen Kaufleute von Bedeutung waren.

Arabische Reisende auf einem indischen
Schiff, auf dem dunkelhäutige Matrosen Segel
setzen und Wasser aus der Bilge schöpfen.
Die lebensnahe Miniatur stammt aus dem Jahr 1237.

Funktion. Zugleich waren sie von Nutzen für die Kaufleute bei ihren Handelsunternehmungen. Und schließlich konnten geographische Schriften buchstäblich als Reiseführer für die Pilger auf ihrer Reise nach Mekka dienen. Werke von Arabern wie Ibn Jubair (1154–1217) oder Ibn Battûta (1304–1368 oder 1377) wie auch von dem osmanischen Gelehrten Evliya Celebi (1611–1683) vermitteln noch heute dem Leser einen lebhaften Eindruck vom Alltagsleben in vielen Teilen der islamischen Welt.

AUTOBIOGRAPHISCHE TEXTE

Die geographischen Werke sind noch aus einem anderen Grund interessant. Hier beschreiben Autoren mit ihren Reisen zugleich ihr persönliches Erleben, mithin ihr Leben, was unter muslimischen Literaten ungewöhnlich war und einer besonderen Begründung bedurfte. So stellt Ibn Battûta in seinem Vorwort fest, dass er seine Reiseerfahrungen auf ausdrücklichen Befehl des Herrschers verfasst habe. Autobiographische Texte sind im Übrigen in muslimischen Literaturen des Mittelalters zunächst außerordentlich selten. Sie finden sich jedoch im theologischen Kontext, wenn ein Gelehrter wie der bedeutende Gelehrte Abû Hamîd al-Ghazzâlî (gest. 1111) seinen geistigen Weg von einer orthodoxen sunnitischen Haltung zur islamischen Mystik und dem folgenden Versuch der Versöhnung der beiden in seinem Werk *Retter aus dem Irrtum* („Munqidh min al-dallâl") beschreibt. Auch von türkischen Sûfîs sind entsprechende Lebensbeschreibungen überliefert, so z. B. von Seyyed Hasan, der von 1661 bis 1665 ein Tagebuch geführt hat, das erhalten geblieben ist.

Eine Besonderheit dieser autobiographischen Literatur stellen die Erinnerungen von Usâma ibn Munqidh, einem syrischen Adeligen zur Zeit der Kreuzzüge, dar. Sein Werk *Das Buch der belehrenden Beispiele* („Kitâb al-I´tibâr") berichtet aufschlussreich über das Zusammenleben der arabischen Muslime mit den christlichen Kreuzfahrern. Der erste Moghulherrscher Bâbur (1483–1530) beschreibt in seinem „Bâbur-Nâmeh" (*Bâbur-Buch*) seine Kriegszüge auf eine erstaunlich genaue und lebhafte Weise: „Qasim Bey

zeigte wenig Erfahrung, als er sagte: ‚Dieser Weg ist
lang, wir wollen den anderen Weg einschlagen.' Wir
gingen diesen Weg. Es gab einen Führer von den Pashai mit Namen Pir Sultan. Auf Grund seines Alters,
seiner Aufregung oder wegen der Menge des Schnees
verlor er den Weg und konnte uns nicht weiter bringen. Da wir diesen Weg wegen der Halsstarrigkeit
von Qasim Bey eingeschlagen hatten, sah er es als eine
Ehrensache an. Er und seine Söhne gruben den Weg
vom Schnee frei und marschierten voran. An einem
Tag fiel ungewöhnlich viel Schnee. Wir wussten nicht
mehr weiter. Mehrfach versuchten wir es, aber wir
konnten nicht vorwärts kommen. Da wir keinen Aus-
weg wussten, kehrten wir um und kamen zu einem
Ort mit Bäumen. Wir beschlossen, dass 70 oder 80
tüchtige junge Männer sich auf den Weg zurück machen sollten, wobei sie unseren Fußstapfen folgen sollten. Sie sollten sich einen der Hazara greifen, die den
Winter tief im Tal verbrachten, und zu uns bringen,
auf dass er als unserer Führer diene. Es dauerte drei
oder vier Tage, bis diese Gruppe zurück zu uns kam.
Die Gruppe, die losgegangen war, brachte uns aber
niemanden mit, der als guter Führer dienen konnte.
Indem wir auf Gott vertrauten, stellten wir Sultan,
den Pashai, an unsere Spitze. Da wir den Weg nicht
finden konnten, gingen wir ein zweites Mal den Weg
zurück, den wir gekommen waren. Während dieser
wenigen Tage erlebten wir außerordentliche Unan-
nehmlichkeiten und Störungen. Während meines ganzen Lebens habe ich selten so viel erdulden müssen.
Während dieser Zeit zitierte ich diese Verse: ‚Gibt es
noch eine Tyrannei oder Grausamkeit, die ich nicht
gesehen habe? / Ist noch ein Schmerz oder ein Kum-
mer übrig, den mein krankes Herz nicht gekostet
hat?'"[9] Diesem Vorbild, ein Tagebuch zu schreiben,
folgten dann weitere Moghulherrscher, die für ihre
Berichte auch noch Illustrationen anfertigen ließen.

HISTORIOGRAPHIE

Zu den beeindruckenden Prosawerken der muslimischen Literaturen gehören die umfangreichen Darstellungen muslimischer Historiographen. Dabei gibt es
Werke, die sich auf eine bestimmte Region, in der

*Der Moghulherrscher Schâhjehân (1592–1666) betritt
seine neue Palastfestung Schâhjehânabâd. Der Herrscher
reitet einen prächtig ausstaffierten Paradeelefanten,
eine Requisite der Macht wie auch die goldene Sänfte
oder das goldene Diadem mit Federagraffe.*

Regel die des Autors, beziehen wie die Bücher von al-Maqrîzî (1364–1442), vor allem aber die Universalgeschichten eines al-Mas´ûdî (895–957) mit seinem Werk *Goldwiesen* („Murûj al-dhahab"), der auch über die geschichtlichen Entwicklungen in Indien oder im subsaharischen Afrika berichtet. Diese Geschichtswerke beginnen in der Regel mit der Erschaffung der Welt und enden in der Lebenszeit der Verfasser. Sie sind teleologisch auf das Jüngste Gericht hin ausgerichtet.

Auch heute noch beeindruckende Ausnahme von dieser durch das muslimische Geschichtsverständnis geprägten Regel ist der nordafrikanische Universalhistoriker Ibn Khaldûn (1332–1406), der im Vorwort („Muqaddima") zu seinem Werk *Buch der Beispiele* („Kitâb al-`ibar") eine moderne, säkulare Geschichtstheorie entwickelt hat, die nach ihrer Übersetzung ins Französische in der zweiten Hälfte des 19. Jahrhunderts Denker wie Marx und Engels, aber auch den deutschen Soziologen Richard Thurnwald (1869–1954) beeindruckt hat. Ibn Khaldûn entwickelte eine Zirkulartheorie der historischen Entwicklung. Er unterschied zwischen der nomadischen und der sesshaften Gesellschaftsformen. Vor allem die Nomaden sind durch ein starkes Zusammengehörigkeitsgefühl („Asabiyya") gekennzeichnet. Im Vergleich zu den sesshaften Städtern leben sie unter ärmlichen Bedingungen. Der Reichtum der Städte zieht sie an. Die Asabiyya ermöglicht es ihnen, sich der Städte zu bemächtigen. Nach und nach nehmen sie das städtische Leben an und verlieren das Zusammengehörigkeitsgefühl. So kann es wiederum neuen Nomadengruppen gelingen, sie zu besiegen. Und dieser Kreislauf wiederholt sich immer wieder.

NATURWISSENSCHAFTLICHE WERKE

Eine besondere Rolle in der Prosa der islamischen Literaturen spielen die naturwissenschaftlichen Werke. Zunächst sind sie das Ergebnis umfangreicher Übersetzungsaktivitäten, die sich verstärkt in der Zeit der Abbasidenherrschaft, vor allem unter dem Kalifen al-Ma`mûn (reg. 813–833), entwickelten. Häufig über das Syrische, dann aber auch direkt aus dem Griechischen wurden zunächst naturwissenschaftliche und medi-

zinische und schließlich auch philosophische Werke der griechischen Antike und des Hellenismus ins Arabische übersetzt. Auf diese Art erhalten, konnten sie später ins Lateinische übertragen werden. Jüdische, christliche und muslimische Mediziner, Astronomen, Mathematiker und andere Naturwissenschaftler entwickelten das antike Wissen in ihren in der Regel auf Arabisch verfassten Schriften weiter. Bei einigen dieser Forscher handelte es sich um Universalgelehrte wie bei dem Arzt und Philosophen Avicenna (Ibn Sînâ, 980–1037), der im mittelalterlichen Europa durch seine philosophischen Auseinandersetzungen mit den Werken des Aristoteles bekannt wurde. Er war zugleich ein herausragender Arzt, vor allem ein Ophtalmologe (Augenarzt), dessen medizinisches Hauptwerk *Der Kanon in der Medizin* („al-Qânûn fî l-tibb") über Jahrhunderte ein grundlegendes Werk für Ärzte blieb. Ein anderer, ebenfalls aus Zentralasien stammender Universalgelehrter ist der fast gleichaltrige al-Bîrûnî (973–1048), von dem astronomische, astrologische, kartographische und mineralogische Werke überliefert sind. Darüber hinaus verfasste er mit den *Indienbuch* („Kitâb al-Hind") eine Darstellung Indiens, wie er es bei Kriegszügen, an denen er teilnehmen musste, mit eigenen Augen gesehen hatte. Bemerkenswert daran ist die genaue und wertfreie Beschreibung von Buddhismus und Hinduismus und zahlreicher ritueller und gesellschaftlicher Praktiken.

Vor allem die Moghulherrscher waren aus politisch-praktischen Gründen veranlasst, mehr über ihre nicht-muslimischen Untertanen zu erfahren. Der Moghulherrscher Akbar (reg. 1556–1605) ließ verschiedene Schriften aus dem Sanskrit ins Persische übersetzen. An seinem Hof gab es einen frommen Gelehrten, der nicht viel von derlei Bemühungen hielt. Offenbar aber war er des Sanskrit so mächtig, dass er derartige Übersetzungen durchführen konnte. Zum Ende eines solchen Unternehmens schrieb Abdulqâdir Badâ´ûnî (1540–1615): „Ich suche bei Gott meine Zuflucht vor dieser verfluchten Schrift, die so erbärmlich ist wie das Pergament meines Lebens. Die Wiedergabe von Unglauben bedeutet keinen Unglauben. Ich spreche Worte der Widerlegung des Unglaubens;

دوذان مفسر خمیرة اذ اواحد و افقیه الفاروقی ، لان ترجع جمیع ماتقدم من الدربانات نرف ذبدینه فیه ، وان اذن نشط افهمه اوقرب وا مآخره اوقد
انافیه مذهذه الدربانات والظاهم الاولی وهذا اربیه هوانات اسباب علی غیر تجرب ، وان کانت تجرب ، و النجربه الاوله اذکان دعمل من
فی بعض نبای بالموضع المعرف دی ویهور ، و نوسمح حتی تحول اللزوج ، وکان بینی ، وین المؤمن زها و ماتحول حتی القیاع یطهروا ارح ، و
کیت اجلهم مرمی علی الابانه نحو الظلام الی نحو العلم ، اذا اشربا بالجبب نفسهم ، وجلدون علیا الملک ، فازلت کذلک الی افجلنا ان رهن بهما

کنت مآخرجه الی البسته فانه ، شرابا مطین اارم فنخ ، واذا کلها اکلوا الزاد دواخرو الشراب ، فا ذ اذخل احدهم الکوذ زبنخرج منه نظر
فاذ اذایوا فی ببدنفرقه زهرا زهم اکلوا ثونه ، باذه وعاذ فی القریه باذ فیده رجل یسقیه الموت ینفشی حتی یموت ، ویکون ذلک اخر اخر
فصبروا الدبرا دبسعة من ذلک ، بعظم ظعظه التد لبکث یوما ، لمکان ترب اللیل الشنخ بتغی ، وما بعلم الملک الی الببداد
من صبر ، واذا اخر البشراب بسعة حتی بصلح جلده خرج ، وغاتر مناطر ببشره علیه ، فلم یبل بترب حتی بصلح الجلد الخارج
نسقطه حته الحار الخارج ، وخرج الجلد الداخل ، جنبات الموت الطبعی الذی

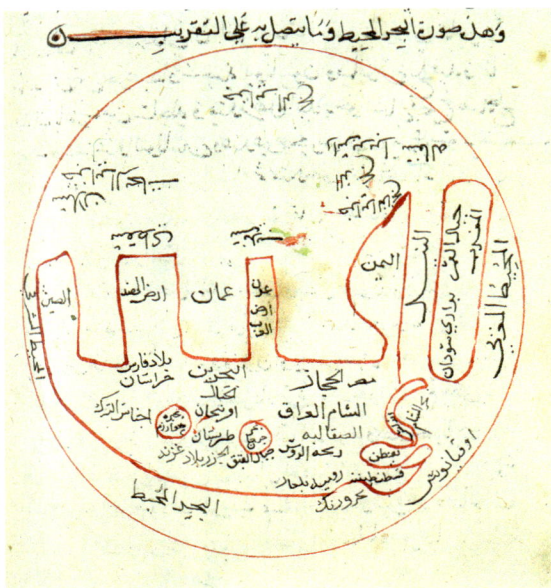

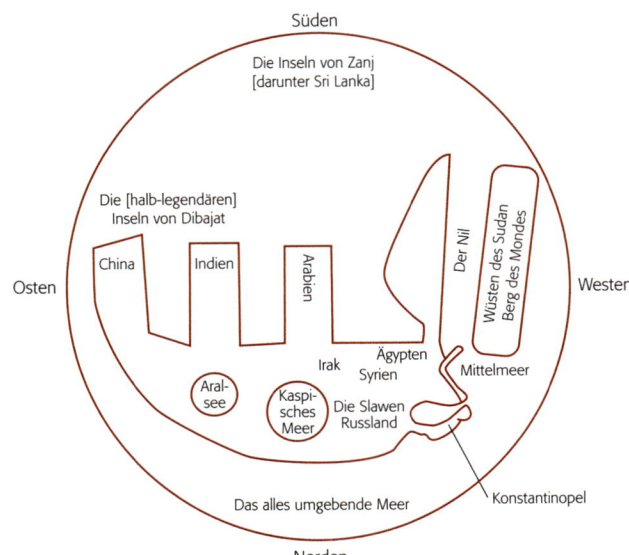

Süden

Die Inseln von Zanj
[darunter Sri Lanka]

Die [halb-legendären]
Inseln von Dibajat

Osten

China | Indien | Arabien | Der Nil | Wüsten des Sudan Berg des Mondes | Westen

Aral-see | Irak | Ägypten Syrien | Mittelmeer

Kaspi-sches Meer | Die Slawen Russland

Konstantinopel

Das alles umgebende Meer

Norden

Der bedeutende Gelehrte al-Bîrûnî stellt im 11. Jh. die Verteilung von Wasser und Land auf der damals bekannten Welt so dar.

Rechte Seite:
Ein Astronom beobachtet auf dieser osmanischen Miniatur aus dem Jahr 1584 die Sterne von einem Standpunkt oberhalb von Istanbul.

denn ich befürchte, dass dieses Buch, das auf den Befehl des Herrschers geschrieben worden ist, insgesamt Zeichen des Hasses tragen wird."[10]

Manche historiographischen Texte sind nicht ohne Kritik an den aktuellen Zuständen. Der westafrikanische Geschichtsschreiber Mahmûd Kâtî kritisierte um 1664 die mangelnde Beachtung der Regeln des Islams durch die Herrscher des am Niger gelegenen Königreiches von Songhay heftig und auch die Mamlukensultane von Ägypten mussten sich Kritik gefallen lassen, wenn sie auch manchmal etwas verblümt daherkommt. Direkt waren die Einschätzungen der gesellschaftlichen Verhältnisse dieser Zeit durch Tâj-al-Dîn al-Subkî (1327–1370), der in einem Werk über die moralischen Pflichten der verschiedenen Bevölkerungsgruppen im muslimischen Staat speziell den Soldaten ins Gewissen redet: „Die Soldaten: Zum Dank gegen die ihnen von Gott verliehenen Wohltaten ist es ihre Pflicht, mit den Bauern glimpflich umzugehen. Denn wollte Gott, dann würde Er aus dem Soldaten einen Bauern und aus dem Bauern einen Soldaten machen. Findet es der Soldat aber nicht der Mühe wert, Gott für Seine Gnadenerweise zu danken, nämlich, dass Er ihn so weit über das Niveau des Fellachen erhoben hat, so sollte er wenigstens diesen mit seinen Willkürakten und Bedrückungen verschonen. Ferner gehört es zur Pflicht der Soldaten, dem Feinde gegenüber Ausdauer zu beweisen und, wenn es zum Zusammenstoß kommen sollte, standzuhalten; es sei denn, dass die Übermacht des Gegners mehr als das Doppelte des eigenen Bestands betragen und dieser ernsthaft zu fürchten sein sollte, wie z. B. einer Zahl

von 250 Mann gegenüber, wenn die eigene Zahl nur 100 Mann ausmacht. (…) Und weiter gehört zu ihren Pflichten, die gemachte Beute ehrlich abzugeben, dem vorgesetzten Emir ihren Gehorsam zu bezeigen, soweit seine Befehle nicht gegen das göttliche Gesetz verstoßen, sowie sich gegenseitig kameradschaftlich zu helfen und zu unterstützen wie auch in allen Angelegenheiten Einigkeit zu beweisen."

Nicht zu allen Zeiten trafen die wissenschaftlichen Untersuchungen auf die ungeteilte Zustimmung der Religionsgelehrten. Die Distanzierung wurde im Laufe der Jahre größer. Als 1579 der osmanische Astronom Taqieddin vom Sultan die Erlaubnis erhielt, oberhalb des Palastareals einen als astronomischen Brunnen beschriebenes Observatorium zu bauen, traf er auf den heftigen Widerstand des obersten Religionsgelehrten des Reiches, der meinte, „die Staaten, welche Himmelsbeobachtungen betrieben hätten, seien in kurzer Zeit zu Grund gegangen".[11] Das Observatorium wurde alsbald dem Erdboden gleichgemacht. Taqieddin hatte Kontakt mit europäischen Astronomen und wird auf einer Miniatur in seinem Studierzimmer mit einem Erdglobus und einer Augsburger Uhr nebst anderen astronomischen Geräten gezeigt. Vielleicht hatte u. a. dieser Kontakt mit den Nicht-Muslimen den Unwillen der Frommen erregt.

MÄRCHEN

Bei allen bisher genannten Literaturgattungen handelt es sich um Werke, die man als wissenschaftlich bezeichnen kann. Nur solche Werke wurden von der mittelalterlichen muslimischen Literaturkritik als seriös

Umschlageinband einer deutschen Übersetzung der Märchen aus Tausendundeiner Nacht aus dem Jahr 1913 mit Jugendstil-ornamentik.

und für einen gebildeten Menschen als akzeptabel angesehen. Belletristische Werke wurden dagegen als unnütz und unseriös abqualifiziert. Diese Einschätzung lässt sich schön an dem Kommentar des Baghdader Buchhändlers Ibn al-Nadîm (gest. 995 oder 998) aufzeigen, der einen Katalog der lieferbaren Bücher unter dem Titel *Buch der Liste* („Kitâb al-Fihris") verfasste. Unter den in Baghdad zu kaufenden Büchern listet er auch die Märchen aus Tausendundeiner Nacht auf, fügt aber gleich einschränkend hinzu, dass es sich um ein Werk voller Faseleien handele, das sich an Frauen und Kinder, jedenfalls nicht an Menschen mit Verstand wende. Es gehört zu den Treppenwitzen der Literaturgeschichte, dass ausgerechnet diese Sammlung die größte internationale Verbreitung muslimischer Literaturzeugnisse gefunden hat.

Der Grund für den Erfolg liegt wohl in der besonderen Form der Sammlung. In eine Rahmenerzählung konnten über Jahrhunderte hinweg immer wieder einzelne Märchen, Anekdoten, Romane, Abenteuergeschichten und andere literarische Formen inklusive Gedichte aufgenommen werden, die in dem vorgegebenen Rahmen erhalten geblieben sind. In der Rahmenhandlung beschließt der König Schahriyâr, der von seiner Frau betrogen worden ist, sich an den Frauen zu rächen. Er heiratet jeden Tag eine Jungfrau, die er dann am folgenden Morgen töten lässt. Scheherazâde, die Tochter des Großwesirs, wird zur Retterin der Jungfrauen des Landes, indem sie den König heiratet. Sie erzählt ihm des Nachts eine Geschichte, die zu dem Zeitpunkt, da der Morgen graut, noch nicht beendet ist. Da Schahriyâr den Schluss der Geschichte erfahren will, lässt er sie leben. Diese Methode des Erzählens geht über tausend und eine Nacht, bis der König Scheherazâde, mit der er inzwischen drei Kinder hat, lieb gewonnen hat und sie leben lässt.

An keinem anderen Text lässt sich die geographisch-literarische Weite der islamischen Literatur so aufzeigen wie an dieser Märchensammlung. Zunächst einmal finden sich Geschichten, die aus dem arabischen Kontext mehrerer Jahrhunderte stammen. Es gibt Märchen, in denen Jinnen eine wichtige Rolle spielen, und ganze Romane, in denen sich die Ge-

schichte der Kreuzzüge widerspiegelt. Aus dem Seefahrermilieu im südirakischen Basra kommen die Abenteuererzählungen von Sindbâd, dem Seefahrer. Häufig witzig und zugleich nicht ohne Kritik an den politischen Verhältnissen sind die Erzählungen, die in der Mamlukenzeit spielen. Aus der persischen Tradition stammen die zahlreichen Märchen, in denen Feen eine Rolle spielen. Aus Indien kommen die Geschichten, in denen Tiere sprechen. Ob sie direkt aus Südasien kommen oder über die Fabeln der europäischen Antike, steht auf einem anderen Blatt. All diese Geschichten waren den Frommen durchaus verdächtig. Darüber hinaus hatten einige Geschichten der Märchensammlung recht drastische erotische, ja sogar pornographische Momente. Im islamischen Mittelalter wurden die Märchen aus Tausendundeiner Nacht nicht weiter wichtig genommen. Die gelehrten Kritiker fanden es unter ihrer Würde, sich mit derartigem Unsinn zu befassen. In der Gegenwart ist es wiederum vorgekommen, dass radikale muslimische Theologen das Verbot der Märchensammlung gefordert haben.

Neben den Erzählungen aus Tausendundeiner Nacht finden sich weitere umfangreiche volksliterarische Werke, die von einzelnen Helden oder ganzen Stammesgruppen und ihren Abenteuern berichten. Bei ihnen handelt es sich um die Popularisierung von historischen Persönlichkeiten und Ereignissen. So gibt es einen umfangreichen Roman über den Mamlukensultan Baibar, den die Geschichte bis in die norditalienischen Stadtstaaten führt, oder die epischen Geschichten des Beduinenstammes der Banû Hilâl, die das Merinidenreich (1244–1465) in Nordafrika vernichteten.

Alle diese Volksromane und Märchensammlungen wurden seit der Einführung der modernen Drucktechnik in einfachen Drucken mit teilweise simpelsten Illustrationen in hohen Auflagen gedruckt. Diese Texte waren aber kaum für ein allgemeines Publikum gedacht, sondern boten die Basis für Erzähler, die in Kaffeehäusern, Teestuben und auf Jahrmärkten diese Geschichten mit lebhafter Mimik und rudimentären schauspielerischen Aktionen einem aufmerksa-

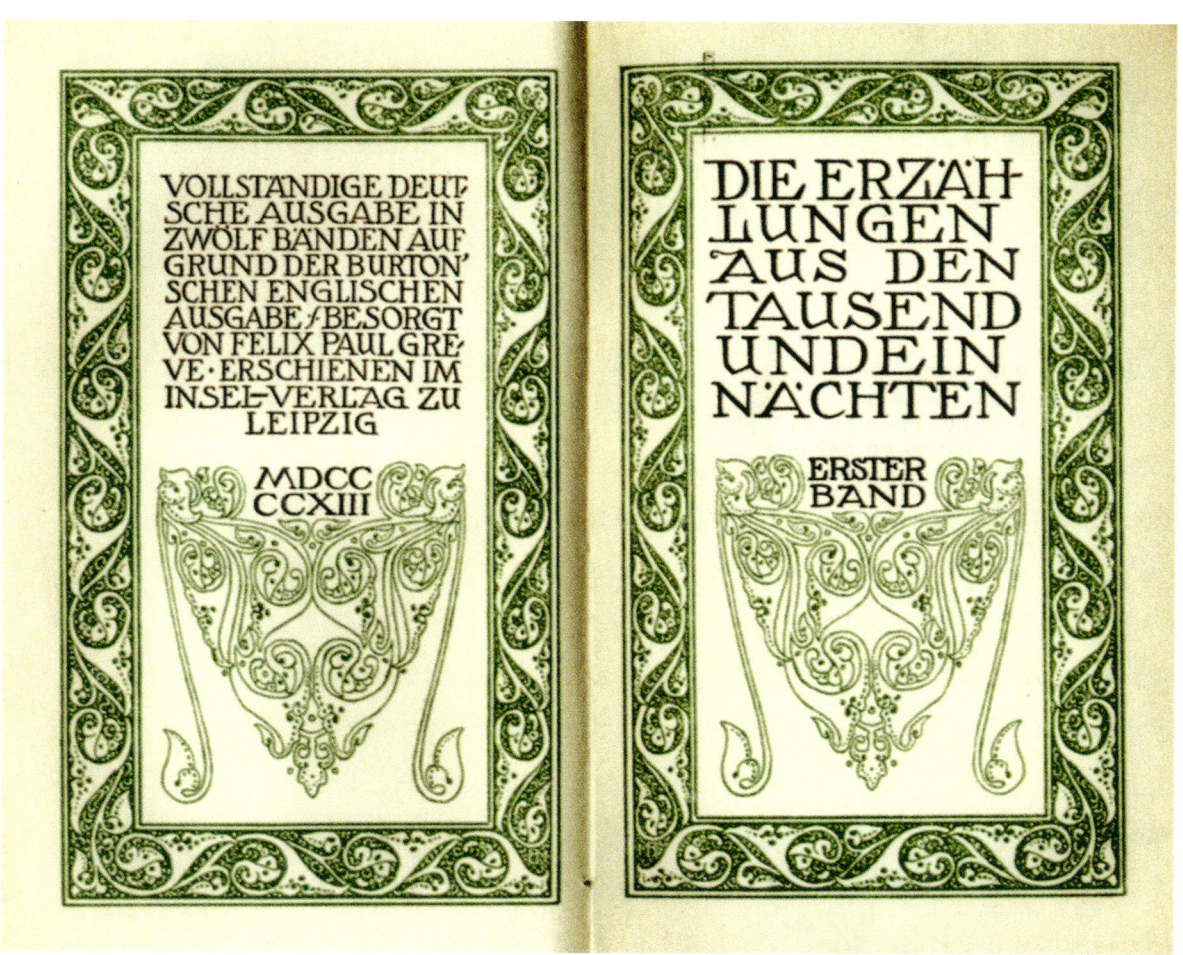

men Publikum zu Gehör brachten. Heute ist die Kunst der volkstümlichen Erzähler weitgehend ausgestorben.

An ihre Stelle sind Filme aus Hollywood oder Bollywood getreten, in denen Märchen wie aus Tausendundeiner Nacht in Cinemascope erzählt werden. Die Produkte der indischen Filmindustrie können auch als Nachfolger von Romanzen der Urdu-Literatur angesehen werden. In der Versform des MATHNAWÎ werden seit dem 17. Jahrhundert neben Berichten von den Wundertaten muslimischer Helden in Indien und anderswo auch Liebesgeschichten geschrieben, in denen die Protagonisten nach dramatischer Trennung zum Schluss doch vereint sind – und sei es im Tode.

WEITERE LITERARISCHE PROSAFORMEN

Die klassischen muslimischen Literaturen kennen im Grunde nur zwei im engeren Sinne literarische Prosaformen, die von der zeitgenössischen Kritik akzeptiert wurden. Bei der ersten handelt es sich um Texte, die man als Fürstenspiegel bezeichnen kann. Dass in einem dieser Werke, dem Buch *Kalîla und Dimna*, Tiere sprechen, wurde wegen seines pädagogischen Impetus nicht beanstandet. Daneben erfreuten sich sogenannte ADAB-Werke großer Beliebtheit. Das sind Handbücher, in denen Menschen feiner Bildung („Adîb") sich mit Themen auseinandersetzen, über die man sich in Gesellschaft unterhalten konnte. Dazu zählen Dichtung, Religion, Pferde- und Kamelzucht, Etikette bei Tisch oder Kochkunst. In diesen Werken

Als MATHNAWÎ werden in Doppelversen verfasste romantische Geschichten bezeichnet. Auch die islamische Mystik hat sich dieser literarischen Form bedient.

Der arabische Begriff ADAB bezeichnet zunächst gutes Benehmen, Anstand und gute Sitte, dann aber auch Etikette und Bildung. Heute wird er vor allem im Sinne von „Literatur" verwendet.

المآء وتحرك ظل القمر فيه فقال انظر الى غضبه فقلت محوف
ذلك واشفق منه   وقال الفيل لست عابداً ولا احدًام الفيله

وامّا ضربت لك هذه المثل لان البوم سريع الغضب شديد الا
اسطاع الدنمر؟ ... للمساوى له بخور وحمله وضره شر

finden sich Zitate aus den entsprechenden wissenschaftlichen Werken, Anekdoten und Gedichte samt den Hinweisen auf die Verfasser in einer vielfältigen Blütenlese.

Neben enzyklopädischen Werken gab es auch spezielle „Benimmbücher" für Beamte, Richter, Ärzte, ja sogar für die professionellen Zechgenossen der Herrscher. Diese Werke stellen heute eine lesenswerte Quelle für die Kulturgeschichte der islamischen Welt dar. In den Adab-Werken findet man beispielsweise eine Debatte über die Leibesfülle, in der es heißt: „Die Araber preisen nämlich die Schlankheit und missbilligen die Beleibtheit. Sie rechnen die Mageren zu den Leuten von Bildung und Kenntnis, die Fetten aber zu den Leuten von Schwerfälligkeit und wenig Verstand. (…) Die Beduinen-Araber haben dafür ein Sprichwort: ‚Ein fetter Bauch vertreibt den klaren Sinn.' Von Jamîl Ibn Abdallâh Ibn Ma´mar al-Udhrî wird erzählt, dass sich eines Tages ein Mann aus seinem Stamm in seiner Begleitung befand. Dieser Mann war ungeheuer dick und ein Vielfraß. Trotzdem klagte er Jamîl, dass er in die Tochter eines seiner Onkel verliebt sei. Aus diesem Anlass soll Jamîl folgende Verse gesagt haben:

> ‚Von Ja´far selbst schöpf ich Verdacht, dass er nur auf ein Brot erpicht,
> Als er mir seine Liebe klagte und seinen Schmerz vielfach bekannte!
> Denn wärest Du vom Stamm der Udhra, wie sie ihre Liebe zeichnet,
> Wäre dein Bauch niemals so fett, das Essen würde Dir vergehn!'"[12]

Die zweite literarische Prosaform hat einen ganz anderen Charakter als die Fürstenspiegel. Sie wird als „MAQÂME" bezeichnet. Ihre Akzeptanz unter den Frommen erstaunt, handelt es sich doch um Texte, die in zweierlei Hinsicht aus muslimischer Sicht problematisch erscheinen. Einerseits geht es hier um Fiktion, also um erfundene Geschichten. Derartige Texte waren ja für den seriösen Leser unerheblich, bedeutungslos und Zeitverschwendung. Ihre Legitimation erhielten die Texte durch ihre außerordentliche Sprachkunst. Diese Kunstfertigkeit stellte ihrerseits ein Problem dar, weil die Texte in Reimprosa, also der Sprachform, in der der Koran teilweise offenbart worden war, abgefasst wurden. Es mag wohl an einem glücklichen Zufall gelegen haben, dass diese Werke nicht vernichtet wurden. Sie entstanden in einer Zeit, in der die strengen Religionsgelehrten sich anderen Fragen zuwandten. Ferner mag es auch an der Tatsache gelegen haben, dass diese Werke nur einem sehr kleinen Kreis von Interessenten zugänglich waren. Dafür spricht auch, dass sie teilweise mit Miniaturen illustriert wurden. Die beiden bedeutendsten Verfasser von Maqâmen sind al-Hamadhânî (969–1007) und al-Harîrî (1054–1122).

In den Maqâmen trifft ein Ich-Erzähler immer wieder auf einen Schelm, dem es gelingt, seine Zuhörerschaft auf ebenso elegante wie witzige Weise zu unterhalten und zu einer großzügigen Spende zu bewegen. In vielerlei Hinsicht kann er mit einem Trickster (ein Schelm, auch: Halunke oder Bauernfänger) verglichen werden, wie er in verschiedenen Literaturen bekannt ist. Die Abenteuer, die der Erzähler mit dem Helden seiner Geschichte erlebt, sind in den seltensten Fällen mit den Normen der islamischen Ethik vereinbar. Der Trickster tritt als Sûfî, als Prediger, als Räuber oder als Geschichtenerzähler auf. Er beeindruckt seine Zuhörer durch seine Rhetorik und seinen Witz, schnorrt Essen oder Geld und verschwindet wieder. In der nächsten Maqâme tritt er dann in einer neuen Gestalt auf und wird erst ganz am Ende in seiner wahren Rolle erkannt. Die Sprache ist von einer unerhörten Artistik, die Geschichten selbst sind amüsant und witzig. Die Lektüre dieser Texte war für zeitgenössische Leser wegen ihrer sprachlichen Komplexität vergleichbar mit manchen Kreuzworträtseln. Die sprachliche Artistik der Maqâmen hat dazu geführt, dass immer wieder ähnlich artifizielle Texte verfasst wurden, mit denen die Autoren versuchten, ihre Sprachmacht zu beweisen. Das ist auch in den deutschen Übersetzungen nachvollziehbar. So beginnt in der Übersetzung von Rückert die erste Maqâme von al-Harîrî: „Es trieb mich, seit ich die Kinderamulette abgebunden – und den männlichen Turban umgewunden –, ein Verlangen nach Bildung und Sitte, – die

Aus einem Manuskript von Kalîla und Dimna aus dem Jahr 1350: Während einer Trockenheit zerstörte der Elefant auf dem Weg zu einem Teich die Löcher der Hasen. Einer von ihnen behauptete dem Elefanten gegenüber, dass der Mond ihm grolle. Dazu zeigte er ihm das Spiegelbild des Mondes im leicht bewegten Wasser des Teichs. Der Elefant erschrak und ward nicht mehr gesehen.

MAQÂME *(vom Arabischen „Maqâma") heißt wörtlich „Halteplatz". Es ist die Bezeichnung für die einzelnen Stationen des Weges der islamischen Mystiker, dann eine besondere literarische Form. In der Musik findet sich der Begriff des Maqâme für einzelne Melodietypen.*

ich mit scharfem Ritte – ging suchen durch der Länder
Mitte, – dass sie mir würde zu einem Schmuck vor
dem Volke, – vor Mittagsbrand zu einer Schatten-
wolke; – und so begeistert war ich, auf ihrer Trift zu
weiden – und mich in ihr Gewand zu kleiden, – dass
ich fragte bei Hohen und Niedrigen, – Befreundeten
und Widrigen, – wo ihre Spur mir möchte begegnen,
– wo ihre Milde mich möchte segnen – mit Tröpfeln
oder mit Regnen."[13]

MYSTISCHE LITERATUR

Eine inhaltlich wie formal besondere muslimische Literatur ist im Zusammenhang mit der islamischen
Mystik entstanden. Bei ihr kann es sich um Texte in
Prosa handeln, in denen mystische Lehrer ihre Erfahrungen auf dem Weg der Sûfîs beschreiben als Vorbild
für Schüler und Nachahmer. Daneben finden sich
auch Biographien von islamischen Mystikern mit den
Berichten über die Besonderheiten ihrer Lebensfüh-
rung und die von ihnen erwirkten Wundertaten.
Diese Texte sind zur Belehrung und Erbauung ihrer
Anhänger gedacht. Besonders beeindruckend sind die
mystischen Texte, in denen die Sûfîs versuchen, ihre
Gotteserfahrung in Worte zu fassen. Hier wird versucht, einerseits durch NEOLOGISMEN besondere mystische Erfahrungen zu formulieren, sie andererseits
aber mit Worten aus der Alltagssprache zu beschreiben, die durch den Bezug auf diese mystischen Erfahrungen auf eine spezielle Art und mit einer vielfach
verwendeten Begrifflichkeit überhöht werden. Dies
geschieht in der islamischen mystischen Literatur vor
allem durch die Verwendung von Begriffen und Bildern aus der Liebes- oder der Weinlyrik. Das Sûfîtum
sieht die Beziehung zu Gott als eine Liebesbeziehung.
Die Erfahrung der Gottesnähe oder, wie die Mystiker
es nennen, der „Entwerdung in Gott", kann auch in
der Form eines Rauschs, sei es infolge des Genusses
von Wein oder von anderen Rauschmitteln, beschrieben werden. Häufig wird aber die Liebesbeziehung
zu einem anderen Menschen als Bild für die Gottes-
liebe verwendet. Dies ist besonders eindrücklich in

den persischen Versen des Mathnawî aus der Feder
von Jalâl al-Dîn Rûmî (1207–1273) und in seinem
Dîwân-e Schams-e Tabrîzî zu lesen. Seine umfangreichen Gedichte von 25 000 bzw. 35 000 Versen werden
als Höhepunkt der persischen Sprache und herausragende Dokumente mystischen Selbstverständnisses
angesehen und wirkten weit über den engeren per-
sischsprachigen Bereich hinaus. Über die Schwierigkeiten des mystischen Pfades findet er das Bild vom
Spiegel und dem Papagei:

„Der vor dem Spiegel steht, der Papagei,
Erblickt darin sein eignes Konterfei.
Doch hinterm Spiegel, nicht für ihn zu sehn,
Spricht ihm der Meister Worte fein und schön.
Der kleine Papagei vernimmt's und meint,
Da sprech' der Vogel, der im Glas erscheint.
Er lernt von dem, der seinesgleichen ist,
Und ahnt nichts von des alten Wolfes List."[14]

Rûmî starb in Konya in der Türkei, wo der von ihm
gegründete Orden der Mewlewiyya sein Zentrum hat.

Der große türkische Dichter der islamischen Mystik ist Yunus Emre (gest. 1321), der in zahlreichen Gedichten zu Gott als dem Geliebten spricht:

„Mit dir ist, dass ich lebe, von dir trenn ich mich
nicht.
Das Leben ist mit dir nur. Bist du nicht, leb ich
nicht.
Mein Beten und mein Flehen, zu dir sind sie gewandt.
Den Weg, der mich zu dir führt, geht ohne dich
man nicht."[15]

Die Exaltationen der Mystiker, ihre Ablehnung der
auf formale Aspekte des Glaubenslebens gerichteten
Weltsicht, die hohe Verehrung, die die Sûfî-Meister
genossen und der mit dieser verbundene Wunderglaube und die Heiligenverehrung ließen rasch die
heftige Kritik der Frommen laut werden. Deren kritischen Werken fehlten aber die poetische Kraft, die anrührende Formulierung und die hohe Emotionalität
der mystischen Texte. Ihre Erfolge waren daher nur
zeitweilig und begrenzt.

*Der Held der Maqâmen, Abû Zaid,
trifft auf eine Gruppe von jungen
Männern, die ein Picknick abhal-
ten. Die Miniatur stammt aus dem
Jahr 1237.*

*Unter einem NEOLOGISMUS
versteht man eine sprachliche Neu-
bildung, die häufig nur von Eingeweihten verstanden wird.*

الأولِ النُّحَامِ ونُبيَ النَّاسِ إلى النَّامِ وما وَصفَ إِذ أَرْدَفَ بِنُون نَقْصِ صَاحِبِهِ
في العُيُونِ وقُومِ ما بِنُونَ وخَرَجَ مِن النُّونِ وبَعْضِ اللَّون فهذِهِ تِسعَ عَشرَةَ مَسْئلَهِ

وفي عَدَدِكُمْ وزِنَةِ لَدُّكُمْ ولو زِدتُمْ زِدنَا وإِن عَدمْتُمْ عُدنا قالَ المُخبِرُ
هذِهِ الحِكايَةُ نُورِدَ عَلى ما رَحاجِيهِ اللَّائِي هالت لمَّا ناتِهالت ما جارَن

MODERNE LITERATUREN –
NATIONALITÄT UND INTERNATIONALITÄT

Zeigen die muslimischen Literaturen der islamischen Frühzeit und des Mittelalters trotz der Bedeutung des Persischen eine deutliche sprachliche Vorherrschaft des Arabischen, so verändert sich das mit dem Einzug der Moderne in die muslimischen Gesellschaften. Zwar bleibt für Texte, die im weitesten Sinne der islamischen Theologie zuzurechnen sind, Arabisch weiterhin die entscheidende Sprache. Sie verliert aber ihre Bedeutung in den anderen Wissenschaften. Hier setzen sich einerseits die jeweiligen Nationalsprachen durch, andererseits auch die internationalen Wissenschaftssprachen wie das Englische und in geringerem Maße das Französische. Demgegenüber nimmt die Belletristik in den verschiedenen Nationalsprachen in allen muslimischen Gesellschaften einen beträchtlichen Aufschwung. Dies gilt für Poesie und Prosa.

Die Entstehung von nationalen Literaturen wird in einigen Fällen geradezu die Voraussetzung für die Schaffung einer nationalen Identität. Dafür ist Urdu als Staatssprache der Republik Pakistan ein Beispiel. In den nah- und mittelöstlichen Staaten, in denen verschiedene nahezu gleichberechtigte Umgangssprachen gebräuchlich waren, war z. B. die Literatur ein wichtiger Faktor bei der Durchsetzung des Arabischen oder des Türkischen als wichtigster Nationalsprache. Zwar haben z. B. Berberisch und Kurdisch weiterhin einige Bedeutung. Berberische Autoren müssen jedoch bei der schriftlichen Form ihrer Werke auf das Arabische oder auf das Französische ausweichen, kurdische auf das Türkische.

Die Entwicklung moderner muslimischer Literaturen wäre ohne das Vorbild der europäischen Literaturen nicht denkbar. Insofern gibt es einen deutlichen Zusammenhang mit der direkten oder indirekten kolonialen Expansion europäischer Staaten in die isla-

mische Welt, vor allem seit dem Beginn des 19. Jahrhunderts. Entsprechend sind Literaturen in den Ländern, die unter französischer Kolonialherrschaft standen, stärker von französischen Vorbildern geprägt, während die Literatur der englischen Kolonialherren sich stärker auf die entsprechenden kolonialen Untertanen auswirkte. Von starkem Einfluss waren in einigen Regionen auch die russische und die deutsche Literatur.

DICHTUNG

Es waren vor allem aufgeschlossene, dem Neuen zugeneigte Autoren, die sich für die europäischen Zivilisationen und deren Literaturen interessierten. Durch das 19. Jahrhundert hindurch standen sie in einem heftigen Gegensatz zu den Vertretern traditioneller Literaturformen. Denn immer noch schrieben die Poeten in traditioneller Weise Qasîden, versuchten sich andere in Maqâmen und hielten es für unter ihrer Würde, sich in ihren Werken mit fiktiven Geschehnissen zu befassen. Die modernen Autoren ließen sich vom Westen faszinieren und versuchten sich zunächst in der Imitation dessen verschiedener literarischer Formen. So dichtet der osmanische Intellektuelle Sadullah Pascha (1838–1891) in einer Ode auf das 19. Jahrhundert, in der er einen idealistischen Blick auf die neue Zeit verrät:

> „Die Rechte der Person und des Besitzes sind vor Übergriffen geschützt.
> Die neue Ordnung ist der zivilisierten Welt verliehen worden.
> Ein klares, unumstößliches Gesetz bildet die Grundlage für die Gleichheit aller."[16]

Doch gerade diese offenen, auf Reformen bauenden Intellektuellen werden rasch von der Realität der kolonialen Herrschaft eingeholt. Ziya Pascha (1825–1880), ein Zeitgenosse von Sadullah Pascha, der kein Vertreter der alten Schule war, warnt in einem Gedicht:

> „Denen, die für den Glauben eifern, Fanatismus vorzuwerfen
>
> Und Männern ohne Glauben Weisheit beizulegen, das ist heute Mode!"[17]

Der Urdu-Dichter Munschî Sajjâd Hussein (1856–1915) meint nicht ohne Witz: „Nicht jeder, der Hut und Mantel trägt, / Verfügt über den Stil des Westens und die Rituale, um ein Mister zu sein."[18]

Dass er mit westlichen Debatten vertraut war, zeigen Verse, in denen er zunächst auf den Mystiker Mansûr al-Hallâj Bezug nimmt, der wegen der Worte „Ich bin die (göttliche) Wahrheit" („anâ l-haqq") im Jahr 922 hingerichtet wurde: „Mansûr sagte: Ich bin Gott. Darwin sagte: Ich bin ein Affe. / Jedes Menschen Denken entspricht seinen Ambitionen."[19]

Und der hoch geehrte ägyptische Dichter Ahmad Schauqî (1868–1932), der als Wegbereiter der modernen arabischen Poesie bezeichnet wird, findet gegen die britische Herrschaft in Ägypten die Verse:

> „Heute hat ihr Versprechen gebrochen eine Regierung, deren Versprechen wir für das Evangelium hielten,
>
> Die Ägypten betrat im Zeichen der Freundschaft und Verpflichtung, die sie uns auferlegte; doch diese Ankunft glich der Schwindsucht.
>
> Sie zerstörte Ägyptens Wegzeichen, stürzte seine Säulen und raubte die erhoffte Unabhängigkeit."[20]

Formal ist die Poesie von Schauqî wie die von etlichen seiner Zeitgenossen als Neo-Klassizismus an der mittelalterlichen arabischen Literatur ausgerichtet. Doch hin und wieder versuchten sie sich auch in neuen Formen. Eine beträchtliche Dynamik zur Modernität hin erhielt die arabische Literatur durch das Exil. Vor allem syrische und libanesische Flüchtlinge und Emigranten fanden sich in kleinen Gemeinden in Nord- und Südamerika oder in Westafrika zusammen. Unter ihnen waren manche dichterischen Begabungen, die

hier frei von den Kritikastern in den heimatlichen literarischen Milieus mit ihrer Sprache und deren poetischen Möglichkeiten experimentieren konnten. Der bekannteste und einflussreichste Autor dieses Exils („Mahjar") ist wohl Jibrân Khalîl Jibrân (1883–1931), der zu den weltweit meistgelesenen Autoren überhaupt gehört.

Die Erfahrung der Minderheitensituation bringt Mîkhâ'îl Nu'ayma (1889–1988) zum Ausdruck: „Mein Bruder, wer sind wir denn ohne Heimat, ohne Volk, ohne Nachbarn? / Ob im Schlaf oder wach ist unser Mantel Schande und Ehrlosigkeit."

Eine endgültig neue dichterische Sprache fand mit seinen freien Versen der Iraker Badr Shakir al-Sayyab (gest. 1964). In der berühmten Gedichtsammlung „Lied des Regens" („Unschudât al-matar") heißt es:

> „In jedem Regentropfen eine rote oder gelbe Blumenknospe,
>
> Jede Träne eines hungrigen und nackten Volkes,
>
> Jeder Tropfen verschüttet vom Blut von Sklaven,
>
> Jeder ist ein Lächeln, das neue Lippen erwartet,
>
> Eine Brustwarze, rosig auf dem Mund eines kleinen Kinds,
>
> ist in der jungen Welt von Morgen, Lebensspender.
>
> Regen, Regen, Regen,
>
> Irak wird im Regen blühen."

Viele seiner Gedichte setzen sich mit der politischen und sozialen Situation des Iraks und der arabischen Staaten auseinander und sind eher düster und wenig optimistisch. Nur wenige Verse sind heiter und lebensbejahend.

> „Deine Augen sind ein Palmenhain bei Tagesanbruch,
>
> Zwei Zinnen, von denen sich der Mond entfernt.
>
> Wenn deine Augen lächeln, belauben sich die Weinreben
>
> Und Lichter tanzen (…) wie Monde im Fluss,
>
> den das Ruder sachte bewegt in der Morgendämmerung,
>
> so, als würden in ihren Tiefen Sterne versinken (…)

Sie versinken im Nebel leichter Trauer
Wie das Meer, über das der Abend seine Hände breitet.
Die Wärme des Winters und das Zittern im Herbst sind darin,
Tod uns Geburt, Dunkel und Helle."
(Übersetzung Leslie Tramontini)

Auch die politische Situation der Palästinenser findet ihren poetischen Ausdruck wie bei Mahmud Darwisch (1941–2008) in dem Gedicht „Personalausweis" („Bitaqat huwiya"):

„Schreib es hin!
Ich bin Araber,
Und meine Ausweisnummer ist Fünfzigtausend;
Ich habe acht Kinder
Und ein neuntes kommt im Spätsommer.
Stört dich das?"

Eigentlich islamische Themen finden sich in der Poesie jedoch kaum. In Konfliktsituationen wie in den Auseinandersetzungen zwischen Muslimen und Hindus auf dem indischen Subkontinent hebt der „hindustanische" Dichter Hâlî (1837–1914) dagegen die Bedeutung des Islams hervor:

„Die Christen nahmen von ihnen Wissenschaft und Kunst,
Die Geistlichen erwarben die Ethik,
Die Isfahaner lernten von ihnen Bildung.
Die Monotheisten kamen herbei und riefen ‚Labaik!'
Aus allen Herzen wurde die Unwissenheit herausgerissen,
Kein Haus in der Welt im Dunkeln gelassen."[21]

Der ideologische Gründer der Republik Pakistan, Muhammad Iqbâl (1877–1938), klagt Gott an, dass er die Schwäche der Muslime gegenüber den Kolonialmächten zugelassen habe:

„Welches Volk hat lediglich Dich gesucht?
Für Dich die Mühe des Kampfes erduldet?
Wessen Schwert war welterobernd, weltbeherrschend?
Wessen Allâhu Akbar erweckte Deine Welt?
Vor wessen Gewalt erstarrten die Götzen?
Fielen auf ihr Antlitz und riefen: Gott ist einer!"[22]

Iqbâl, der in Heidelberg studiert und in München im Fach Philosophie promoviert hat, kennt aber auch die konventionelle Naturdichtung:

„Stille ist des Mondlichts Traum,
Still ist jeder Zweig am Baum,
Stumm des Tales Sänger nun,
Stumm die grünen Hügel ruhn."[23]

Keine muslimische Gesellschaft hat so rasche und heftige kulturelle Veränderungen erlebt wie die Türkei. Diese Umbrüche beeinflussten auch die Literatur. Im Jahr 1928 wurde die Lateinschrift eingeführt, eine nicht nur formale Veränderung. Die Schriftreform war als ein Teil der Modernisierungsbemühungen der Türkei unter dem Gründer der Republik, Mustafa Kemal Atatürk, verstanden. Rasch übernahmen türkische Dichter und Schriftsteller die Modernisierungsideale auch für ihre Arbeit. Viele von ihnen wandten sich sozialistischen, aber auch nationalistischen Ideologien zu, die sich in ihren Werken wiederfinden. Wohl der bedeutendste Neuerer der türkischen Poesie ist Nazim Hikmet (1902–1963), der sich zu kommunistischen Vorstellungen hingezogen fühlte, mehrfach in Moskau Zuflucht vor Verfolgung durch türkische Sicherheits- und Polizeikräfte suchen musste und dort auch gestorben ist. Sein bekanntestes Gedicht hat der Liedermacher Hannes Wader ins Deutsche übertragen:

„Leben einzeln und frei
Wie ein Baum und dabei
Brüderlich wie ein Wald
Diese Sehnsucht ist alt."

PROSA

Die Prosaliteratur in islamischen Gesellschaften setzt sich in der Mehrzahl der Veröffentlichungen mit politischen und gesellschaftlichen Problemen auseinander. Thematisiert wird auch der Islam in seinen verschiedenen Aspekten. Eine besonders kritische Haltung wird in vielen Fällen und in der Literatur unterschiedlicher muslimischer Sprachen gegenüber dem Koranlehrer eingenommen. In seine Schule, den „Kuttâb", wurden und werden Kinder ab ca. sechs Jahren geschickt, um dort den Koran auswendig zu lernen. Dieses Memorieren ist häufig mit exzessiven Schlägen

DARSTELLENDE KUNST

Die Übernahme der hellenistischen Traditionen von Medizin, Naturwissenschaften und Philosophie brachten aus der Sicht der muslimischen Rechtsgelehrten nur wenige theologische oder ethische Probleme mit sich. Die umfangreiche dramatische Literatur der griechischen Klassik, die dem hellenistischen Raum vertraut war, wurde von den muslimischen Auftraggebern der Übersetzungsunternehmen dagegen nicht gefördert. Diese Verweigerung mag damit zusammenhängen, dass die arabischen literarischen Traditionen keine vergleichbaren dramatischen Formen entwickelt hatten. Das bedeutet nicht, dass darstellerische Fähigkeiten in der vor- und früh-islamischen Kultur ohne Einfluss waren. Schließlich war der Auftritt von Dichtern ohne die entsprechenden schauspielerischen Gesten weniger wirksam. Auch die großen Auftritte von sunnitischen Volkspredigern in der Abbasidenzeit waren sehr exakt choreographiert und vorbereitet. Dennoch gibt es nur wenige Beispiele für theatrale Darstellungen im islamischen Mittelalter. Sie finden sich vor allem im Bereich des Volkstheaters.

Häufig handelt es sich um das Puppen- oder das Schattenspiel. Die Schattenspiele des Augenarztes Ibn Danyâl (1248–1310) sind einer der frühesten Belege. Wie die nur wenig späteren türkischen Karagöz-Schattenspiele zeichnen sie sich durch eine häufig deftige Volkssprache ebenso aus wie durch Obszönität, Slapstick-Elemente und eine teilweise grobe Komik.

Während von den ägyptischen Schattenspielen nur drei Rollenbücher erhalten sind, können fast 50 Textbücher der Karagöz-Spiele analysiert werden. Man kann davon ausgehen, dass die Technik des Schattenspiels verhinderte, dass orthodoxe Gelehrte einen konkreten Anlass für ein Verbot fanden. Niemand hätte den Vorwurf erheben können, dass es sich um den verbotenen Versuch handele, lebende Menschen darzustellen. Die Stücke wurden vor allem in den Nächten des Fastenmonats Ramadan oder in privaten Veranstaltungen aufgeführt. Die entsprechenden Vergleiche mit den Gamlang-Schattenspielen in Indonesien liegen nahe.

Im engsten Sinne religiöse Formen des Theaters im Islam sind die Passionsspiele, die in der schiitischen Welt in den Tagen des Trauermonats Muharram (des ersten Monats des islamischen Kalenders) aufgeführt werden. In ihnen wird in den schiitischen Siedlungsgebieten vom Libanon über den Irak und Iran bis nach Pakistan und Indien das Leiden und Sterben des Prophetenenkels Hussein in der Schlacht von Kerbela im Jahr 680 dargestellt. Für diese aufwendigen Festlichkeiten haben sich komplizierte organisatorische und theatertechnische Formen entwickelt. Man spielt nach alten Textbüchern. Die Schauspieler unterziehen sich zahlreichen Proben, die Spielstätten werden vorbereitet, für die Versorgung und Sicherheit von Zuschauern und Schauspielern wird Vorsorge getroffen und nicht zuletzt werden Sponsoren für die Aufführungen gesucht. Diese Spiele stellen in vielen schiitischen Gemeinden nicht nur den Höhepunkt der Trauerzeit im Muharram, sondern auch des ganzen Jahres dar.

Die Distanz der muslimischen literarischen Traditionen zu theatralischen Formen hat dazu geführt, dass auch die modernen muslimischen Literaturen schlussendlich keine überzeugenden Theaterstücke welchen Genres auch immer entwickeln konnten. Anders verhielt es sich mit modernen Formen darstellender Kunst wie Film und Fernsehen. Erste arabische Filme wurden schon in den 1920er-Jahren, übrigens auch in Berlin, produziert. Ägyptische Filmproduktionen der 1960er-Jahre, in denen auch die Rolle des Islams thematisiert wurde, konnten internationale Aufmerksamkeit erringen. Gleiches gilt später für kleine tunesische, algerische und iranische Produktionen. Lange Zeit waren Ägypten und der Libanon für TV-Serien erfolgreiche Produktionsorte. Vor allem aber konnten sich in den sogenannten Bollywoodfilmen in Indien muslimische Schauspieler etablieren. Der Konflikt zwischen Muslimen und Hindus ist in diesen Produktionen ein immer wieder angesprochenes Thema.

durch den Koranlehrer verbunden, der schon aus nichtigem Anlass auf die Kinder einprügelt. Bei manchen Autoren wird mit dieser Erfahrung die Abwendung vom Islam begründet.

Der Volksislam mit seinen Festen und seiner Magie ist Thema in *Die Lampe der Umm Hâschim* („Qindîl Umm Hâschim") des ägyptischen Autors Yahyâ Haqqî (1905–1992), der in sorgfältiger Sprache und genauer Zeichnung der Charaktere und Stimmungen eine Konfrontation beschreibt zwischen dem nach langem Studienaufenthalt in England in sein Kairiner Volksviertel zurückkommenden Augenarzt und seiner im traditionellen Milieu verhafteten Verlobten, die an einer verbreiteten Augenkrankheit leidet. Haqqî weist auf die Unterschiede, aber auch auf die Gemeinsamkeiten der beiden Welten hin und findet eine versöhnliche Lösung für seine Geschichte. Auch der Ägypter Nagîb Mahfûz (1911–2006), der 1988 den Literatur-Nobelpreis erhielt, setzt sich in seiner Romantrilogie *Die Kinder unseres Viertels* mit der Rolle von Religion und Gesellschaft auseinander. Der Text stieß auf den heftigen Widerstand des religiösen Establishments und konnte, obwohl schon 1959 abgeschlossen, erst 2006 in Ägypten vollständig erscheinen. Zu dieser Zeit lagen Übersetzungen in andere Sprachen in vielen Ländern schon lange auf dem Büchertisch. Im gleichen Jahr wurde er von einem islamistischen Attentäter mit einem Messer attackiert.

Mit den dunklen Seiten der muslimischen Glaubenspraxis setzt sich auch der iranische Autor Sâdeq Hedayat (1903–1951) auseinander. Die Ausnutzung der ungebildeten Landbevölkerung durch Vertreter verschiedener muslimischer Observanzen wird auch von dem türkischen Schriftsteller Mahmut Makal (geb. 1930) in einem literarisch anspruchsvoll formulierten Dokumentartext beschrieben. Dass die Kritik an Phänomenen der religiösen Alltagspraxis auch als humoristischer Text oder als Farce daherkommen kann, zeigt der Ägypter Mahmûd Taimûr (1994–1973) in einer Erzählung, in der ein Dorfgeistlicher immer wieder als „Zwischengatte" auftritt. Um den Humor der Geschichte einordnen zu können, muss man wissen, dass ein muslimischer Ehemann, der sich dreimal von seiner Frau geschieden hat, sie nach dem islamischen Recht nicht erneut heiraten darf; es sei denn, dass sie inzwischen mit einem anderen Mann die Ehe eingegangen war. In solchen Fällen gab es wohl hin und wieder Dorfgeistliche, die diese Ehe formal eingingen und sich dann rasch von der Frau wieder schieden. In diesem Fall verliebt sich der „Scheingemahl" in seine „Zwischengattin" und will sie dem ursprünglichen Ehemann nicht wieder übergeben.

Es finden sich unter den muslimischen Prosaschriftstellern aber nicht nur Kritiker der religiösen Praxis, sondern auch Befürworter. Der persische Schriftsteller Jalâl Âl-e Ahmad (1924–1970) kritisiert in seinem Roman *Nûn wa-l-qalam* (Nûn, der arabische Buchstabe, und beim Schreibrohr) das Regime des iranischen Schah. Angehörige einer Bruderschaft können dessen Regime stürzen und einen islamischen Staat errichten. Mithilfe des Militärs kann der Schah jedoch die Herrschaft wiedererlangen und dem Experiment eines Gemeinwesens auf islamischer Grundlage ein Ende machen.

Mit dem Anwachsen fundamentalistischer Strömungen in den islamischen Gesellschaften hat sich auch eine entsprechende Roman-Literatur entwickelt. Häufig werden dabei Motive aus den klassischen islamischen Literaturen aufgenommen und im Sinn eines strengen, fundamentalistischen Islams umgeformt. Mag ihr literarischer Wert auch begrenzt sein, bedienen sie dennoch einen wachsenden Markt.

Unter besonders starkem internationalem Einfluss stand die frühe moderne türkische Prosa. Vor allem englischsprachige und französische Autoren wirkten prägend. Wie in den Literaturen anderer islamischer Sprachen ist ein zentrales Thema dieser türkischen Prosa die Situation der Frauen. Einer der bekanntesten und erfolgreichsten Romane mit der Geschlechterthematik stammt von Resat Nuri Güntekin (1889–1956). Es ist die verwickelte, tragische und durchaus anrührende Geschichte des Lebens einer Lehrerin, die versucht, in der Türkei der späten osmanischen und frühen republikanischen Zeit ein selbstständiges und selbstbestimmtes Leben zu führen. Der Roman spart nicht mit eindeutiger Kritik an den gesellschaftlichen und politischen Verhältnissen, in denen der Islam oder der Kampf gegen die Religion als Argument für die Unterdrückung von Frauen instrumentalisiert wird.

Die größte internationale Anerkennung fand der Romancier und Essayist Orhan Pamuk (geb. 1952), der 2006 den Literatur-Nobelpreis erhielt. In seinen autobiographischen Skizzen *Istanbul* gibt er einen interessanten Einblick in die Bewertung und Haltung der Mittelschicht der Türkei zur Religion. Die daraus resultierenden vielfältigen Spannungen zwischen Laizisten, Islamisten, Traditionalisten und vielen anderen in einer kleinen Stadt in Ostanatolien ist das Thema in *Schnee*. In die osmanische Vergangenheit führen die Romane *Die weiße Festung* und *Rot ist mein Name*. Orhan Pamuk schafft mit seinen klugen, ironischen und sensiblen Texten einen beeindruckenden Blick in Geschichte und Gegenwart der türkischen Gesellschaft.

Trotz einiger anderer bedeutender moderner Autoren wirkt sich die grundlegende Kritik an der Abfassung von fiktionalen Texten auf die aktuelle Literaturszene in muslimischen Gesellschaften immer noch als Hindernis einer weiteren Verbreitung und Entwicklung dieser Literaturgattung aus. Das gilt für Prosa, in weit stärkerem Maße aber für das Theater. Das geringere Interesse der Leserschaft in muslimischen Staaten an Belletristik lässt sich nicht zuletzt daran feststellen, dass bekannte Autoren wie Nagîb Mahfûz oder Orhan Pamuk durch die Übersetzungen ihrer Werke ein europäisches Publikum stärker beeindruckt haben als ein arabisches oder türkisches. Andere muslimische Autoren verfassen ihre Werke gleich in einer europäischen Sprache. Sie werden dann der englischen, französischen oder deutschen Literatur zugeordnet. Bei einigen ist ihre muslimische Herkunft fast in Vergessenheit geraten.

Ein frommer Leser in einer Moschee im Senegal.

 BILDENDE KUNST

Neben den Nahrungstabus auf Schweinefleisch und Wein

gilt auch das Bilderverbot als typisches Gebot des islami-

schen Rechts. In der Tat ist die öffentliche Präsentation von

Kunstwerken, die lebendige Wesen darstellen, ein kulturel-

les Phänomen, das erst seit knapp zwei Jahrhunderten in

islamischen Gesellschaften wahrzunehmen ist. Islamische

Kunst und die Werke moderner muslimischer Künstler wur-

den vor allem im 20. Jahrhundert zu einem wichtigen Mit-

tel der kulturellen wie politisch-nationalen Selbstversiche-

rung in vielen muslimischen Gesellschaften.

DAS BILDERVERBOT –
LANDSCHAFTEN, KEINE MENSCHEN

Trotz der vielfach auch unter Muslimen verbreiteten Ansicht gehört das Bilderverbot nicht zu den Vorschriften aus der islamischen Frühzeit. Nur mit einem gewissen Maß an Interpretationskraft kann man aus dem Koran (Sure 5, 90) ein entsprechendes Verbot herauslesen. Dort heißt es: „Ihr Gläubigen, das Losspiel, Opfersteine und Lospfeile sind (ein wahrer) Gräuel und Satans Werk. Meidet sie."

Manche mittelalterlichen Korankommentatoren haben unter Opfersteinen die Götterbildnisse der vorislamischen polytheistischen Religionen verstanden und auf dieser Basis auf das Verbot der Herstellung von Bildnissen geschlossen.

Das arabische Wort für Bild „Sûra" hängt mit dem Verb „sawwara" zusammen, was formen, gestalten, malen bedeuten kann. Im Koran bezieht sich dieses Wort aber speziell auf die Schöpferkraft Gottes. Die Verwendung des Wortes für die Beschreibung menschlicher Handlungen erscheint aus muslimischer Sicht zumindest problematisch. Von dem Wort „sawwara" ist auch das arabische Wort „Musawwir" für Maler abgeleitet. Dies aber ist auch einer der Namen für Gott als den Schöpfer aller Dinge. „Musawwir" gehört zu den 99 ‚schönen Namen', mit denen Gott nach islamischer Tradition benannt wird. In der muslimischen Koranexegese wird daher argumentiert, dass nur Gott „Musawwir" sein kann und

dass die Handlungen eines menschlichen „Musawwir" als Anmaßung zu sehen sind. Hier wird aus einem philologischen Befund ein Bilderverbot geschlossen. Es handelt sich also im Koran um ein indirektes Verbot, das nicht unbedingt schlüssig ist.

In den Prophetentraditionen (Hadîth) ist die Formulierung des Verbots dagegen sehr viel deutlicher. Eine geht auf den Prophetenbericht zurück: „(Der Engel) Gabriel bat um Erlaubnis, zum Propheten einzutreten. Er sagte: Tritt ein. Da sagte Gabriel: Wie soll ich eintreten, während in deinem Haus ein Vorhang mit Bildern hängt? Entweder werden ihre Köpfe weggeschnitten oder sie werden zu einem Teppich gemacht, über den man tritt. Denn wir Engel betreten kein Haus, in dem sich Bilder befinden." In einer anderen Überlieferung wird der Satz Gabriels dahin erweitert, dass Engel auch kein Haus betreten, in dem sich ein Hund befindet. Hunde galten als unrein. Analog wurden auch Bilder als unrein angesehen. Daraus folgt für manche frommen Muslime, dass sie aus Gründen der rituellen Reinheit kein Haus betreten können, in dem sich Bilder befinden. Nach wieder einer anderen Überlieferung begründete Muhammad das Verbot auch damit, dass Bilder die Gläubigen beim Gebet irritieren könnten. Das Bilderverbot mag zunächst also mit rituellen Fragen verbunden gewesen sein. In diesem Kontext ist eine bemerkenswerte

Muhammad reinigt die Kaaba von Götzenbildern, indem er 'Alî auf seinen Schultern sitzen lässt, der die Götterbilder entfernt.

Diskrepanz der sunnitischen gegenüber der schiitischen Auffassung auszumachen. Schiiten überliefern den Ausspruch eines ihrer Imâme, der auf die Frage, ob man das Gebet vermeiden solle in einem Raum, in dem sich ein Bild befinde, gesagt hat: „Nein, wirf ein Kleid darüber! Wenn sie (Bilder) sich rechts oder links von dir oder hinter dir oder unter deinem Fuß oder über deinem Kopf befinden, ist nichts dagegen einzuwenden. Wenn sie sich dagegen in der Qibla (Gebetsrichtung) befinden, dann wirf ein Gewand darüber und verrichte dann dein Gebet."[1]

WIDER DIE GÖTZENBILDER

Verschärft wurde der Widerstand gegen bildliche Darstellungen durch die Erfahrung der frühen Muslime, dass ihre heidnischen Landsleute Götterbilder verehrten. Wenn die Gefahr der rituellen Verehrung zweifelsfrei ausgeschlossen war, erhob der Prophet keine Einwände gegen Bilder. Seine Frau Aischa berichtete: „Der Gesandte Gottes trat bei mir ein. Ich hatte in einer Kammer eine dünne Decke aufgehängt, auf der Bilder

waren. Als er sie sah, zerriss er sie, sein Gesicht färbte sich und er sagte: O Aischa, die Menschen, die bei Gott am Tag der Auferstehung die stärkste Pein erleiden werden, sind die, die die Schöpfung Gottes nachahmen. Aischa sagte: Wir zerschnitten sie und machten daraus ein Kissen oder zwei." Die bildliche Darstellung blieb offenbar erhalten. Aber durch die neue Funktion war jede Form der Verehrung ausgeschlossen. Der Prophet erhob auch keine Einwände gegen Puppen, weil er hier rituelle Funktionen ausschloss. Die spätere Verwendung von Schattenspielfiguren oder Stockpuppen war danach ebenfalls erlaubt.

BILDERVERBOT IM RITUELLEN RAUM

Die mittelalterlichen muslimischen Theologen standen bildlichen Darstellungen sehr distanziert gegenüber. Diese Haltung übertrug sich auch auf das Alltagsleben. So spricht der bedeutendste Theologe, Abû Hamîd al-Ghazzâli (gest. 1111), in seinem Hauptwerk über die *Wiederbelebung der religiösen Wissenschaften* in einem Kapitel über das rechte Verhalten bei

Tisch. Dabei meint er, dass ein Muslim eine Einladung zum Essen nicht annehmen dürfe, wenn die Nahrung zweifelhaft sei, der Ort und der Teppich nicht erlaubt oder tadelnswerte Dinge anzutreffen seien, vor allem Tücher aus Brokat, silbernes Geschirr oder das Bild eines Tieres an der Decke oder auf der Wand. In der Formulierung lässt sich eine deutlich ablehnende Haltung erkennen, aber kein eindeutiges Verbot. Da diese indifferente Haltung zumindest in der islamischen Frühzeit, aber auch im Mittelalter offenbar verbreitet war, mag das der Grund dafür sein, dass Muslime bei ihren Eroberungszügen nur in den seltensten Fällen zu **IKONOKLASTISCHEN** Maßnahmen gegriffen haben. Seit dem 14. Jahrhundert wurden sogar die großen Gestalten der islamischen Religionsgeschichte abgebildet. So entstand in Tabrîz ein „Miʿrâj-Nâmeh" (*Buch der Himmelsreise*), in dem die Himmelsreise des Propheten Muhammad auch bildlich illustriert wird. Gleiches gilt für eine Prophetenbiographie aus dem 16. Jahrhundert, in der der Prophet, dessen Gesicht von einem Schleier verdeckt ist, in eine Flammenaureole eingehüllt ist.

Das Bilderverbot blieb zunächst auf den rituellen Raum begrenzt. Doch auch hier finden sich Entwicklungsmöglichkeiten. So enthält die Kunstsammlung des Agha Khan ein syrisches Fliesenfeld mit Gebetsnische aus der Zeit um 1580. Die diese einrahmenden Säulen sind mit verschiedenen kleinen Tieren wie unterschiedlichen Fischen, Hasen, Vögeln und anderen Kleintieren bemalt. Diese Lebewesen werden allerdings so dargestellt, dass sie im arabesken Rankenwerk nicht auf den ersten Blick zu erkennen sind.

Man kann angesichts der genannten Beispiele nicht von einer „semitischen Abneigung gegen das Bild" sprechen. Aber dem Islam fehlen eindeutige Symbole, die mit der christlichen Ikonographie in Konkurrenz treten könnten. In der Moderne wird dieses Fehlen von bildlichen Darstellungen angesprochen, wenn der türkische Schriftsteller Yahya Kemal (1884–1958) zwei Defizite der türkischen Kultur beklagt, das Fehlen einer künstlerischen Prosa und das Fehlen von Bildern: „Wegen des Fehlens von Bildern können wir die Gesichter unserer Vorfahren nicht

sehen. Welch furchtbarer Verlust! Wir können nicht unsere alten Dörfer sehen, höchstens verbrannte oder zerstörte Häuser. Wir können nicht unsere alte Kleidung sehen und nicht verstehen, wie sie sich nach und nach durch die Jahrhunderte entwickelt hat. Wir können nicht unsere alten Kriegszüge sehen, durch die wir das Vaterland gegründet haben, die alten Schlachten, die edlen, siegreichen Armeen."[2] Zu einer künstlerischen Form islamischer Präsenz konnte sich nur die arabische Schrift entwickeln. Die Kreativität muslimischer Künstler lebte sich vor allem in der Kalligraphie aus.

Unter **IKONOKLASMUS** versteht man Bilderstürmerei, also die Vernichtung von Bildern und Plastiken aus religiösen oder ideologischen Gründen. Ikonoklastisch ist also bilderstürmerisch.

Linke Seite:
Der Engel Gabriel trägt den Propheten, der hier ohne Schleier dargestellt wird.

Die schein-marmorierten Säulen des Mihrâb bestehen aus nicht auf den ersten Blick erkennbaren Tieren.

DIE KALLIGRAPHIE –
EINE EIGENE SCHRIFTKUNST

Die arabische Schrift entwickelte sich in vor-islamischer Zeit aus der aramäischen Schrift. Die erste eindeutig als arabisch identifizierte Schrift findet sich in einer Inschrift aus Syrien, die auf das Jahr 328 datiert wird. In Mekka war es in vor-islamischer Zeit üblich, die Texte von Gedichten, die als besonders gelungen angesehen wurden, auf Tücher zu sticken und an der Kaaba aufzuhängen. Von daher ist es nicht erstaunlich, dass die Bedeutung von Schrift auch für viele andere Bereiche des gesellschaftlichen Lebens so bedeutsam war, dass der erste offenbarte Text des Korans (Sure 95, 1–5) mit einem Hinweis auf das Schreiben beginnt. Auch wenn der Prophet Muhammad sich selbst als Analphabet bezeichnete, war also eine spezifische Schrift für die Sprache des Korans vorhanden, nämlich die arabische. Mit der Ausbreitung des Islams verbreitete sich die arabische Schrift über die gesamte islamische Welt.

Es gehört bis heute zu den guten Werken, die ein Muslim vollbringen kann, den Koran abzuschreiben. Schreiber, die sich durch besondere Kunstfertigkeit auszeichneten, waren hoch angesehen. Das wird daran deutlich, dass die Namen der Verfertiger dieser Schriften im Unterschied zu anderen Künstlern nahezu von Anfang an bekannt waren. Manche Schriftkünstler stiegen in hohe politische Positionen auf. Herrscher verbrachten etliche Zeit damit, den Schreibern bei ihrer Tätigkeit zuzusehen, ihnen sogar das Tintenfass oder den Leuchter zu halten. Die künstlerische Leistung eines Kalligraphen wurde auch in Regionen und zu Zeiten, in denen das Interesse an bildlichen Darstellungen durchaus vorhanden war, bedeutender eingeschätzt als die der Maler. So meint der Hofchronist des bedeutendsten Moghulherr-

schers, Akbar (reg. 1556–1605): „Obwohl es wahr ist, dass die Maler, und vor allem die aus Europa, in der Lage sind, Figuren in einer Art zu zeichnen (…), dass Leute sie fälschlicherweise für Realität halten, sind Bilder im Vergleich mit dem geschriebenen Buchstaben doch geringer einzuschätzen. Denn Buchstaben können die Weisheit vergangener Jahrhunderte beinhalten und Mittel für den geistigen Fortschritt darstellen."[3]

Auch europäische Künstler fanden Gefallen an der arabischen Kalligraphie. Mittelalterliche Maler verzierten die Aureolen von Heiligengestalten, vor allem die der Gottesmutter Maria mit arabischen Kalligraphien, bei denen sie unwissentlich das islamische Glaubensbekenntnis kopierten.

Neben der Niederschrift des Korans in kostbaren Schmuckexemplaren auf teurem, auch eingefärbtem Pergament in farbiger, bisweilen goldener Schrift wurde das Arabische bei Bauinschriften, Grabsteinen und Münzen für historische Ereignisse verwendet. Angesichts des harten Materials lag es technisch nahe, dass dabei eine eckige, geradezu klobige Schrift verwendet wurde. Diese Schrift wird als „Kûfî" bezeichnet, nach der Stadt Kufa, südlich von Baghdad, die wegen ihres nach einzelnen Beduinenstämmen aufgebauten Grundrisses als erste islamische Stadt bezeichnet wurde. Natürlich beließen es die Steinmetze nicht bei dieser schlichten Form der Verfertigung von Inschriften in arabischer Schrift. Sie verzierten die auslaufenden Buchstaben, um den Raum, der die Schrift umgab, zu füllen. Man bezeichnet diese Schrift als „blühendes Kûfî". Ein Grund für diese auffälligen Auszierungen mag in einem „horror vacui", einem Abscheu vor leeren Flächen, gelegen haben. Kûfî ist eine bis heute weiter verwendete Schriftart geblieben,

Eine Doppelseite aus dem „blauen Koran" mit den in Kûfî geschrieben Versen Sure 25, Vers 55–64.

Rechte Seite:
Die Kalligraphie aus dem Indien des frühen 20. Jh.s ist so klein und fein aufgeführt, dass sie zugleich das Abbild eines islamischen Heiligen mit Gloriole darstellt.

die als anspruchsvolle und traditionsreiche Schrift für Urkunden, Bauinschriften, ja sogar auf Briefmarken Verwendung findet.

Große geographische Verbreitung fand die arabische Schrift vor allem durch die Einführung von Papier in der arabischen Welt zur Abbasidenzeit. Nun entstand eine stärker kursiv geprägte arabische Schriftform, die auch schneller zu realisieren war. Man nennt diese Schrift „Naskhî". Aus dieser entwickelte sich dann sogar eine Kurzschrift. Mit den kursiven Formen der arabischen Schrift erweiterten sich die Möglichkeiten, vorhandene Flächen auszufüllen, z.B. indem man Linienführungen über- und untereinander ausführte und die verschiedenen Linien ineinander übergehen ließ. Vor allem in Urkunden, als Wandschmuck bei Moscheebauten, auf Gläsern, Keramiken, Messing und anderen Metallen, Gläsern, Holz und Textilien wurde diese Schrift verwendet. Man bestickte die Textilien, ja sogar Pantoffeln und Sandalen mit Kalligraphien und webte sie in große Stoffe ein. Gern ritzte man kalligraphische Formulierungen auch auf Gemmen oder in Edelsteine ein. Dabei spielte man nicht nur mit der Schrift, sondern auch mit der Sprache: „Al-Hasan Ibn Wahb liebte eine Gesangssklavin,

die mit Namen ‚Naˆîm' (zart, fein) hieß. Er ließ ihren Namen in umgekehrter Reinenfolge der Buchstaben, nämlich ‚Muˆân' (eine, gegen die man Hilfe braucht), auf seinen Siegelring eingravieren."[4]

Nicht selten gehört eine gute Kenntnis der jeweiligen Sprache dazu, um diese Texte inhaltlich entziffern zu können. Je technisch versierter die Handwerker wurden, umso experimentierfreudiger wurden sie auch. So vermischte man z. B. die Schriftarten Kûfî und Naskhî miteinander. Bei der Ausweitung der islamischen Welt ist es nicht erstaunlich, dass sich aus den beiden Schriftarten unterschiedliche regionale Kunstschriftformen entwickelten, wie das „Maghribî" in Nordafrika, oder eine ausgefeilte Schrägschrift im Iran, das „Taˆlîk". Aus Naskhî und Taˆlîk wurde eine neue Schriftart, das „Nastaˆlîk" entwickelt, die im Iran wie im Osmanischen Reich zur offiziellen Kanzleischrift wurde. Auch in Indien und in Südostasien entwickelten sich regionale Sonderformen der arabischen Schrift. Manche Kalligraphen haben die Möglichkeiten der arabischen Kursivschriften auch benutzt, um Kunstwerke zu schaffen, bei denen die Grenze zwischen Kalligraphie und der Wiedergabe von Gegenständen, Tieren und Menschen überschritten wurde.

Durch die Einführung der Lateinschrift in der Türkei unter Mustafa Kemal Atatürk (1928) und der Erfindung von Schreib- und Setzmaschinen für das Arabische schien das Ende der arabischen Kalligraphie gekommen zu sein. Seit den 1980er-Jahren lässt sich hier aber eine Renaissance beobachten. Es entstehen sogar neue moderne Schriften mithilfe des Computers, die ihren eigenen Reiz haben.

ARABESKE UND ORNAMENT

Neben der Kalligraphie entwickelte sich in der islamischen Kunst ein besonderes Interesse an der Ausfüllung von leeren Flächen durch zahlreiche Ornamentformen, von denen die Arabeske die bekannteste ist, die auch in die Kunst des europäischen Mittelalters und vor allem des Jugendstils in Österreich und Frankreich Einzug halten konnte. Der Begriff ARABESKE wurde in Europa gebildet und hat in keiner islamischen Literatursprache eine Entsprechung. Entstanden war die Arabeske in der Abbasidenzeit etwa Mitte des 9. Jahrhunderts. Dabei wurden vor allem Linien als künstlerisches Element verwendet, die sich ständig wiederholten und ohne einen erkennbaren Vorder- oder Hintergrund abstrakte Motive ergaben. Der Erfolg dieser linearen Formen hing wohl damit zusammen, dass die Betrachter die formale Eleganz bewunderten. Die Arabeske entsprach der Grundhaltung des abbasidischen Hofes, der noch politisches Zentrum eines Weltreiches war, wenn auch erste Zeichen der sich entwickelnden Dekadenz nicht zu verkennen waren.

Die Arabeske konnte sich in allen Regionen der islamischen Welt, in denen ein gewisses künstlerisches Niveau erreicht wurde, durchsetzen. Dabei gab es keinen festen, vorgeschriebenen Formenkanon. Vielmehr konnten Schmuckformen aus den Substratkulturen Irans, Zentralasiens oder Indiens in das Repertoire aufgenommen werden. Man übernahm Muschelformen, Sonnen und geometrische Sternenmuster. Vor allem das maurische Andalusien fand Gefallen an der Arabeske und entwickelte sie auf verschiedene Weise weiter. So gab sie als Baudekoration

*Unter einer **ARABESKE** versteht man nach Ernst Kühnel zunächst „die für die islamische Kunst und nur für diese charakteristische, naturferne Gabelranke".*

der andalusischen Architektur besondere Akzente. Im Iran konnte sich die Arabeske dagegen zunächst nicht im gleichen Maß durchsetzen. Die Bedeutung der vorislamischen dekorativen Elemente war zu stark. Erst unter der Herrschaft der Seldschuken im 11. bis 13. Jahrhundert wurde sie verbreitet übernommen. In der osmanischen Kunst stand die Arabeske in Konkurrenz zu gegenständlichen, nur leicht abstrahierten Blumen- und Baumdarstellungen. Alles in allem bleibt es bis heute sehr schwierig, eine genaue regionale oder zeitliche Zuschreibung der Arabesken durchzuführen. Nur wenn die Künstler sich mehr oder weniger bewusst von den vorgegebenen Traditionen entfernt haben, sind hier genaue Zuordnungen möglich. So ist denn die Arabeske eines der Kulturelemente, bei denen die regionale Vielfalt und zeitliche Entwicklung islamischer Kultur am wenigsten wirksam sind und die kulturelle Einheit der islamischen Welt besonders deutlich dokumentiert wird.

Die Arabesken wurden auf die verschiedensten Weisen ausgeführt. Dabei sollte nicht die Natur nachgeahmt werden. Die einzelnen Formen der Arabesken sind abstrahiert, ruhig, ohne eine spezielle Dynamik und trotz oder gerade wegen ihrer formalen Komplexität geradezu meditativ. „Nicht Geistesarmut und ebenso wenig krampfhaftes Bemühen um ein durch irgendwelche Vorschriften aufgezwungenes System haben die überragende Stellung der Arabeske bestimmt, sondern einerseits die Freude an einer ornamentalen Meditation und an ästhetischer Askese, andererseits der über einen bloß spielerischen Trieb hinausgehende Ehrgeiz, von einer Grundform aus immer neue Abwandlungen zu erfinden und sie allen dekorativen Aufgaben anzupassen."[5] Der Erfolg der Arabeske in der muslimischen Kultur mag auch in der formalen Nähe zu den kursiven Schriftformen des Arabischen liegen, also in einer Weiterführung und Abstrahierung der Kalligraphie.

Manche moderne Formen der arabischen Kalligraphie zeichnen sich auch durch Mischformen mit arabesken Formen aus. Neben den floralen arabesken Ornamenten finden sich auch streng geometrische

Formen, bei denen die Herkunft ebenfalls schwer zu bestimmen ist. Eine Rolle mag dabei die eckige Schriftform des Kûfî gespielt haben. „Der sich wiederholende Rhythmus von ineinandergreifenden geometrischen Grundmustern und die Stilisierung und Geometrisierung unterschiedlicher Motive, wie Pflanzen oder Kalligraphien in einem quadratischen oder hexagonalen System, bestimmen die ornamentalen Strukturen, die vor allem in Architektur, Baukunst in der islamisch geprägten Welt vorherrschend sind. Die oft hochkomplexen Muster erfordern ein großes Maß an geometrischen Kenntnissen.“[6] Es handelt sich im Gegensatz zu den Arabesken um gerade Linien, die in sich ständig wiederholenden sechs- und achteckigen Sternen eine Vorstellung von Unendlichkeit hervorrufen sollen. Neben der Ausfüllung von Raumdecken und Kuppeln werden auch Zierbänder auf diese Weise konstruiert, die gegebenenfalls mit Arabesken gefüllt oder kombiniert werden.

Auch heute noch gehört die Ausbildung in der Konstruktion dieser geometrischen Ornamente zu den grundlegenden Fähigkeiten, die sich ein muslimischer Architekt, der sich mit der traditionellen Formensprache seiner Kultur auseinandersetzen will, aneignen muss. Die geometrischen Ornamente sind wie die Arabeske ein Element gemeinsamer islamischer Kultur und werden von allen konfessionellen Richtungen des Islams akzeptiert.

Arabeske auf dem Emporen-Geländer in der Kirche San Giovanni in Pistoia.

In der Alhambra in Granada, einem besonderen Höhepunkt andalusischer Architektur,

finden sich die unterschiedlichsten Formen der Dekoration oder Gestaltung von Wänden.

Teils sind die Wände schlicht durch verschiedenfarbige Stein- oder Keramikplatten optisch

strukturiert. Abgeschlossen werden sie durch Schriftbänder, in denen z. B. des Herrschers,

der diesen Teil der Gesamtanlage errichten ließ, in einem sich wiederholenden kalligra-

phischen Rhythmus gedacht wird. Andere Gebäudeteile sind ungleich reicher ausgestattet.

Manche Hallenwände, wie hier die Arkaden des Löwenhofs, zeigen nicht nur eine

verschwenderische Fülle von Schriftbändern in unterschiedlichen kalligraphischen

Formen, sondern sind ausgefüllt mit verschiedenen Arten von Arabesken. So gibt es nicht

nur streng geometrische Formen, sondern auch die ursprünglicheren floralen Ausformun-

gen, die jede mögliche Leere der Wände ausfüllen.

WANDBILDER UND MINIATUREN –
BILDLICHER AUSDRUCK

Nicht nur die Kalligraphie war eine Möglichkeit, sich in muslimischen Gesellschaften künstlerisch auszudrücken. Auch die Wiedergabe lebendiger Wesen war möglich. Wegen der Ablehnung von Bildern von Tieren und Menschen war es jedoch nicht einfach für die Künstler, derartige Motive darzustellen. Über Jahrhunderte war dies im Grunde nur durch das mäzenatische Interesse von politischen und wirtschaftlichen Eliten möglich. Diese Förderung von bildnerischen Kunstwerken wird schon bei der ersten Dynastie der islamischen Geschichte deutlich. Die Omayyaden (660–750) förderten künstlerisches Schaffen, auch im öffentlichen Raum. Hier hatten sie jedoch Rücksicht auf die Empfindlichkeit der Frommen zu nehmen. So zeigen die Mosaiken, die zum Schmuck der Omayyadenmoschee in Damaskus oder des Felsendoms in Jerusalem geschaffen wurden, Darstellungen von Landschaften und Gebäuden, bei denen jede Wiedergabe von Menschen oder Tieren sorgfältig vermieden wurde. Die Kunstwerke sind von großer handwerklicher und künstlerischer Kompetenz. So zeigen die Mosaiken der Omayyadenmoschee 29 verschiedene Farbtöne, darunter allein 13 Abstufungen von Grün. Kunsthistoriker gehen davon aus, dass es sich bei den Künstlern um Handwerker aus dem Byzantinischen Reich gehandelt habe. „Es ist jedoch kein Zweifel, dass diese Mosaikarbeiter in islamischem Geist arbeiteten."[7] Neben der Meidung lebendiger Wesen zeigt sich das noch an einer weiteren Besonderheit. Im Unterschied zu vergleichbaren byzantinischen Stadtdarstellungen findet man auf den syrischen Mosaiken

Im weiten Innenhof der Omayyadenmoschee
von Damaskus findet sich das Schatzhaus, dessen
Außenseiten mit Mosaiken geschmückt sind.

keine Zinnen, Türme und andere Verteidigungsmöglichkeiten. Der herausragende Interpret der islamischen Kunst, Richard Ettinghausen, erklärt die demonstrative Friedlichkeit dieser Darstellung so: „Indem der Islam eine ‚idyllische' Ikonographie statt der ‚realistischen' der christlichen Kirchen förderte, verkündete er eine neue, herausfordernde Botschaft: nämlich, dass das arabische Imperium die ganze Welt erobert habe."[8] Ettinghausen versteht das als Hinweis auf ein goldenes Zeitalter. Es mag sich aber auch um einen eschatologischen Hinweis handeln. Nach islamischen Traditionen wird der Jüngste Tag und das Ende der Welt erst kommen, wenn der Islam in der ganzen Welt verbreitet worden ist. Vielleicht sehen wir in den Mosaiken aber auch ein Abbild des islamischen Paradieses mit seinen Flüssen, Gärten und den „Wohnstätten, in denen die Gläubigen in Ewigkeit verweilen werden".

PRIVATE BAUTEN

Die Omayyadenherrscher in Damaskus, die von Frommen in Medina kritisch beobachtet wurden, nutzten die byzantinischen Künstler aber auch für die Umsetzung ihrer persönlichen Wünsche. Sie konnten ihre beduinische Herkunft im städtischen Damaskus nicht so ohne Weiteres vergessen. Eingedenk ihrer Wurzeln bauten sie kleinere Schlossanlagen in der Syrischen Wüste, in die sie sich zu Jagdausflügen und zur Distanzierung und Erholung vom urbanen Leben in Damaskus zurückzogen. Ohne wirtschaftlichen Einfluss auf die unmittelbare Nachbarschaft blieben diese Bauwerke jedoch auch nicht. Wasserreservoirs mussten angelegt und unterhalten werden. Gleiches galt für die Bauwerke selbst. Die Hofhaltung mag zwar nur einen kleinen Umfang gehabt haben. Auf Diener und Personal für ihre Unterhaltung wollten die Herrscher aber gleichwohl nicht verzichten. In den privaten Bereichen dieser Schlösser hielten es die Omayyadenherrscher nicht so streng mit den Vorschriften des Islams. Von einigen wird berichtet, dass sie dem Wein nicht abgeneigt waren. Solche Berichte mögen von den Verteidigern der nachfolgenden Abbasidendynastie verfälscht worden sein. Aber für die

Im Bad des Wüstenschlosses Qusair 'Amra findet sich diese Wandmalerei mit einer badenden Frau.

Missachtung des Bilderverbots gibt es unwiderleg-
bare Beweise. Auf den Fußböden der privaten Emp-
fangsbereiche wurden Mosaiken mit Bäumen und
lebenden Tieren ausgelegt und in den Bädern finden
sich auch Fresken mit der Darstellung von unbeklei-
deten Frauengestalten, die dem Schönheitsideal der
vor- und früh-islamischen Dichtung entsprechen.

Auch hier ist der byzantinische Einfluss deutlich.
Unter der neuen Dynastie der Abbasiden war man im
Bezug auf das Bilderverbot ebenfalls großzügig. In
der großen Schlossanlage von Samarra, der Residenz-
stadt der Abbasiden zwischen 833 und 892 nördlich
von Baghdad, finden sich Wandmalereien, die den
Bilderverboten des Islams nicht gehorchen. Die ver-
einfachende Darstellung von zwei Tänzerinnen, die
mit Weinschale und Weinkrug hantieren, stellen höfi-
sche Vergnügen dar, zu denen, wie in den omayyadischen Wüstenschlössern, die Öffentlichkeit keinen
Zugang hatte. Die Darstellungen bieten Vergleichs-
möglichkeiten mit Fragmenten aus dem persischen
Nischapur. Das darf nicht erstaunen, waren doch die
Abbasiden von der vor-islamischen persischen Kultur
fasziniert und hatten Teile der persischen Hofetikette
übernommen.

BUCHKUNST

Sehr viel umfangreicher als in den Ausschmückungen
von Herrscherresidenzen sind die Darstellungen lebendiger Wesen in der islamischen Buchkunst, in den
Miniaturen. Diese Form der Malerei expandierte mit
der Einführung der Papierherstellung. Auf Pergament
und Papyros wären bildliche Darstellungen ebenfalls
möglich gewesen, jedoch unter schwierigeren technischen Bedingungen. Da es sich bei den Miniaturen um
Ergebnisse künstlerischer Bemühungen handelte, die
einen sehr geringen Verbreitungsgrad hatten, wun-

dert es kaum, wenn das Zeichnen lebendiger Wesen mit größerer Gelassenheit hingenommen wurde als in öffentlicheren Darstellungen. Eine gewisse Zurückhaltung zeigt sich zunächst dennoch trotz des privaten Charakters der Werke. Bei den Miniaturen kann man drei verschiedene Themengruppen unterscheiden: Illustrationen von wissenschaftlichen Abhandlungen, von sogenannten Lehrgedichten und von fiktionalen Werken.

WISSENSCHAFTLICHE WERKE

Es ging also zunächst um die Illustration von wissenschaftlichen Werken, die auf die hellenistischen Traditionen zurückzuführen sind. In astronomischen Werken finden sich Sternbilder, die nach der griechischen Tradition lebende Wesen wie „Jungfrau", „Zwillinge", „Skorpion" usw. repräsentieren. Das gilt vergleichbar für Werke aus der Heilkunst, vor allem für das berühmte Werk der Heilpflanzen, die *Materia*

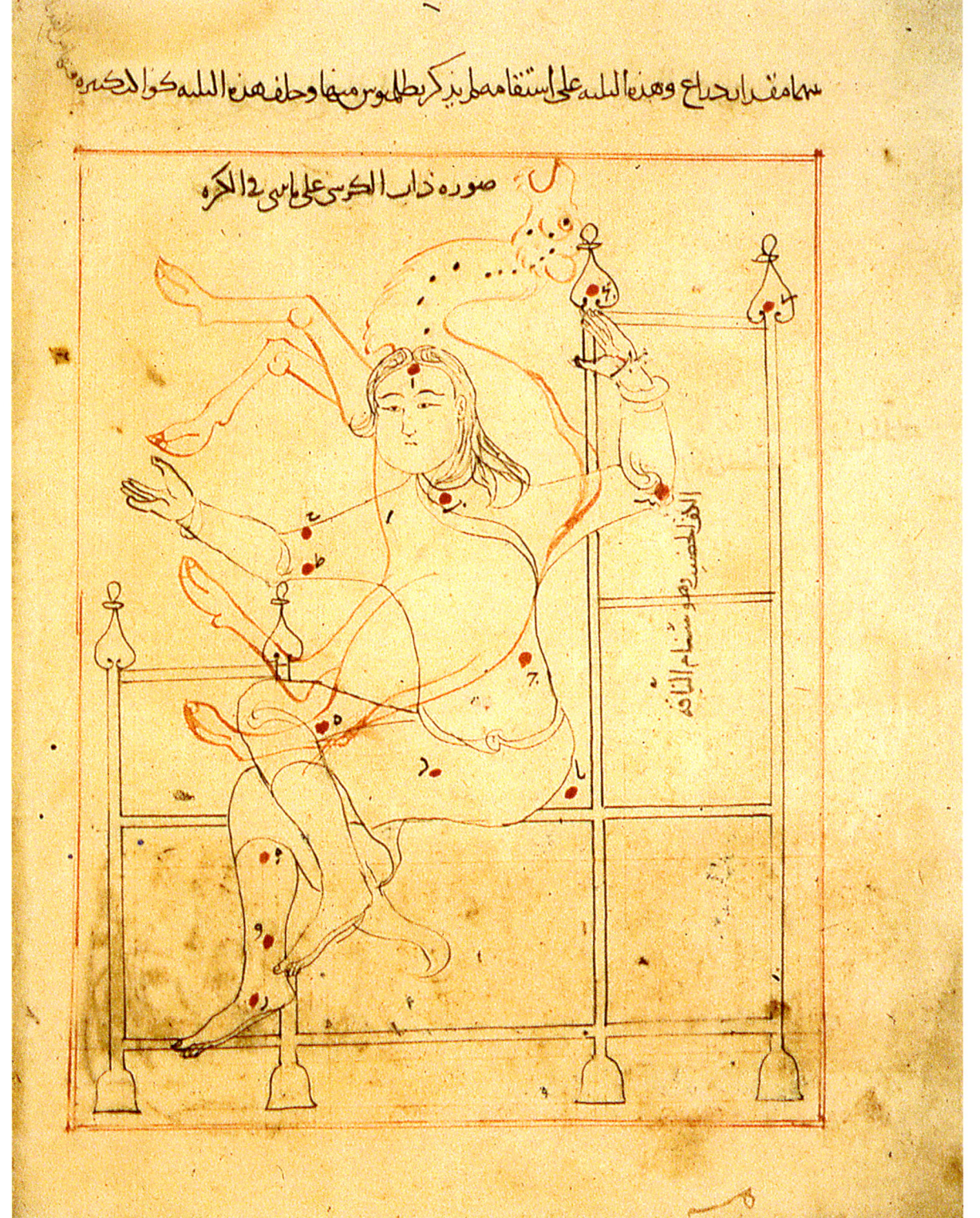

Im Buch Konstellation der Fixsterne *(12. Jh.) werden das Sternbild Kassiopeia und das arabische Sternbild Kamel kombiniert und durch die Darstellung lebendiger Wesen verdeutlicht.*

Medica, das die Ausführungen über lebende Wesen illustriert. Diese Illustrationen wurden auch in späterer Zeit und unter Einbeziehung neuer wissenschaftlicher Erkenntnisse fortgeführt. Illustriert wurden auch Lehrbücher für Technik. Bekannt sind Werke, in denen Spieluhren und mechanisches Spielzeug in allen Einzelheiten abgebildet wurden. Eine bemerkenswerte Erscheinung sind Kochbücher aus dem muslimischen Indien des 17. Jahrhunderts, in denen Miniaturen zumindest einen Eindruck von der Herstellung der Gerichte geben. In diesen Bereich können auch Werke zur Pferdezucht und zur Ausbildung der Reittiere eingeordnet werden, wie sie von Alben aus dem Topkapi Serail bekannt sind. Derartige technische Illustrationen wurden schon seit dem 11. Jahrhundert angefertigt. Man findet sie bis zur Einführung des Buchdrucks zu Beginn des 19. Jahrhunderts. Obwohl z. B. die medizinischen Werke über eine weitere Verbreitung verfügten, sind kritische Worte aus dem Mund von strengen Rechtsgelehrten zu diesen Abbildungen nicht bekannt.

PÄDAGOGISCHE WERKE
Neben naturwissenschaftlichen Lehrbüchern gab es auch Texte mit pädagogischem Anspruch. Zu den bekanntesten gehört die Fabelgeschichte von Kalîla und Dimna, ein Werk, das schon in der frühen Abbasidenzeit von dem arabischen Literaten Ibn al-Muqaffa (gest. 756) aus dem mittelpersischen Pahlavi übersetzt wurde und ursprünglich aus Indien stammte. Es kann als eine Art von Fürstenspiegel angesehen werden. In dem Text nehmen Tiere die Position von Herrschern, Ministern und Dienern ein. Ihr Handeln zeigt exemplarisch das rechte Verhalten eines Fürsten. In den Miniaturen treten die Tiere als handelnde Figuren auf. Nur in ganz wenigen Beispielen ist in der Fabelsammlung ein Mensch abgebildet. Das geschieht etwa, wenn auf die Bedeutung von Eintracht und gemeinsamem Handeln hingewiesen wird, wie in der Parabel vom Vogelfänger und den Tauben. Die Tauben retten sich aus dem Netz des Menschen durch einen gemeinsamen Flug unter der Führung einer Taube, die natürlich für den Herrscher steht.

Die Illustration aus der Zeit um 1300 zu den Maqâmen des Harîrî zeigt Personen mit einem zentralasiatischen Gesichtsschnitt.

Ein anderes, bildlich interessantes Beispiel ist die Parabel vom Hund und seinem Spiegelbild, in dem vor den Gefahren der Habgier gewarnt wird. Ein Hund mit einem Knochen im Maul sieht sein Spiegelbild im Wasser. Er lässt seinen Knochen fallen, weil er dem ‚anderen Hund' seinen Knochen entreißen will. Der Knochen verschwindet im Wasser. Wie bei den wissenschaftlichen Abhandlungen konnte man hier auf den praktischen Nutzen dieser Darstellungen verweisen und damit das Bilderverbot ignorieren. Die Wahl von Tieren in bedeutenden politischen Positionen im literarischen Kontext wie dann auch in der Illustration in den Miniaturen mag aber noch einen besonderen Grund gehabt haben. Die Gestalt des Herrschers und der Angehörigen seiner Familie war von einer solchen Aura der Macht umgeben, dass die Schöpfer der Lehrfabeln wie die Illustratoren es nicht wagten, die handelnden Personen als Menschen darzustellen, weil ja auch über die Herrscher kritische Äußerungen gemacht wurden. In den Texten konnten überdies die frommen Kritiker darauf hingewiesen werden, dass man es vermieden hatte, Menschen darzustellen. Diese pädagogischen Werke haben jedoch trotz ihrer für die Frommen akzeptablen Inhalte keine weitere Verbreitung erfahren. Der Adressatenkreis, vor allem an den Höfen, war zu klein.

FIKTIONALE WERKE
In fiktionalen Werken hatte man die Rücksichtnahme auf die frommen Kritiker grundsätzlich überwunden. Wenn die Texte schon als begrenzt seriös angesehen wurden, so machte es nichts, wenn die Werke auch noch illustriert wurden. Hervorzuheben sind hier vor allem die beeindruckenden Illustrationen zu den Makâmen des Harîrî aus dem Jahr 1237, die ohnehin schon durch ihre dem Islam gegenüber kritischen Inhalte bekannt waren. Wie die sprachliche Qualität der Makâmen kann die illustrative Qualität gewiss auch aus heutiger Sicht mit Bewunderung zur Kenntnis genommen werden. Auch diese für Höfe in der arabischen Welt geschaffenen Kunstwerke sind von politischen Veränderungen nicht unberührt geblieben. Mit einem verstärkten politischen Einfluss zentral-

asiatischer Eliten finden sich z.B. in der Wiedergabe des menschlichen Gesichts nun eindeutig zentralasiatische Züge, auch wenn die illustrierten Texte aus dem arabischen Kulturkontext stammen. Was ihnen fehlt, ist eine ausgeprägte Perspektive und daher auch eine entsprechende Umgebung für die dargestellten Personen oder Tiere in ihrer räumlichen Tiefe. Sie blieben zudem wohl unter Verschluss. Ihr teilweise erstaunlich guter Erhaltungszustand und ihre frische Farbigkeit weisen darauf hin, dass sie nur selten angeschaut wurden. Während die Schöpfer der Wandmalereien weitgehend anonym geblieben sind, kennen wir bei etlichen Miniaturen und Illustrationsserien die Namen der Künstler, auch wenn sie in der Öffentlichkeit nicht so bekannt waren wie die der Kalligraphen.

ENTWICKLUNG DER MINIATUREN

Die Miniaturen muslimischer Künstler sind gekennzeichnet durch historische Entwicklungen und regionale Besonderheiten. Die frühen Miniaturen stammen aus dem Gebiet des heutigen Iraks. Dann verlegte sich das Zentrum der Verfertigung von Buchillustrationen in den Iran, nach Zentralasien und in das indische Moghulreich. Hier entwickelten sich unterschiedliche stilistische Schulen, deren wichtigste Meister auch namentlich bekannt sind. Vor allem Miniaturen aus dem Iran und aus dem Moghulreich zeichnen sich durch ihre regionalen Besonderheiten aus. Im Vergleich zu den arabischen Miniaturen sind manche persischen Beispiele von chinesischen Vorbildern beeinflusst. Indiz dafür ist einerseits der Rahmen, in den die Darstellung gestellt wird, der bei den arabischen Miniaturen keine Verwendung gefunden hatte. Durch den Rahmen hatte der Künstler die Möglichkeit, einen von ihm gewählten Ausschnitt des zu illustrierenden fiktiven oder realitätsnäheren Berichts zu zeigen. Andererseits wird in persischen Miniaturen die chinesische Perspektive verwendet. Dieser fehlen die Fluchtpunktperspektive und die Verwendung von helleren und dunkleren Schattierungen für die Herstellung von Tiefe. Stattdessen gehen die Künstler bei ihren Miniaturen von einem erhöhten Blickpunkt aus, der eine räumliche Aufteilung des Bildausschnitts ermög-

licht. Die Farben sind unverfälscht und von strahlender Intensität. Vor allem im Hintergrund leuchten die Farben besonders stark. Die Gestalten werden in Landschaften gesetzt oder in Innenräume, die mit Stoffen und Fliesen gefüllt sind. Der Vergleich mit dem „horror vacui" in der Kalligraphie liegt nahe.

Im Iran des 15. und 16. Jahrhunderts gab es offenbar eine so große Nachfrage nach illustrierten Codices, dass regelrechte Malerwerkstätten den Bedarf bedienen mussten. Die hervorragendsten Werke wurden für die Herrschaftszentren hergestellt. Dabei wurden vor allem illustrierte literarische Werke ausgeführt, die durchaus politisch-propagandistische Aspekte aufwiesen wie im Fall des „Shâhnâmeh", das von dem Safawidenherrscher Schah Tahmasp (1514 – 1576) in Auftrag gegeben wurde. Westliche Kunsthistoriker sind überzeugt, dass sich aus manchen Miniaturen auch Bezüge auf konkrete religionspolitische Situationen herauslesen lassen. Ebenso mögen die Lehren mancher Sûfî-Gruppen für die Künstler und die Auftraggeber der Illustrationen von Bedeutung gewesen sein und in das Themeninventar der Werke Einzug gehalten haben, ohne dass dies ein flüchtiger Betrachter erkennen konnte. Illustriert wurden auch im Iran Fürstenspiegel für die jungen Prinzen, für die die bildliche Darstellung, nun aber im Gegensatz zu *Kalîla und Dimna*, von Menschen vielleicht eindrücklicher war als der schriftliche Text allein.

Im 16. Jahrhundert steht vor allem die Darstellung des Herrschers im Mittelpunkt der künstlerischen Produktion der Illustratoren. Dabei werden jedoch nicht Individuen in ihrer körperlichen und persönlichen Unverwechselbarkeit gezeigt, sondern der Herrscher in seiner Machtapotheose. Hier mögen nicht zuletzt Marktinteressen eine Rolle gespielt haben. Viele Künstler und ihre Werkstätten waren nicht mehr von einem einzigen herrscherlichen Mäzen abhängig, sondern arbeiteten für einen kleinen, weit verstreuten, aber kapitalkräftigen Markt. Zwischen Istanbul und den zentralasiatischen Höfen, zwischen Isfahan und den Residenzen der Moghulherrscher hat es zwar politische und religiöse Unterschiede gegeben. Daher konnten keine spezifischen

Die Miniatur von 1447 aus Herat zeigt den unglücklich liebenden Majnûn in der Wildnis, umgeben von wilden Tieren, die ihn bedauern.

ساده بیارند دو حصه آب و یک حصه شیر دریک دیک اندازند

ادهون بد هد چون بجوش آید برنج بیند از جوش تخته

باشد آب زیادتی بپالاید و دورکند و برنج با

بخار بردارد

نوعی دیگر برنج ساده زعفران از میان آب انداخته

ادهون زیدهد چون بجوش آید برنج بیند از جوش تخته باشد

سلاید و دورکند زعفران از عنبر از کلاب و کافور مشک

Darstellungsprogramme für alle diese Abnehmer ausgearbeitet werden. Für all diese Militäraristokratien galt es vielmehr, ein aristokratisches Lebensideal wiederzugeben, in dem Reiterspiele wie Polo und Hofdarstellungen eine zentrale Rolle spielten. Die persischen Epen boten dafür eine Vielzahl von zu illustrierenden Begebnissen. Dass die entsprechenden Manuskripte durch Miniaturen an Wert gewannen, führte dazu, dass Illustrationen nachträglich in die Texte eingefügt wurden. Das geschah nicht immer zum Vorteil des Textes selbst, weil die Illustratoren vor Übermalungen der Texte nicht zurückschreckten.

Trotz der politischen und kulturellen Nähe zum Iran zeigen die Miniaturen aus dem muslimischen Indien eine geringere Beherrschung der Perspektive. Auch in ihnen wird eine erhöhte Perspektive eingenommen und werden Innenräume mit Teppichen und Kacheln gefüllt. Die handelnden Personen werden jedoch in einer geradezu dramatischen Weise um- und übereinander gedrängt, sodass der Eindruck von Fülle und Enge entsteht. Die Illustrationen werden häufig ohne einen entsprechenden Rahmen in den Text eingefügt, ohne dass besondere Rücksicht auf den Text genommen wird. Das mag mit späteren Einfügungen der Miniaturen in die Texte zusammenhängen. In der Zeit des Moghulherrschers Akbar wurde eine besondere Form von Bildnissen geschaffen, die nicht mehr als Miniaturen bezeichnet werden können. Ein Beispiel dafür ist das „Hamza-Nâmeh" (*Buch des Hamza* – eines Onkels des Propheten Muhammad). Es handelt sich bei diesem Werk um eine Art von Heiligenlegende, in der heldenhafte Taten Hamzas geschildert werden. Akbar hatte schon in jungen Jahren diese Geschichten mit Begeisterung gelesen. Er gab den Auftrag, entsprechende Illustrationen zu verfertigen. So sollen in der Zeit von 1561 bis 1576 ca. 1400 Bilder auf Baumwolle entstanden sein, von denen noch 150 Bilder erhalten sind. Auf der Rückseite der Darstellungen war die gemalte Episode niedergeschrieben worden. In einigen Fällen fand sich der Text auch auf der Bildseite. Die Illustrationen mit Maßen von ca. 0,70 x 0,50 m sind kaum als Miniaturen zu bezeichnen. Sie waren auch nicht zur persönlichen Betrachtung

von Einzelpersonen gedacht. Vielmehr wurden die Abbildungen für eine größere Gruppe von Betrachtern aufgestellt. Gleichzeitig wurde der entsprechende Text vorgelesen oder auswendig vorgetragen. Diese umfangreiche Arbeit konnte nur in einer großen Künstlerwerkstatt geschaffen werden. Die Tradition der Werkstätten führte später dazu, dass einzelne Blätter in Miniaturform geradezu serienmäßig angefertigt wurden, ein Phänomen, das bis in das späte 19. Jahrhundert zu beobachten ist.

Kennzeichnend für die indo-muslimischen Darstellungen ist eine stärkere Individualisierung der dargestellten Personen. Der gleiche Herrscher wird in verschiedenen Illustrationen mit typischen äußeren Merkmalen wie einem mächtigen Schnurbart dargestellt. Die Gesichter der einzelnen Gestalten auf den Miniaturen unterscheiden sich deutlich voneinander. Die Barttracht wechselt ebenso wie der Gesichtsschnitt und der Gesichtsausdruck.

Portrait der Moghulherrscher Jahangir (1605–1627, oben) und Schah Jehân (1628–1658). Die auf ein Albumblatt montierten Herrscherbildnisse zeigen die Individualität der abgebildeten Personen.

Linke Seite:
Das indo-muslimische Kochbuch zeigt den Herrscher bei der Zubereitung von Reis. Die Illustration drängt sich in den Text.

Die deutlich verbesserte zeichnerische Qualität der Darstellungen wird auch durch Beispiele aus der Regierungszeit des Moghulherrschers Jahangir (1605–1627) belegt. Der Herrscher war ein Liebhaber der Kunst, vor allem der Malerei, interessierte sich aber auch sehr für die Naturkunde. Er unternahm weite Reisen, um verschiedene Tiere, Pflanzen und andere Naturerscheinungen kennenzulernen. Dabei begleiteten ihn Künstler, die alles, was den Herrscher besonders faszinierte, im Bild festhielten. So sind Serien von naturkundlichen Darstellungen von höchster Qualität entstanden. Hervorzuheben ist bei der indo-

muslimischen Malerei auch eine frühe Wahrnehmung europäischer Maltraditionen, die zu erstaunlichen und künstlerisch kaum wieder erreichten Mischformen führt. So bestehen Vermutungen, dass 1580 eine Jesuiten-Mission die Künstler am Hof von Akbar dem Großen mit einer illustrierten Bibel bekannt gemacht hatte. Vor allem aber waren in der portugiesischen Kolonie Goa Beispiele christlicher Kunst zu finden; von hier gelangten einige Bilder auch an den Moghulhof.

Eine regionale Besonderheit stellen auch die sogenannten Siyâh-Qalem-Blätter aus dem 15. Jahrhundert dar. Sie werden in Zuschreibungen aus späterer

Zeit als Werke des Ustâdh Mehmed Siyâh Qalem (Meister Mehmed Schwarzfeder) angesehen. Sie sind koloriert, verfügen aber häufig über einen kräftigen dunklen Strich, der für die Namensgebung Anlass geboten hat. Offenkundig handelt es sich um verschiedene Künstler, die jedoch anonym geblieben sind. Nicht ohne Einfluss aus der chinesischen Kunst, stammen sie wohl aus Zentralasien und werden wegen der Darstellungen aus dem Nomadenleben turkmenischen Künstlern zugeschrieben. Dabei zeichnen sie sich durch große zeichnerische Meisterschaft aus. Bemerkenswert ist vor allem, dass es sich nicht um Illus-

trationen zu vorhandenen literarischen Texten handelt, sondern um unabhängige Darstellungen. In mancher Hinsicht kann man sie als Dokumentationen zentralasiatischen Lebens ansehen. Sie geben Auskunft über Kleidung und Kopfbedeckungen, Werkzeuge, Waffen und Tiere. Viele Blätter zeigen das Alltagsleben. Männer waschen ihre Kleider, ein Koch bläst das Feuer unter einem Dreifuß an, auf dem ein Topf steht, man sieht Kochutensilien, Pferdegeschirr und Zeltzubehör. Von besonderem Interesse sind die Dokumentationen der religiösen Vorstellungen der turkmenischen Nomadengruppen auf den Siyâh-

Qalem-Blättern. Sie zeigen Dämonen, die für diese Gesellschaft von großer Bedeutung waren. Im Gegensatz zu den benachbarten buddhistischen und chinesischen Traditionen sowie zu den Teufelsvorstellungen des Islams stehen diese dämonischen Wesen jenseits von Gut und Böse. Sie sind als Hauptpersonen von kultischen Handlungen zu sehen. Sie entführen und opfern Pferde, was auf zentralasiatische Riten verweist. Die tanzenden Dämonen werden in heftigsten Bewegungen gezeigt. In der Bildmitte lässt sich ein zwölfstrahliger Stern vermuten, der in Verbindung mit einem Knochenmotiv, das über den Tanzenden schwebt, auf schamanische Rituale hinweist. Die Dämonendarstellungen werden von modernen Interpreten als Symbole für die Naturgewalten verstanden. Die Bilder haben danach nicht zuletzt eine schützende Funktion vor den gefährlichen Naturkräften.

Die dokumentarische Form, die die Siyâh-Qalem-Zeichnungen auszeichnet, spielt auch bei der osmanischen Buchmalerei eine entscheidende Rolle. Hier werden vor allem kriegerische Ereignisse und Festveranstaltungen geschildert. Die erste Belagerung Wiens wird in einem „Hünernameh" (*Buch der Fertigkeiten*) aus dem Jahr 1588 dargestellt, wobei man die Ausrichtung der Kanonen der Belagerer ebenso erkennen kann wie die Abwehrbemühungen der Stadt Wien. Eine andere Funktion der illuminierten Manuskripte war die Verherrlichung des Herrschers. In einem „Schâhinschâhnâmeh" (*Buch des Königs der Könige*) aus der Zeit von 1595 bis 1598 wird ein siegreicher Feldzug dokumentiert und auf einem Blatt eines weiteren „Hünernameh" von 1584 wird Sultan Murâd II. (1403–1451) als herausragender Bogenschütze gezeigt. Unter verschiedensten Aspekten von Interesse sind die „Festbücher" (Surnâmeh), in denen bedeutende Feste dokumentiert werden. „Anlass zur Entstehung solcher Illustrationen bot irgendein Ereignis bei Hofe. Als im Jahr 1583 Murâd III. die Beschneidung seines Sohnes, des Prinzen Mehmed, feierte, gab es ein Fest, das 52 Tage und Nächte dauerte und an dem ganz Istanbul teilnahm."[9] Die aus diesem Anlass durch das Hippodrom mit seiner antiken Schlangensäule und den beiden ägyptischen Obelisken ziehen-

den Vertreter der verschiedenen Zünfte von den Kaftanmachern, Goldschmieden, Gärtnern über die verschiedenen Spezialisten für die Herstellung von Waffen, wie die Produzenten der Daumenringe aus Bein, die zum Spannen der Bogensehnen dienten, bis zu den Pastetenbäckern, Gauklern, Straßenfegern und Bettlern wurden in diesen „Festbüchern" auf jeweils zwei Seiten dargestellt. Die Gruppe Künstler, die dieses Dokument schuf, hatte dabei stets den gleichen Blickwinkel mit dem Sultan im Mittelpunkt und setzte in diesen Rahmen die verschiedenen Zunftgruppen. Bis in das 18. Jahrhundert wurden solche „Festbücher" verfertigt, in denen sich dann aber auch die ersten Einflüsse der europäischen Malerei bemerkbar machten. Die umfangreiche Arbeit wurde von mehreren Künstlern in der Werkstatt des bekannten „Meister Osman" gefertigt.

Angesichts der aktuellen Debatten um bildliche Darstellungen des Propheten Muhammad ist es wichtig darauf hinzuweisen, dass die islamische Kunst Illustrationen zu Erbauungsbüchern geschaffen hat, die den Propheten und andere Gestalten der früh-islamischen Zeit zeigen.

Vor allem für eine breite Bevölkerung waren seit dem 14. Jahrhundert verschiedene Prophetenbiographien in einfacher Sprache mit zahlreichen legendenhaften Berichten verfasst worden. Unter der Herrschaft des Osmanen-Sultans Murâd III. (1546–1595) wurden derartige Lebensbeschreibungen Muhammads zum ersten Mal auch bebildert. In einem dieser Werke finden sich 800 verschiedene Episoden der Lebensgeschichte des Propheten illustriert. Neben Darstellungen der militärischen Auseinandersetzungen der frühen Muslime wurden auch zentrale, religiös bedeutsame Ereignisse abgebildet. Sie thematisieren die Berichte über die erste Offenbarung ebenso wie die Abschiedswallfahrt Muhammads. Die Künstler dieser Miniaturen nahmen insofern Rücksicht auf die auserwählte Gestalt Muhammads, als sie ihn in eine Aureole einhüllten und sein Gesicht wie mit einem weißen Schleier verhüllt erscheinen ließen. Von tiefer Frömmigkeit gekennzeichnet ist auch die „Beweinung Muhammads" durch seine engsten Angehörigen.

Eine bemerkenswerte Entwicklung ergab sich unter der Herrschaft von Sultan Mehmed II., der sich von dem Maler Gentile Bellini aus Venedig im Jahr 1480 in der Manier von Herrscherbildern der italienischen Renaissance portraitieren ließ. Diese Arbeit Bellinis diente als Vorlage für weitere Portraits und einige Medaillen. Es handelt sich hier aber zunächst um ein Einzelphänomen der Begegnung zwischen europäischer und orientalischer Kunstgeschichte. Der Nachfolger Mehmeds, Bayezid II. (1447–1512), ließ die Portraits und andere Luxusgegenstände auf dem Basar verkaufen.

Die westlichen Kunsthistoriker, die sich mit Miniaturen islamischer Buchkunst beschäftigen, beobachteten eine sich verschlechternde Qualität der Arbeiten bis ins 18. Jahrhundert hinein. Ursache dafür mag gewesen sein, dass die Zahl der Mäzene, die für die illustrierten Werke einen angemessenen Preis bezahlen konnten, abnahm. Zudem ließ das Interesse an dieser Kunstform langsam nach. Mit dem wachsenden Einfluss europäischer Mächte seit dem 17. Jahrhundert begann dann eine Tendenz zur Übernahme europäischer malerischer Ausdrucksformen, die sich auch im malerisch-technischen Bereich auswirkte. Im Iran wurden seit der Mitte des 19. Jahrhunderts wie auch in manchen arabischen Druckwerken verschiedene Vervielfältigungstechniken wie Lithographie und Holzschnitt verwendet. Inhaltlich haben sie ältere Miniaturen zum Vorbild, sind in ihrer technischen Gestaltung unsicher, manchmal regelrecht grob ausgeführt. Bemerkenswert ist dabei die Tatsache, dass diese illustrierten Werke in größeren Auflagen für ein allgemeines, analphabetes Publikum produziert wurden. Die Ereignisse werden in fortlaufenden Bildserien illustriert und erinnern an Comic-Strip-Illustrationen. In manchen Fällen haben Zensoren in die Bilder eingegriffen. Aber zumindest über längere Zeit im 19. Jahrhundert wurden solche Illustrationen nicht durch die religiösen Autoritäten unterbunden.

Illustration zu einer persischen Ausgabe von Tausendundeiner Nacht *aus der Qajarenzeit.*

Linke Seite:
Gentile Bellinis Portrait von Sultan Mehmet II.

DIE MODERNE – ABSTRAKTION UND KALLIGRAPHIE

Am Übergang der traditionellen zur modernen bildenden Kunst in islamischen Gesellschaften steht die Malerei im Iran der Qajarenzeit. Diese Dynastie herrschte zwischen 1779 und 1925 und sah sich mit der kolonialen Expansion vor allem britischer und russischer Machtansprüche konfrontiert. Der erste Herrscher der Dynastie, Fath ´Alî Schah (reg. 1798–1834), beauftragte den Künstler Mîr ´Alî mit der Anfertigung verschiedener Herrscherportraits. Die Werke nehmen bewusst Bezug auf iranische vor-islamische Vorbilder der Achamäniden- und Sassanidenzeit. Damit sind sie aber in einem funktionalen Sinn als modern zu bezeichnen. Aus ideologischen, nationalistischen Gründen wird der Herrscher in einer Tradition abgebildet, die sich deutlich von islamischen Traditionen abwendet. Der Schah ließ überdies eine Vielzahl von Bildern von sich anfertigen, womit er seinen politischen Anspruch auf herrscherliche Autorität verdeutlichen wollte. Diese Form der ‚Propaganda' ist bis in die Gegenwart eine politische Technik in vielen Staaten der islamischen Welt geblieben.

EUROPÄISCHER EINFLUSS

Eine eindeutige Vorbildfunktion der europäischen Kunst für die Kunst im Iran der Qajarenzeit lässt sich dann unter der Herrschaft von Nâdir Schah (reg. 1848 – 1896) feststellen. Schon sein Vorgänger Muhammad Schah (1834–1848) hatte sich für europäische Kunst interessiert und bei dem durch den Iran reisenden britischen Maler Robert Ker Porter Zeichenunterricht genommen. Nâdir Schah war westlichen Erfindungen und anderen Errungenschaften gegenüber aufgeschlossen, bereiste Europa, malte und fotografierte selbst, ließ sich aber auch von europäischen Politikern und Geschäftsleuten in für sein Land ungünstige Projekte hineinziehen. In seiner langen Herrschaftszeit entstand eine Kunst, die eine geradezu einmalige Mischung aus orientalischen und europäischen Stilelementen zeigt. Der Stil der Qajaren-Malerei lässt sich nicht nur an Gemälden aufzeigen, sondern auch an Bilderkacheln, Lithographien oder Lackarbeiten.

Die Übernahme europäischer Zeichen- und Maltechniken und stilistischer Elemente lässt sich an manchen Künstlern zweifelsfrei festmachen. Zu ihnen gehört in erster Linie Abû l-Hasan-i Thânî (der zweite) Ghaffârî (gest. nach 1866). Er wurde von Nâdir Schah auf eine zweijährige Bildungsreise 1848–1849 nach Europa geschickt. Ghaffârî nutzte diese Reise intensiv und kam mit vielfältigen Eindrücken in seine Heimat zurück. In seinen Illustrationen können Einflüsse von Daumier und Goya festgestellt werden. Ihn interessierten aber auch neue Abbildungstechniken wie Lithographie und Fotografie. Ein Nachkomme von Abû l-Hasan Ghaffârî, Yahyâ Ghaffârî (ca. 1840–ca. 1900), erhielt seine künstlerische Ausbildung an der „Dâr al-Funûn" (Haus der Künste), einer Kunstschule, die 1851 nach europäischem Vorbild gegründet worden war. Mit dieser Gründung kommt ein noch stärkerer Einfluss europäischer Malstile in die iranische Kunst, der sich zunächst an der Realität ausrichtet, dann aber andere europäische Kunstentwicklungen nachvollzieht.

Die moderne künstlerische Entwicklung im Osmanischen Reich dagegen ist von unterschiedlichen Strömungen gekennzeichnet. Dabei spielte die Präsenz verschiedener christlicher Untertanen des Sultans eine große Rolle. Einerseits gehört zum Kult der orientalischen Kirchen die Verehrung von Bildnissen der großen Gestalten der christlichen und der orientalisch-christlichen Religionsgeschichte, andererseits

Muhammad Ghaffârî, ein weiterers Mitglied der Künstlerfamilie Ghaffârî, schuf 1886 dieses Ölbild.

In den Teilen des Osmanischen Reiches mit arabischer Bevölkerung, vor allem in der Levante, wurde die künstlerische Entwicklung ebenfalls durch europäische und amerikanische Vorbilder angestoßen. Zu Beginn des 20. Jahrhunderts bevorzugte man dort illustrative Ausschmückungen von Räumen vor einzelnen Bildwerken. Freskomalereien und Deckengemälde mit Landschaften oder Wolkendarstellungen wurden bei Neubauten im modernen Stil sehr beliebt. Auch Darstellungen, die dem thematischen Bereich von Tausendundeiner Nacht zugeordnet werden können, erfreuten sich großer Beliebtheit. Diese innenarchitektonischen Verschönerungen der Häuser wurden ergänzt durch Fenstervorhänge mit figurativen Dessins voller Tiere, Bäume und weiblicher Personen. Eine stilistische Veränderung der eher traditionellen Darstellungen brachte die Einführung der Fotografie mit sich. Einheimische Künstler in Beirut schufen Landschaftsdarstellungen, die deutliche Bezüge zu fotografischen Naturaufnahmen aufwiesen. Sie hatten sich allerdings auch ständig gegen europäische Kollegen künstlerisch durchzusetzen, die sich auf Dauer in der Levante niedergelassen hatten.

Eine deutliche Veränderung der Situation der einheimischen Künstler gegenüber der europäischen Konkurrenz entwickelte sich in der Levante erst nach dem Ende des Zweiten Weltkriegs und der Entstehung unabhängiger arabischer Staaten. In Kairo, Damaskus oder Baghdad waren schon in der Zwischenkriegszeit Kunstakademien eingerichtet worden, in denen ausländische Kunsterzieher die Studenten mit den europäischen Kunsttechniken und -stilen bekannt machten. Sobald einheimische Lehrer zur Verfügung standen, wurden diese eingesetzt. Diese Lehrkräfte hatten häufig an europäischen Kunsthochschulen ihre Ausbildung erhalten und gaben diese Erfahrungen an die Studenten weiter. Auch die Unterrichtsmethoden entsprachen dem europäischen Vorbild akademischer Malerei. Die an diesen Schulen allgemein akzeptierte künstlerische Stilrichtung des Impressionismus gehörte zur Ausbildung. Abstrahierende Formen gelangten erst mit einer zeitlichen Verzögerung in den Fokus der Kunststudenten.

hatten christliche Kaufleute, Geistliche und Gelehrte stets einen engeren Kontakt zum westlichen Europa als ihre muslimischen Landsleute. Sie hatten daher auch die europäischen künstlerischen Entwicklungen schon des 18. Jahrhunderts zur Kenntnis genommen. Bis zum Ende des Osmanischen Reiches waren es die Angehörigen dieser Minderheiten, die die künstlerischen Entwicklungen bestimmten. In der osmanischen Reformperiode (Tanzimât) der Zeit von 1839 bis 1876 begann auch die muslimische Bevölkerung vor allem in den großen Städten des Reiches, sich für die jeweils aktuellen europäischen Kunstrichtungen zu interessieren. Die Bilder europäischer Künstler gelangten in die Häuser der politischen und wirtschaftlichen Eliten. Es galt als chic, Kunstsammlungen mit europäischer Kunst anzulegen. Sultan Abdülaziz (reg. 1861–1876) gab große Summen für europäische Gemälde aus, die er in London oder Paris kaufen ließ. Sein Hofmaler war ein Europäer, der Pole Stanislas Chlebowski (1835–1884). Im Jahr 1883 wurde schließlich in Istanbul auch eine „Schule der schönen Künste" eingerichtet. Die ersten weitverbreiteten Illustrationen in Büchern waren jedoch nicht Kunstwerke, sondern praxisbezogene Darstellungen, die militärische Lehrbücher bebilderten.

In den 1960er-Jahren entwickelte sich in den arabischen Staaten dann eine Kunstszene, die ihre nationalen und regionalen Besonderheiten thematisierte. Dabei ging es vor allem um die inhaltlichen Fragen des künstlerischen Ausdrucks. Gleichwohl war auch der einheimische Markt von Kunstfreunden, die sich mit aus Europa importierten Kunsttrends nicht anfreunden wollten, von Bedeutung. Die Zahl der Kunstwerke, die von einer westlichen orientalistischen Malerei abhängig waren, war beträchtlich. Noch in der aktuellen Kunstszene spielt diese, von der europäischen Orientmalerei des späten 19. Jahrhunderts geprägte malerische Bezugnahme auf das traditionelle Orientbild der Basare, Kamelkarawanen oder orientalischen Tänzerinnen eine unter kommerziellen Gesichtspunkten wichtige Rolle.

Auf der anderen Seite hatten junge Künstler aus arabischen Ländern in den 1960er-Jahren ihre Ausbildung in den Staaten des „sozialistischen Lagers" erhalten. Sie standen daher zunächst unter dem Einfluss der verschiedenen Spielarten des sozialistischen Realismus. Ihre Arbeiten waren technisch und inhaltlich von diesem Stil beeinflusst, wenn sie auch in ihrer malerischen Botschaft Bezug nahmen auf die besonderen gesellschaftlichen und wirtschaftlichen Verhältnisse ihrer Länder. Der ideologischen Grundhaltung entsprechend stellen diese Bilder erfolgreiche und optimistische Menschen ins Zentrum ihrer Botschaft. Sie könnten so auch in den zentralasiatischen Republiken der Sowjetunion entstanden sein. Einen Bezug auf den Islam oder lokale Traditionen findet man kaum, von der Darstellung lokaler oder regionaler Trachten abgesehen. Eine Besonderheit der Kunst in den Staaten, die enge Kontakte zu sozialistischen Systemen hatten, war die starke Bedeutung von Gebrauchsgraphik. Plakate zu den verschiedensten politischen oder kulturellen Anlässen belegen eine hohe Qualität, bei der sich ein eigenständiger Bezug zu den heimischen Traditionen zeigt.

In islamischen Staaten, in denen autoritäre politische Regime an der Macht waren oder immer noch sind, wurde eine Staatskunst praktiziert, die zwar technisch gut gemacht ist, einem fremden Beobachter

inhaltlich aber naiv erscheint. So fand man im Irak unter Saddam Hussein unzählige Bilder des Präsidenten als Soldat, häufig mit Bezug zu den großen Heerführern des Islams wie dem aus dem heutigen Nordirak stammenden Saladin oder dem altorientalischen Herrscher Nebukadnezar. Entsprechende Inschriften verstärkten diese Symbolik. Daneben sah man den Präsidenten auch als Bäcker vor einer Brotfabrik, als Sportler vor einem Stadion, als Beamten im europäischen Anzug vor einem Verwaltungsgebäude oder als Bauer vor einer Staatsfarm. Vergleichbare Propagandadarstellungen fanden und finden sich auch in anderen arabischen Staaten, in Pakistan, wo Politiker in einer Weise dargestellt werden, die Ähnlichkeit mit den Darstellungen islamischer Heiliger vermittelt, oder in Zentralasien. Diese Machtdemonstrationen sind auch als distanzierende Reaktionen auf das islamische Bilderverbot zu verstehen.

In den Staaten der islamischen Welt, die keine engeren Beziehungen zu Staaten sozialistischer Prägung hatten, wirkten sich die künstlerischen Entwicklungen der westlichen Welt entsprechend stärker aus. Viele junge muslimische Künstler hielten sich zu Studienzwecken mehrere Jahre in Deutschland, Frankreich, Italien oder den USA auf. Sie erhielten ihre Ausbildung an Kunsthochschulen und von international anerkannten Künstlern. Ein Überblick über die Kunstproduktion der vergangenen 50 Jahre in Pakistan würde belegen, dass die Maler und Graphiker sich mit jeder europäischen Kunstrichtung seit dem Beginn des 20. Jahrhunderts intensiv auseinandergesetzt haben. Nach der Rückkehr in ihre Heimatländer beschäftigten sich etliche von ihnen intensiv mit den eigenen künstlerischen Traditionen. „Frisch zurückgekehrte Absolventen der Kunsthochschulen Amerikas und Europas begannen, Ausstellungen zu inszenieren, die das Ziel hatten, die vorherrschenden ästhetischen Werte und die künstlerische Arbeitsweise des abstrakten Expressionismus herausfordernd in Frage zu stellen. Auf der Basis ihrer Manifeste propagierten sie in öffentlichen Diskussionen ‚eine alternative Ästhetik'."[10] Abseits von diesen Auswirkungen

akademischer europäisch-amerikanischer Ausbildung entstanden vor allem in den 1950er-Jahren in einigen Ländern eigenwillige Bilder von Künstlern, die sich bewusst der akademischen Malerei verweigerten und eine eigene Form- und Bildersprache entwickelten. Diese Kunst wird inzwischen auf dem Kunstmarkt vor allem der arabischen Länder hoch gehandelt.

KALLIGRAPHIE IN ABSTRAKTION

Neben der westlich beeinflussten Kunst entwickelten sich, vor allem seit dem Beginn der 1970er-Jahre, eigenständige bildnerische Formen, die von der arabischen Kalligraphie und von den daraus entwickelten graphischen Formen wie der Arabeske inspiriert sind. Da es zahlreiche arabische Schriftformen gibt, fanden muslimische Künstler verschiedene Möglichkeiten, diese zu graphischen Sonderformen weiterzuentwickeln, und verfügen inzwischen über ein reiches Formenrepertoire. Dabei werden unterschiedliche Schriftarten kombiniert, die einzelnen Buchstaben in ihrer Form aufgegeben und zu floralen oder amorphen Strukturen verbunden. So entstehen schriftverwandte Grapheme, die an die arabische Schrift erinnern, aber von deren semantischen Bedeutungshorizonten weit entfernt sind. In einem zweiten Entwicklungsschritt haben sie dann auch Farben als Gestaltungsmöglichkeit in diese modernen kalligraphischen Darstellungen eingefügt, die sowohl zu kühlen Abstraktionen als auch zu expressiven Exaltationen gebildet werden. Die verschiedenen Kunstformen bestehen heute unbefangen nebeneinander. Zu den Künstlern, die mit den Möglichkeiten der arabischen Schrift arbeiten, gehören Maler und Kalligraphen aus allen islamischen Ländern. In manchen Fällen sind diese kalligraphischen Elemente ohne jeden religiösen oder auch nur semantischen Bezug, in anderen wird sehr deutlich, aber in abstrakter Weise auf Ereignisse aus der islamischen Religionsgeschichte hingewiesen, wobei die Titel der Kunstwerke den Schlüssel zu den Intentionen der Künstler liefern. Auch bei den durch die arabische Kalligraphie beeinflussten Kunstwerken findet man regionale Unterschiede. Steht bei Künstlern aus

Der marokkanische Maler Ajnakane Mohammed (geb. 1946) mischt in seinen gegenständlichen Arbeiten verschiedene Techniken.

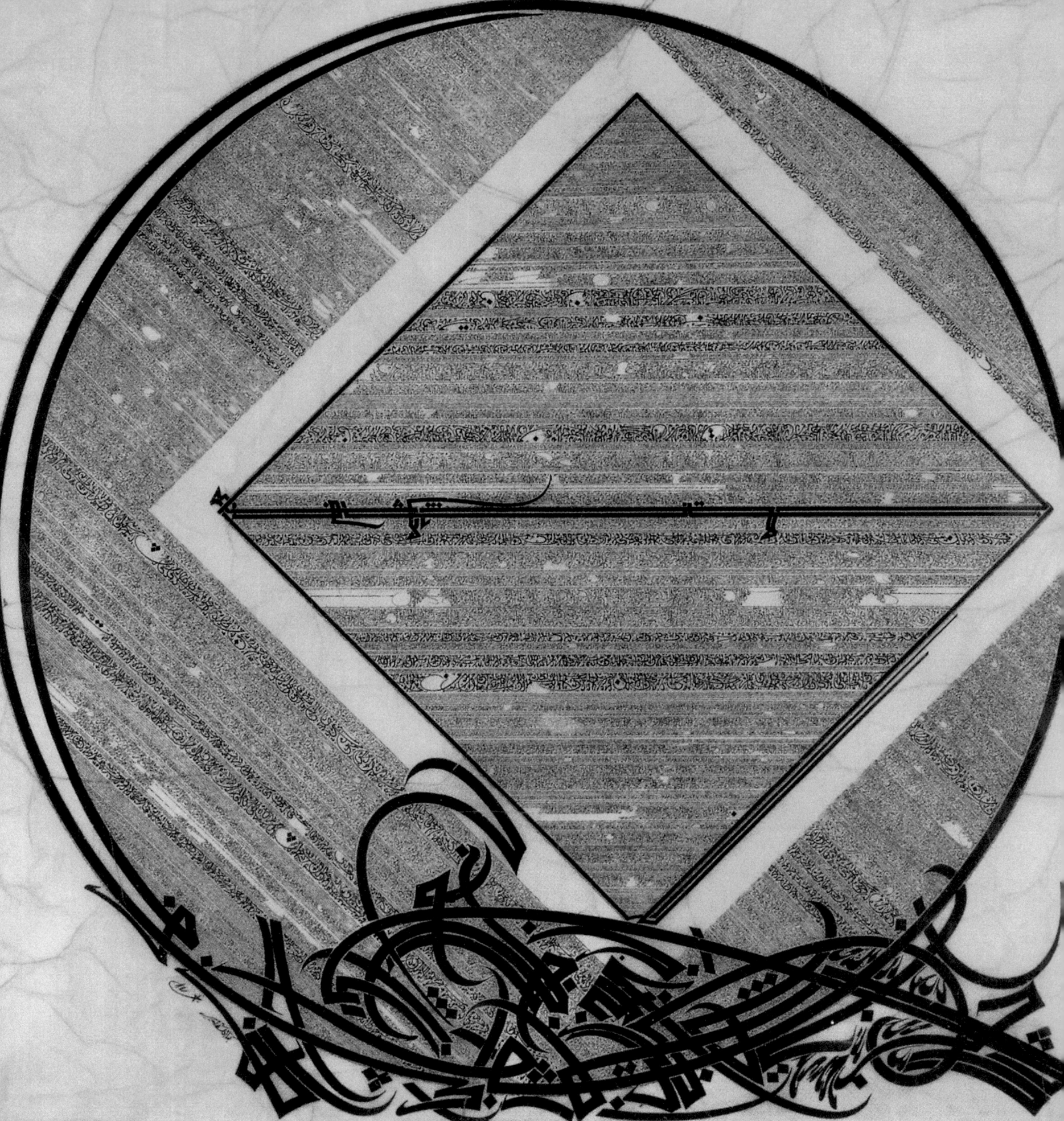

dem Nahen und Mittleren Osten die Form im Vordergrund, so ist es bei denen aus Südostasien die Farbe, hinter der die kalligraphischen Elemente in den Hintergrund treten.

PLASTISCHE WERKE

Eine Besonderheit bei der Verwendung von kalligraphischen Elementen findet sich in den Arbeiten muslimischer Bildhauer. Plastische Werke fehlten in der mittelalterlichen islamischen Kunst völlig. Erst durch Reiterstandbilder von Herrschern im Iran oder dem Osmanischen Reich seit der zweiten Hälfte des 19. Jahrhunderts fand diese Kunstform einen Platz in der Öffentlichkeit. Plastische Kunst wurde in der Folge zu einem Kennzeichen des Willens zu Reform und Moderne und der Ablehnung von durch den Islam bestimmten Traditionen. Diese politische Haltung wirkte sich in der Konsequenz auch auf die Inhalte der Plastiken aus. So schuf der ägyptische Bildhauer Mahmûd Mukhtâr in den 1920er-Jahren eine Plastik mit dem Titel „Najdat Misr" (Ägyptens Erwachen). Es handelt sich um die frei stehende Plastik einer Frauengestalt, die eine auferstehende Sphinx mit ihrem Kopftuch beschirmt. Das verwendete Formenrepertoire stammt aus einem europäischen Kontext, beruft sich aber ausdrücklich auch auf die Traditionen des Alten Ägyptens. Damit potenziert sich die Distanzierung vom Islam. Es lag zunächst nicht nahe, im bildhauerischen Kontext mit kalligraphischen Formen zu experimentieren, da der Schrift die Plastizität fehlt. An Bauwerken hatten seit dem Mittelalter Schriftkünstler jedoch immer wieder reliefartige Bauinschriften angebracht. Insofern gab es ein künstlerisches Vorbild, das von modernen Bildhauern wie dem Iraner Parviz Tanavoli oder dem Indonesier Mohamod Wan Ahmad weiterentwickelt worden ist. Tanavoli verwendet dabei z.B. die arabischen Buchstaben „Hâ" und „Jîm", die in der Zusammenlesung das persische Wort „Hij" (Nichts) ergeben. Ein Werk von Mohamod Wan Ahmad trägt den Titel: „Divine of Soul 1". „Obwohl sie als ein religiöses Kredo angesehen werden können, lassen sich aus den Kalligraphien keine konkreten Botschaften herauslesen,

sondern primär die formal ästhetische, bildhauerische Schönheit und Eleganz der Jawi-Schrift. Der Gedanke, dass der Baum, der das Material für die neu erstandene Skulptur hergibt, in ihr fortlebt, indem er die Grundlage für ein neuentstandenes Gebilde darstellt, ist ebenfalls präsent."[11]

VOLKSKUNST

In vielen islamischen Ländern gibt es künstlerische Formen, die von Menschen ohne eine professionelle Ausbildung verfertigt werden. Diese als Volkskunst etikettierte Ausdrucksform hat in vielen Fällen eine magische Funktion. Sie dient als Abwehrzauber gegen den bösen Blick oder Geister, die den Menschen Schaden zufügen können. In der Regel handelt es sich um abstrakte Darstellungen von Händen, Augen oder Fischen, die an Häusern über Türen und Fenstern angebracht werden. Häufig werden sie durch simple Kalligraphien ergänzt. Solche einfachen Zeichnungen fin-

Mohamod Wan Ahmad (geb. 1949) nutzt in seinen Werken die indonesische Version der arabischen Schrift.

Linke Seite:
Der tunesische Maler Nja Mahdaoui (geb. 1937) verbindet strenge geometrische Formen mit Kalligraphie.

VIELFÄLTIGE KLEINKUNST

Besonderes Interesse hat auch in Westeuropa schon seit dem Mittelalter die islamische Kleinkunst vor allem aus den Regionen des Nahen und Mittleren Ostens gefunden. In der Regel handelt es sich um kleine Kunstwerke, die für den persönlichen Gebrauch bestimmt waren. Verschiedene Formen von Keramiken sind bis heute erhalten geblieben. Seit dem 8. Jahrhundert hatten muslimische Händler aus China Porzellan in den Nahen und Mittleren Osten importiert, das speziell für einen muslimischen Markt produziert worden war. Es handelt sich um blau-weiße Ware, die durch Dekor und Inschriften für rituelle Zwecke der Muslime gedacht war. Muslimische Keramiker ahmten diese Schalen mit Tonwaren nach, die durch abstrahierte Tierdarstellungen und beeindruckende Kalligraphien verziert wurden. Berühmt sind auch Apothekerkrüge aus dem 12. bis 15. Jahrhundert, die in Damaskus hergestellt wurden. Vor allem im 16. Jahrhundert entwickelte sich im Osmanischen Reich eine typische Keramik, in der iranische und europäische Einflüsse zu einer besonderen eigenen Blüte gelangten, die mit dem Produktionsort Iznik verbunden ist.

Beeindruckend sind auch Holzarbeiten, bei denen Konsolen, Balken und Wandpaneele mit aufwendigen kalligraphischen und ornamentalen Elementen verziert worden sind. Sie stammen aus Andalusien, Nordafrika, der Türkei oder dem Iran. Türflügel und die Treppenwangen von Predigtstühlen wurden mit komplexen geometrischen und floralen Schnitzwerken verziert. Teilweise wurden diese Holzarbeiten auch farbig gefasst. Sie alle aber waren reliefartig geschaffen. Hervorzuheben sind auch Lackarbeiten – schützender Überzug vor allem für Holzarbeiten. Das war bei Bucheinbänden ebenso der Fall wie bei hölzernen bemalten Tellern oder Kästen für Schreibutensilien. Skulpturen aus Holz sind, von Puppen und anderem Spielzeug abgesehen, nicht erhalten. Anders verhält es sich mit Metallarbeiten. Tierplastiken, vor allem Vögel, hatten als Räuchergefäße oder Karaffen ihre Funktion. Daneben finden sich auch Metallplatten und -teller mit reichem Dekor, Kerzenleuchter, kompliziert hergestellte Standarten mit filigranen Durchbrechungen und andere Gebrauchsgegenstände.

Zur Kleinkunst können auch Waffen wie Dolche oder Degen mit den berühmten Damaszenerklingen gezählt werden, deren Griffe und Glocken Raum für die Arbeiten von Ziseleuren boten. Eine weitverbreitete Technik war bei Metallarbeiten das Tauschieren. Dabei werden Metalldrähte bzw. Plättchen aus Gold oder Silber in unedle Metalle wie Kupfer oder Zinn eingehämmert. Nach der Einführung von Feuerwaffen wurden auch die Metallteile dieser Waffen reich verziert. Beispiele für diese Arbei-

ten finden sich von Marokko bis Indonesien. Für solche Metallarbeiten wurden Eisen, Bronze oder Zinn verwendet. In diese Metalle wurden dann Gold- oder Silberfäden eingehämmert. Für Männer war der Gebrauch von Gegenständen aus Edelmetallen durch das islamische Recht untersagt. Gegen die Verzierungen durch die Tauschierung gab es jedoch keine Einwände.

Faszinierend ist auch die islamische Glasware. Man findet Ampeln für Moscheen oder offizielle Gemächer, Flaschen, Flakons und die verschiedensten Trinkgefäße. In der Regel bevorzugte man farbige Gläser. Es finden sich aber auch farblose Gläser mit farbigem Dekor. Berühmt auch durch ihren Export nach Europa sind Arbeiten aus Bergkristall. Aus ihm wurden Kannen samt Henkel mit figürlichem Dekor geschaffen, die fast 20 cm Höhe erreichten. Die bekanntesten stammen aus der Fatimidenzeit in Ägypten im 11. und 12. Jahrhundert. Aus der gleichen Zeit sind auch kunstvolle Elfenbeinarbeiten erhalten, die Tiere, Jagdszenen, vor allem aber Festlichkeiten mit Musikanten, Tänzern und Trinkenden zeigen, was fromme Muslime in jener Zeit sicher nicht zu Gesicht bekommen haben.

Die Weinschüssel mit Deckel (16. Jh.) zeigt die Eleganz der Töpfereiware aus Iznik.

Das Hâjj-Bild zeigt die Kaaba in Mekka und das Reisemittel.

den sich daneben auch auf Keramiken, Gläsern oder Metall- und Holzarbeiten.

Von einem anspruchsvolleren Niveau sind die sogenannten Hâjj-Bilder. Denn bei ihnen geht es nicht um apotropäische, also Übel abweisende Funktionen. Vielmehr sollen sie eine besondere religiöse Leistung eines Hausbewohners betonen. Fromme Muslime, die die Glaubenspflicht der Pilgerfahrt nach Mekka erfüllt haben, lassen nach einem vorhandenen inhaltlichen Repertoire auf den Außenwänden ihrer Häuser bildliche Hinweise auf die Wallfahrt anbringen. Man findet die Kaaba und die große Moschee von Mekka, verschiedene Formen von Reise- und Transportmitteln wie Kamele, Züge, Flugzeuge oder Schiffe. Vor allem letztere werden häufig verwendet. „Wie eindrucksstark das Erlebnis der Schiffsreise für viele Gläubige ist, zeigen jene zahlreichen Hâjj-Gemälde, die selbst in der trockenen Wüstenlandschaft das Schiff als prägendes Bildmotiv ausweisen. An künstlerischer Tatkraft besteht kein Mangel, um Modellvarianten anbieten zu können. Sie reichen von den einfachsten Darstellungen im Stil von Badewannen-

und Spielzeugschiffen bis zu detailgenau gezeichneten Ozeanriesen. Am reizvollsten sind vielleicht jene Phantasiegebilde einfallsreicher Künstler, die selbst noch nie ein Schiff auf hoher See gesehen haben."[12]

Volkskünstlerische Ausschmückungen von Häusern und Moscheen findet man auch in Afghanistan. Allerdings wird vor allem in den Innenräumen von Moscheen sorgfältig auf die Darstellung von lebenden Wesen verzichtet. Man begnügt sich mit Blumen, Ranken, Bäumen und Darstellungen von Moscheen oder Grabkuppeln von Heiligengräbern. Die lebhaften Bemalungen von Lastkraftwagen in Afghanistan und Pakistan nehmen dagegen weniger Rücksicht auf das Bilderverbot. Man findet verschiedene Tiere, aber auch die Darstellung von Burâq, dem Reittier, das Muhammad bei seiner Himmelsreise trug. Dass Burâq einen Frauenkopf hat, der dem von indischen Filmschauspielerinnen ähnelt, wird billigend in Kauf genommen. Von schiitischen LKW-Fahrern werden Abbildungen von dem von Pfeilen getroffenen Pferd des Märtyrers Hussein bevorzugt. Überall sind Unglück abwehrende Zeichen angebracht.

Die schiitische Plakatkunst im Iran oder in Indien und Pakistan zeichnet sich ebenfalls durch Momente der Volkskunst aus. Sie entwickelte sich aus einfachen Darstellungen der Lebensgeschichte der schiitischen Märtyrer, wie sie zur Illustration der Trauerfeierlichkeiten im Monat Muharram Verwendung fanden. In modernen Herstellungsverfahren werden heute große imaginierte Portraits von Muhammad, ´Alî, Hussein und anderen Gestalten des schiitischen Islams hergestellt, die sich durch einen extremen Ästhetizismus auszeichnen. Diese Produkte werden von sunnitischen orthodoxen Kritikern scharf verurteilt.

Die Vielfalt der modernen künstlerischen Äußerungen in islamischen Gesellschaften der Gegenwart wird alles in allem geprägt durch Arbeiten, die sich in der Auseinandersetzung muslimischer Sichtweisen mit westlicher Kunst entwickelt haben. Andere Künstler erweitern diese Auseinandersetzung insofern, als sie die in vielfältigen Ausdrucksformen überlieferten Kunstwerke des islamischen Mittelalters in ihr Formenrepertoire aufnehmen. Diese konfrontative Position ist möglicherweise geeignet, eine moderne islamische Kunst mit einem hohen identifikatorischen Moment hervorzubringen.

Burâq, das Reittier, mit dem Muhammad seine Himmelsreise unternahm.

ISLAMISCHE ARCHITEKTUR

Man kann nach ihren Funktionen sechs verschiedene Arten

von muslimischen Bauten unterscheiden: Moschee, Ma-

drasa, Mausoleum, Karawanserei, Palast und Wohnhaus.

Diese Gebäude haben verschiedene Funktionen zu erfüllen,

die unterschiedliche architektonische Erfordernisse bedin-

gen müssen. Je einfacher diese Funktionen sind, umso mehr

Gestaltungsfreiheit haben Baumeister und Bauherren.

MOSCHEE UND KARAWANSEREI –
EIN ÜBERBLICK

Finden sich kulturelle Gemeinsamkeiten in den islamischen Literaturen und in der bildenden Kunst vergleichsweise leicht, ist dies in der Architektur schwieriger. Denn die Anlage eines Bauwerks ist von vielfältigen praktischen Kriterien und Gegebenheiten abhängig. Unterschiedliche klimatische Bedingungen erfordern unterschiedliche Konstruktionsformen. In Regionen, in denen ein trockenes, heißes Klima herrscht, muss stärker für die Beschattung und die Kühlung von Innen- und Außenräumen gesorgt werden als in gemäßigten Klimazonen. In letzteren muss dagegen stärker auf Möglichkeiten der Heizung oder Temperaturbewahrung geachtet werden. Die Häufigkeit, Stärke und Form von Niederschlägen hat Konsequenzen für die Konstruktion von Dachformen oder die Techniken der Wasserspeicherung.

Eine wichtige Rolle spielen die allgemeinen geographischen und spezifischen landschaftlichen Gegebenheiten. In Wüstengegenden oder Dschungelgebieten wird anders gebaut als in Gebirgsregionen oder Ebenen. Auch die Baumaterialien sind ein Spiegel der örtlichen Gegebenheiten. In der Regel werden zunächst die Baustoffe verwendet, die vor Ort kostengünstig zu erhalten sind. Die Materialien sind wiederum von Bedeutung für die Langlebigkeit der Bauwerke. Holz ist weniger haltbar als Granit, Lehm ist dem Verfall stärker ausgesetzt als Sandstein. Das bedeutet zugleich, dass die Bauten aus weniger haltbaren Materialien kein hohes Alter erreichen. Daher werden sie in der Geschichte der islamischen Architektur seltener untersucht als solche aus haltbaren Materialien, denn an ihnen lassen sich historische Entwicklungen leichter dokumentieren. Angesichts der geographischen, geologischen und klimatischen Vielfalt der islamischen Welt liegt das Problem einer auch nur überblickshaften Darstellung auf der Hand.

ÄSTHETISCHE GRUNDLAGEN UND GEMEIN-SAMKEITEN ISLAMISCHER ARCHITEKTUR

Trotz der Vielfalt lassen sich aber doch einige grundlegende Gemeinsamkeiten herausarbeiten. Zunächst kennt die islamische Architektur die Unterscheidung zwischen religiösen und säkularen Bauwerken. Dabei hält sich die Zahl der religiösen Bautypen und die der säkularen in etwa die Waage. Es finden sich zwei funktional unterschiedliche Arten von Bauten: Moscheen, Mausoleen und Madrasas im religiösen Kontext und Karawanserei, Basarbauten, Palastbauten und natürlich Wohnhäuser oder -anlagen im säkularen. Bei all diesen Bauten lassen sich einige ästhetische und theoretische Gemeinsamkeiten feststellen. Es finden sich in den Schriften von muslimischen Autoren jedoch kaum Überlegungen zu Fragen der Ästhetik von Bauwerken. Daher müssen diese ästhetischen

Grundlagen und Gemeinsamkeiten aus der Anschauung der Bauwerke in den verschiedenen Regionen der islamischen Welt gewonnen werden.

Architekturhistoriker haben herausgefunden, dass einige weit voneinander entfernt gelegene Bauwerke, die zu unterschiedlichen Zeiten und Zwecken errichtet worden sind, auf eine gemeinsame Entwurfsbasis zurückgeführt werden können. So ist die Quadratwurzel von 2 als Grundmaß von Bauten verwendet worden. Sie findet Anwendung bei einem Grabbau aus dem 10. Jahrhundert im zentralasiatischen Bukhara, der Mustansiriya-Madrasa aus dem 13. Jahrhundert in Baghdad ebenso wie bei einem Grabbau im Jerusalem des 14. Jahrhunderts. Im Übrigen lässt sich das Verhältnis von 3:2 als Grundlage bei einer Vielzahl von Bauwerken in verschiedenen Regionen und zu unterschiedlichen Zeiten ebenso feststellen wie gleichschenklige Dreiecke bei einer großen Zahl von Fenstergittern an islamischen Bauwerken. Zu den ästhetischen Gemeinsamkeiten gehört auch ein Sinn für architektonisch ausgedrückte Hierarchien, eine eigene Symbolsprache, die Lust am Dekor und ein Faible für lebhafte Farben.

Hierarchien werden in islamischen Bauwerken religiöser wie säkularer Funktion ausgedrückt. Man findet häufig eine Dreiteilung: einen Übergangsraum, der im religiösen Bereich den Übergang zwischen dem säkularen Äußeren und dem religiösen Inneren markiert. Im säkularen Bereich markiert er den Schritt in die Nähe der Herrschaft. Ein solcher Torbereich kann sich innerhalb eines Bauwerks wiederholen. Bei Basar- oder Karawansereibauten stellt der Eingangsbereich den Übergang zwischen einem vielfältig privat gekennzeichneten Bereich und der Öffentlichkeit des Handels- und Wirtschaftslebens dar. Auch bei den Privatbauten gibt es diese Abgrenzung. Man betritt

Gebetsnische in der ʿUqba-ibn-Nâfî-Moschee in Kairouan, einer der ältesten Moscheen Nordafrikas. In der Nische befindet sich der Gebetsteppich für den Imâm.

ein Privathaus durch ein Tor, das in einen langen Gang führt, der erst an seinem Ende rechwinklig in einen Innenhof führt. Der erste Bereich führt in den mittleren, der in der Moschee oder einem anderen religiösen Bauwerk durch eine Kuppel gekennzeichnet sein kann, in einem Palast oder einem Privathaus oder auch einer Karawanserei durch den Hof. Von diesem geht es dann in den Bereich mit der höchsten hierarchischen Position, in der Moschee der Bereich der Gebetsnische und der Kanzel, im Palast der des Thronsaals oder der Audienzhalle, in einem Grabbau der Ort für den Sarkophag oder Kenothaph, in einem Wohnhaus sind das die Innenräume und in der Karawanserei die Wohn- und Lagerräume.

Die Symbolsprache islamischer Bauwerke ist weniger einfach zu deuten als bei Bauwerken aus der christlichen Welt, wo etwa die Kreuzform des Grundrisses von Kirchen auf das zentrale Symbol der christlichen Religion verweist. Für den Islam lässt sich ein ähnliches zentrales Symbol nicht ausmachen. Wenn, dann lassen sich solche Symbole vor allem im inneren Bereich von Moscheebauten und Palästen feststellen. Natürlich ist der MIHRÂB ein wichtiger symbolischer Teil des Moscheebaus. Er stellt die Verbindung der Beter mit dem Haus Gottes, der Kaaba in Mekka, dar. Für viele Muslime symbolisiert er auch den Zugang zum Paradies. Dies wird kenntlich durch die häufig zu findende Torbogenform des Mihrâb und betont durch Schriftbänder mit Koranzitaten, die sich auf das Paradies beziehen. Der MINBAR ist ein wichtiger symbolischer Hinweis auf die Gestalt des Propheten Muhammad, der von dort zu seiner Gemeinde sprach. Die Kanzel ist als Treppe gestaltet. Prediger vermeiden es, auf der obersten Stufe dieser Treppe Platz zu nehmen, weil dort der Standort des Propheten ist.

Die Kanzel, deren Zugang durch ein Gitter oder eine Tür verschlossen werden kann, wird in der ʻUqba-ibn-Nâfî-Moschee in Kairouan mit einem Tuch abgedeckt, wenn sie nicht benutzt wird.

Diese Treppe, die nicht zu einem Raum oder speziellen, von der Treppe getrennten Standort führt, lässt an eine Himmelsleiter denken.

Vor allem in der Innendekoration und Ausmalung der Gebäude kann man zahlreiche Symbolfunktionen erkennen. Pfauen weisen als Paradiesvögel auf den Garten hin, der den frommen Muslimen versprochen ist. Die Darstellung von Löwen kann sich auf ´Alî, den Cousin und Schwiegersohn des Propheten Muhammad, beziehen, der den Beinamen „Haidar" (Löwe) hat. Die häufige Verwendung der grünen Farbe symbolisiert den Islam selbst, daneben aber auch Fruchtbarkeit und Wohlstand, Blau steht für den Himmel. Vor allem bei der Ausmalung von Kuppeln wird diese Farbe als Himmelssymbol noch durch komplexe Sternornamente verdeutlicht.

Auch in säkularen Bauten finden sich Hinweise auf Symbole. So smbolisiert die zentrale Lage eines Thronsaals die herausragende Bedeutung des Herrschers für das Land oder steht für einen Anspruch auf die Weltherrschaft. Bei Grabbauten werden Symbole für den Lebensbaum oder den Schatten vermutet, in dem der Tote bis zum Tag der Auferstehung oder im Paradies selbst ruhen soll. Gerade in zentralasiatischen Regionen finden sich Mausoleen, deren Dachgestaltung in der Form an Zelte erinnert. Damit nehmen diese Bauten Bezug auf das Nomadenleben, dem sich die Toten trotz ihres sesshaften Lebens immer noch eng verbunden fühlten.

EINE STÄDTISCHE ARCHITEKTUR

Ein wichtiges Moment der islamischen Architektur ist ihr städtischer Charakter. Die bedeutenden Bauwerke in der islamischen Welt finden sich in Städten, die sich durch eine enge Bebauung auszeichnen. Das hat unmittelbare Konsequenzen für Baugestaltung und Bauausführung. Moscheen, Palastbauten, Madrasas oder Mausoleen finden sich inmitten der Städte. Nur selten stehen sie isoliert auf einem weiten Platz; in der Regel sind sie eng umbaut von verschiedensten Funktionsbauten und werden durch hohe Mauern geschützt. Basare und Karawanserei-Anlagen sind ebenfalls von anderen Gebäuden umgeben, und Privathäuser werden als Teil dichter Bebauung errichtet. Man darf sich dabei nicht von der heutigen Situation täuschen lassen. Moscheen grenzen oft Wand an Wand an Läden oder Madrasas. Die Grabmoscheen der großen schiitischen Heiligen in Kerbela oder Najaf, die heute frei stehen, zeigen sich in dieser Lage erst seit dem Jahr 1991. Damals reagierte das Saddam-Hussein-Regime auf den schiitischen Aufstand im Südirak nach der Niederlage des Iraks im zweiten Golfkrieg damit, dass er die zahlreiche Gebäude um die Moscheen niederreißen ließ, um bei späteren Aufständen ein freies Schussfeld auf die Moscheen zu haben. Natürlich hatten die Gebäude, die unmittelbar an die religiösen oder säkularen Großbauten angrenzten, in der Regel eine geringere Höhe. Von daher hatten die Baumeister Überlegungen anzustellen, ab welcher Höhe auf die Dekoration von Außenmauern geachtet werden musste. Moscheen und Madrasas wurden daher erst ab dem ersten Stockwerk an den Außenmauern mit Fayencen, Stuckarbeiten und Kalligraphien versehen.

Traditionen beeinflussen natürlich auch die islamischen Architekturen. Angesichts ihrer Vielfalt lassen sich zahlreiche regionale Unterschiede feststellen. Muslimische Baumeister oder deren Auftraggeber standen, vor allem in den ersten Jahrhunderten der islamischen Baugeschichte, in der Tradition von Bauformen, die in der Zeit vor dem Islam üblich waren. Minarette folgten dem Vorbild christlicher Kirchtürme. Der Iwân, der in der islamisch-persischen Architektur eine wichtige Rolle spielt, war in Mesopotamien und Zentralasien in vor-islamischer Zeit verbreitet. Muslimische Baumeister haben vor-islamische Bauformen selten grundlegend verändert, sie vielmehr optimiert und durch neue Materialien und vor allem durch dekorative Elemente als islamische Bauten identifizierbar gemacht. Zu diesen dekorativen Elementen gehören auch Trompe-l'œuils, optische Täuschungen. Gebäude wurden z. B. so angelegt, dass sie sich in Seen widerspiegeln und dadurch den Eindruck eines größeren Bauumfangs erwecken. Oder: Die Verspiegelung von Kuppeln durch eine Vielzahl von einzelnen kleinen Spiegelelementen lässt den Eindruck von zusätzlichen Lichtquellen entstehen.

In vor-islamischer Zeit verstand man unter **MIHRÂB** *den wichtigsten oder heiligsten Ort in einem Gebäude. Konsequent wird die Bezeichnung dann für die Gebetsnische in der Moschee übernommen.*

Der **MINBAR** *ist der Ort, von dem aus der Prediger in der Moschee seine Stimme erhebt. Das Wort ist abgeleitet von dem arabischen Verb „nabara", die Stimme erheben.*

DIE MOSCHEE – ORT DES GEBETS

*In der **FREITAGSMOSCHEE** versammeln sich alle Gläubigen zum freitäglichen Gemeinschaftsgebet. In der Regel gibt es in einer Stadt nur eine Freitagsmoschee.*

Grundsätzlich unterscheidet man zwei Formen von muslimischen Gebetsbauten: Masjid, von dem sich auch das deutsche Wort Moschee ableitet, und „Jami'", die FREITAGSMOSCHEE. In der Regel handelt es sich bei der Masjid um einfache Gebäude, die sich nur durch eine architektonische Besonderheit auszeichnen, durch den Mihrâb, die Gebetsnische, die die Gebetsrichtung anzeigt. Diese Gebetsnische kann an der Außenwand wie eine Apsis zu erkennen sein. Vielleicht finden sich vor dem Gebäude Waschgelegenheiten für die rituelle Reinigung. Da viele Beter die Waschungen aber schon zu Hause durchführen, ist diese Einrichtung nicht zwingend erforderlich. Die Innenausstattung der Masjid ist in der Regel einfach. Neben dem Mihrâb gibt es keine architektonischen Besonderheiten. Der Boden des Gebetsraums ist mit Teppichen oder Matten aus Stroh oder Schilf ausgelegt. In einem Winkel steht vielleicht ein Schrank mit einigen Koranexemplaren oder ein Koranständer. An den Wänden sind einfache Kalligraphie-Drucke angebracht. In manchen Moscheen sind die Wände auch mit farbenfrohen Bemalungen ausgestaltet. Dabei kann es sich um Blumen oder Ranken handeln, um eine Abbildung der Kaaba in Mekka, der al-Aksa-Moschee in Jerusalem oder einer bedeutenden nationalen oder regionalen Moschee.

*Vom **MINARETT** lässt der Muezzin den Gebetsruf erschallen.*

Bei der Größe vieler Städte in der islamischen Welt können selbst riesige Moscheebauten wie die von Casablanca in Marokko mit 250 000 Plätzen nicht der Gesamtbevölkerung Raum für das Gebet bieten. In diesen Megalopolen finden sich daher zahlreiche Freitagsmoscheen. In der Moschee befindet sich der Besucher außerhalb der säkularen Welt. Schon wenn er durch das Tor den Moscheehof betritt, hat er diese verlassen und zieht die Schuhe aus. Das geschieht auch, wenn er nicht hierhergekommen ist, um zu beten. Die Trennung von säkularer und spiritueller Sphäre beim Eintritt in die Moschee lässt sich auch mit einem Ausspruch des Propheten Muhammad verdeutlichen: „Die Orte, die Gott in einer Stadt am meisten schätzt, sind die Moscheen, und die Orte, die er am meisten verabscheut, sind die Märkte."

Aus der Funktion der Freitagsmoschee als Platz für das Gemeinschaftsgebet ergibt sich ein wichtiges architektonisches Element. Eine Freitagsmoschee muss eine beträchtliche Größe haben. Auch bei diesen Großbauten ist ein Mihrâb unabdingbar. Hinzu kommt noch ein weiteres architektonisches Moment, der Minbar. Dieser ist seitlich in einem gewissen Abstand von der Gebetsnische positioniert. In einigen großen Moscheen finden sich solche Kanzeln auch zu beiden Seiten der Gebetsnische. Schließlich ist noch die Maqsura zu nennen.

In der Regel findet man vor dem Eingang zur Freitagsmoschee eine mehr oder weniger aufwendige Waschanlage für die Beter. Diese muss eine entsprechende Größe haben, um der Vielzahl der Gläubigen Gelegenheit zur rituellen Reinigung zu bieten. Die Freitagsmoscheen werden in vielen Fällen durch MINARETTE ergänzt. Ein Minarett ist jedoch kein konstitutiver Teil einer Moschee. Die frühesten Moscheen hatten keine Minarette. Auch heute noch existieren Moscheen, bei denen der Gebetsruf von einem erhöhten Teil des Bauwerks gerufen wird, der nicht als spezieller Turm zu erkennen ist.

Die Zahl der Minarette ist nicht durch rituelle Vorgaben festgelegt. Die Vielzahl von Minaretten, die an großen Moscheen zu beobachten sind, hängt mit späteren Traditionen und dem Prestigedenken der Bauherren zusammen.

Man hat für die Moscheebauten im nah- und mittelöstlichen Raum drei verschiedene Architekturtypen unterschieden: die arabische Hof- und Säulenmoschee, die persische Iwân-Moschee und die türkische Kuppelmoschee.

DIE ARABISCHE HOF- UND SÄULENMOSCHEE

Die arabische Hof- und Säulenhallenmoschee wird gemeinhin als Nachbildung des Wohnhauses des Propheten Muhammad in Medina angesehen. Deutlich sind die Bezüge auf die traditionellen mediterranen vor-islamischen Wohnhausformen. Der Gebetsraum besteht aus einer beliebigen Anzahl von Schiffen, die parallel oder vertikal zur Gebetsnische angeordnet sein können. Die so entstehende repetitive Struktur wird als Sinnbild für die Gemeinschaft der Gläubigen interpretiert, die wie die Säulen die Glaubensgemeinschaft der Muslime tragen. Bei diesen Hofmoscheen lassen sich unterschiedliche Teile feststellen, die eine bauliche Hierarchie verdeutlichen. Der wichtigste Teil der Moschee ist die Mihrâb-Wand. Sie befindet sich in Richtung Mekka gewandt in einem überdachten Bereich. Dieser Teil einer Moschee wird als „Musalla" (Gebetsplatz) bezeichnet. Hier finden sich die Kanzel und die MAQSÛRA. Die den nicht überdachten Moscheehof umlaufenden Arkadengänge mit ihren Säulen sind in der Hierarchie nachrangig. Hier versammeln sich um einen Lehrer, der mit dem Rücken an einer der Arkadensäulen lehnt, (Sitz-)Kreise („Halqa") von Studenten, die ihrem Lehrer aufmerksam zuhören. Die Arkaden dienen aber auch dazu, sich zu vertraulichem Gespräch zurückzuziehen oder einfach nur auszuruhen. Der Moscheehof selbst wird wie die Musallâ während des Freitagsgottesdienstes von den Betern genutzt. Bei anderer Gelegenheit ist er nichts anderes als ein Kommunikationsort von Gläubigen und Durchgangsweg.

Die ersten bedeutenden großen Moscheen wurden während der Dynastie der Omayyaden errichtet. Besonders hervorzuheben ist neben der Omayyadenmoschee in Damaskus der Felsendom (Qubbat al-Sahrâ) in Jerusalem. Er wurde über einem Felsbrocken errichtet, auf dem nach islamischer Tradition Abra-

ham seinen Sohn Ismael opfern sollte. Die Verbindung zum Leben des Propheten Muhammad erfolgt durch die Überlieferung, dass er nach der Nachtreise von Medina nach Jerusalem von diesem Felsen aus seine Himmelsreise („Mi´râj") angetreten haben soll. Aufgrund dieser Berichte gilt den Muslimen dieser Platz als dritter heiliger Ort des Islams.

Überraschend ist die Innenausstattung des Felsendoms, zumal Teile noch aus der frühesten Entstehungszeit stammen. Hier ist der formale Bezug zur christlichen Kunst in Syrien und Palästina augenfällig. Geschaffen wurde die Innenausstattung wie die der großen Moschee von Damaskus durch die Hand von byzantinischen Handwerkern und Künstlern, die auf das Formenrepertoire ihrer eigenen Traditionen zurückgreifen konnten. Viele Teile der Innenausstattung mussten aber immer wieder erneuert werden, da sie durch Brände, Erdbeben und den allgemeinen Verschleiß beschädigt worden waren.

Zu den besonderen Moscheen der Abbasidenzeit, die in Ursprüngen die Zeiten überdauert haben, gehört die große Moschee von Samarra, ca. 100 km nördlich von Baghdad. Bekannt ist sie vor allem durch ein spiralförmiges Minarett („Malwiyya"), auf dessen Außenwand eine breite, ansteigende begehbare Rampe bis zur Spitze führt.

Der Kalif al-Mu´tasim (reg. 833–842) hatte seine Residenz von Baghdad nach Samarra verlegt, um Konflikte zwischen seinen turkstämmigen Garden und der Bevölkerung von Baghdad zu verhindern. Die Moschee, die sein Sohn al-Mutawakkil (reg. 847–861) in Samarra bauen ließ, gehört mit einer Seitenlänge von 239 x 156 m zu den größten Moscheen der islamischen Baugeschichte. Der eigentliche Bau war von einer Einfriedung umgeben, die eine Fläche von 17 ha ausmachte. Außer dem Minarett sind von der Moschee nur noch die durch halbrunde Türme verstärkten Außenmauern aus Backstein erhalten geblieben. Eine Säulenhalle mit einem Holzdach umgab einen zentralen Innenhof. Von der überaus prächtigen Innenausstattung der Moschee sind nur noch wenige Einzelstücke erhalten geblieben. Die Malwiyya hat zu verschiedenen Theorien Anlass geboten. Man war der

Die MAQSÛRA ist ein durch ein Holzgitter abgeteilter Bereich einer Moschee. Ursprünglich betete hier der Herrscher, der durch das Gitter vor plötzlichen Angriffen geschützt werden sollte. Später war sie auch der Ort für das Herrschergrab oder die letzte Ruhestätte für große Gestalten der islamischen Religionsgeschichte.

Architektonisch ist der Felsendom ein einmaliges islamisches Bauwerk. Der imposante

Bau auf dem Plateau des Tempelbergs in Jerusalem ragt hervor durch eine Kuppel, die sich

bis zu 30 m erhebt. Sie wölbt sich über einem zylindrischen Tambour, der von vier Pfeilern

getragen wird. Zwischen diesen stehen jeweils drei Säulen. Um den Kuppelbau herum

befindet sich ein achteckiges Untergeschoss, das durch acht Pfeiler in zwei Schiffe geteilt

wird. Für diesen Grundriss haben christliche Bauten bis hin zu den Abmessungen als

Vorbild gedient. Der Zugang in das Bauwerk wird durch vier Tore ermöglicht, deren Aus-

richtung in die vier Himmelsrichtungen zeigt. Beleuchtet wird der Innenraum durch

16 Fenster im Tambour und durch 40 gleichmäßig angeordnete Fenster im Untergeschoss.

Oben:

Eine architektonische Besonder-
heit stellt die Malwiyya dar,
das Minarett der großen Moschee
von Samarra im Irak aus dem
Jahr 852. Mit ihrem spiralförmigen
Außenaufgang und einer Höhe
von 52 m ist sie ein Dokument
abbasidischer Baukunst.

Unten:

In der mittelalterlichen und
früh-neuzeitlichen europäischen
Malerei diente die Malwiyya als
Vorlage für Darstellungen des
alt-testamentlichen Turmbaus
zu Babel.

Rechte Seite:

Eines der besonders beeindrucken-
den Bauwerke der islamischen
Architektur ist die Mesquita, die
ehemalige Hauptmoschee von
Córdoba, 784 auf Befehl des
andalusischen Omayyadenkalifen
Abd al-Rahman I. errichtet. Die
Besucher beeindruckt der Wald
von 853 Säulen aus unterschied-
lichen Materialien, über denen
sich übereinanderliegende Huf-
eisenbögen erheben.

788) errichtet wurde. Ihre architektonische Besonderheit ist der Säulenwald im Inneren des Bauwerks, der jeden Betrachter in seinen Bann schlägt. Im heutigen Zustand sind es 19 Längsschiffe, die jeweils von einem Satteldach bedeckt sind. Sie verlaufen parallel zur Qibla-Wand. Zwei Jahrhunderte später wurde die Moschee unter al-Hakam II. (961–976) von 962 bis 966 um einen neuen prächtigen Mihrâb, der von einem achteckigen, zeltförmigen Dach bekrönt wird, erweitert. Der Herrscher veranlasste auch die Erweiterung der Säulenhalle. Die doppelgeschossigen Arkaden sind mit farblich alternierenden Wölbsteinen abgeschlossen, die immer wieder neue Durchblicke in die Moschee gestatten. Nach dem Sieg der Reconquista wurde in die Moschee vom 16. bis zum 18. Jahrhundert eine christliche Kathedrale eingebaut, die den faszinierenden Eindruck der ursprünglichen Moschee aber nicht vollständig aufheben kann.

Meinung, dass der Turm mit seiner bis in die Höhe von 52 m reichenden spiralförmigen Rampe auf die alt-orientalischen Stufentempel, Ziggurat, zurückzuführen ist. Wahrscheinlicher aber ist wohl, dass europäische Maler das Minarett von Samarra als Vorbild für ihre Darstellungen des Turmbaus zu Babel benutzt haben. Die Malwiyya hat ihre Betrachter so beeindruckt, dass nicht nur in Samarra selbst, sondern auch bei der Ibn-Tulûn-Moschee in Kairo (vollendet 879) ein spiralförmiges Minarett errichtet wurde.

Eine der bekanntesten Moscheebauten im Westen des mittelalterlichen muslimischen Kulturraums ist die Mesquita, die große Moschee von Córdoba, die binnen eines Jahres von 785 bis 786 unter dem andalusischen Omayyaden-Emir Abd al-Rahmân I. (731–

DIE PERSISCHE IWÂN-MOSCHEE

Die persische Iwân-Moschee wird von Bauhistorikern in Zusammenhang mit den vor-islamischen persischen Feuertempeln gebracht, aber auch mit dem Grundriss ostpersischer Wohnhäuser oder nestorianischer oder buddhistischer Klöster. Kennzeichnend für diese Moscheen sind vier IWÂNE. Iwâne finden sich auch in Palastanlagen.

Bei Moscheebauten können die vier Iwâne und der in ihrer Mitte befindliche Hof insgesamt überkuppelt sein. Es werden auch Teiche mit Spiegeleffekten integriert, die die Moschee als ein Abbild des Paradieses symbolisieren. Als herausragende Beispiele dieses Stils gelten zwei Moscheen in Isfahan, die Freitagsmoschee und die Scheich-Lutfallâh-Moschee.

Die Freitagsmoschee steht an der Stelle eines Vorgängerbaus aus der Abbasidenzeit. Der Bau wurde von Abbâs I. (1571–1629) 1611 begonnen, aber erst unter seinem Nachfolger Sâfi (reg. 1629–1642) fertiggestellt. Die Moschee erhebt sich am Hauptplatz Isfahans, dem Maidân. Da der Platz aber ungünstig lag, musste die Moschee um 45° gedreht werden, um die korrekte Gebetsrichtung herzustellen. Das Gebäude zeichnet sich durch seine perfekte Symmetrie aus. Die Moschee besteht aus einem von Arkaden umstandenen Innenhof, an dessen vier Seiten sich je ein Iwân befindet. Hinter dem Iwân an der zur Qibla gewandten Seite befindet sich ein überkuppelter Gebetssaal. Auch die übrigen Seiten-Iwâne führen in Kuppelsäle. Daneben gibt es weitere Räume, die im Winter als Orte des Gebets, aber auch als Unterrichtsräume dienen können.

Die Moschee erregte auch wegen ihrer kostbaren Innenausstattung große Bewunderung. Herausragend ist das Fliesendekor des Eingangsportals in seinem unvergleichlichen Farbenreichtum. Es finden sich reichhaltig gestaltete Schriftbänder in der komplizierten Thuluth-Schrift. Die Halbkuppeln der Iwâne werden durch MUQARNAS-Ausschmückungen akzentuiert. Das Besondere an den Muqarnas-Feldern der Freitagsmoschee von Isfahan ist die Dekoration durch Gefäße, aus denen sich Weinranken erheben, oder durch Pfauen. „Strukturell handelt es sich um eine Vervielfachung der Wölbung, kulturell steingewordene Extase als Ausdruck der Teilhabe an göttlicher Mächtigkeit."[1]

Eine Bauinschrift verdeutlicht diesen ans Göttliche reichenden Machtanspruch: „Den Bau dieser Freitagsmoschee hat – aus eigenen Mitteln bestritten – der Vornehmste in der Nachkommenschaft der Oberherren der Erde, der durch seine eigene Geltung Ehrenwerte, der Bedeutende durch Rang und Stellung, der Ehrenwerteste und Stärkste in Beweis und Probe, der, der am glücklichsten Gerechtigkeit und Wohltätigkeit vereinigt, Staub der geheiligten Schwelle des Propheten, Kehricht auf dem reinen Hof des Heiligtum Alîs, Abû l-Muzaffar, Abbâs al-Husainî, al-Mûsawî al-Safawî Bahâdur Khân befohlen, auf dass die Nacken der Groß-Khane demütig an seiner Pforte seien und die Stirnen der angesehensten Sultane vom Staub dieser Schwellen gezeichnet sein mögen. Die Seele seines edelsten Vorfahren, der gelehrteste und ruhmreichste Schah Tamasp ist seiner Belohnung zugeführt worden. Gott verbreite über seinem Grab den Regen der Genugtuung und möge ihn an einem hohen Platz im Paradies Wohnung nehmen lassen."

Die nach einem bedeutenden schiitischen Rechtsgelehrten benannte Scheich-Lutfallâh-Moschee wurde von Schah ʿAbbâs ebenfalls am Maidân in Isfahan platziert. Sie wurde 1619 fertiggestellt. Auch bei ihr war eine Verschiebung der Achsen zum Platz hin erforderlich, um die Gebetsrichtung einrichten zu können. Die Moschee zeichnet sich durch einen einzigen überkuppelten Raum aus. Vom Eingang aus werden die Moscheebesucher um zwei Seiten des Bauwerks geführt, um an der dem Mihrâb gegenüberliegenden Seite den Moscheeraum zu betreten. Die Lutfallâh-Moschee ist wegen ihres überwältigenden Innendekors berühmt. Die Fähigkeit der safawidischen Fliesenkünstler war zur Zeit dieses Baus auf ihrem künstlerischen Höhepunkt. Um den Scheitel der Moscheekuppel ist eine große Sonne platziert, an die sich zuspitzende Medaillons mit floralen Motiven auf monochromem Untergrund anschließen. Durch die rings angebrachten Fenster fällt das Licht so auf die Kuppel, dass sie als Symbol des Firmaments erscheint.

Unter einem IWÂN versteht man eine gewölbte Halle, die nach drei Seiten geschlossen, nach einer aber geöffnet ist. Iwâne gehören in der Regel zu einem größeren architektonischen Komplex.

Die Kuppel der Scheich-Lutfallâh-Moschee in Isfahan ist ein Symbol des Firmaments.

Als MUQARNAS bezeichnet man das stalaktitenartige Gewölbedekor in der islamischen Baukunst.

Der Bauplatz der Süleymaniye-Moschee am Hang des Goldenen Horns musste

zunächst aufwendig terrassiert und planiert werden, ehe man mit dem eigentlichen Bau

beginnen konnte. Architekt Sinan übernahm das Kuppelsystem der Hagia Sophia

mit einer großen Hauptkuppel, zwei flankierenden Halbkuppeln, kleinen Eckkuppeln

und seitlichen Schildwänden. Die Baumassen türmen sich von der herausgehobenen

Eingangskuppel über die Halb- und Eckkuppeln bis zu der großen Hauptkuppel.

Galerien und Fenster gliedern die Außenwände. Die Moschee hat sechs Minarette.

Dazu erzählten die Istanbuler Schuhputzer, Sultan Ahmend habe goldene Minarette

für seine Moschee verlangt. Der Architekt aber habe einen Hörfehler vorgetäuscht,

um die Kosten in Grenzen zu halten. *Altin* heißt golden, *alti* aber sechs.

DIE TÜRKISCHE KUPPELMOSCHEE

Die türkische Kuppelmoschee wird von Bauhistorikern in Beziehung zu den großen byzantinischen Kirchenbauten, vor allem zur Hagia Sophia, gesetzt. Typisch für diese türkischen Moscheen sind die schlanken Minarette, vor allem aber ihre übereinander geschichteten Kuppeln, „eine Art wogendes Kuppelmeer und eine hierarchische Struktur; denn die große Hauptkuppel ruht auf einer Reihe kleinerer übereinander gesetzter Halb- und Viertelkuppeln, ein schönes Symbol für Teilhabe und Unterwerfung".[2]

Während man nur in den seltensten Fällen die Namen der Baumeister der arabischen oder iranischen Moscheen kennt, ist der wichtigste Architekt türkischer Moscheen bekannt. Yusuf Sinan (gest. 1588) ist ein aus Griechenland stammender christlicher Knabe, der im Zug der KNABENLESE nach Istanbul kam. Er erhielt neben seiner militärischen auch eine Ausbildung als Zimmermann und wurde der bedeutendste Baumeister der osmanischen Architekturgeschichte. Man schätzt die von ihm entworfenen und realisierten Gebäude auf ca. 477, von denen 204 erhalten geblieben sind. Seine bedeutendste Moschee ist wohl die 1557 fertiggestellte Süleymaniye-Moschee, mit der Sultan Süleyman, der Prächtige (reg. 1520–1566), seinen politischen Anspruch als Herrscher eines Weltreiches zum Ausdruck bringen wollte.

Ursprünglich war die Moschee blau ausgemalt und sollte an den Himmel erinnern. Der Innenraum der Moschee wird durch vier mächtige Vierungspfeiler gegliedert. Die Innenwände und Kuppeln sind, im Vergleich zu anderen Sakralbauten, eher sparsam dekoriert, sodass die Kuppelkonstruktion auch von innen ihre Faszination nicht verliert. Zur Geschichte des Baus sei noch hinzugefügt, dass ein von mehreren Männern transportiertes Modell der Süleymaniye bei einem der zahlreichen Festumzüge durch Istanbul getragen wurde. Im Verlauf der Baumaßnahmen kamen Gerüchte auf, dass Sinan nicht in der Lage sei, das Werk zu vollenden. Unter Todesdrohung durch den Sultan konnte er den Bau zum Abschluss bringen, der durchaus als muslimisches Gegenstück zur christlichen Hagia Sophia verstanden werden kann.

Während die Süleymaniye in einer Distanz zur Hagia Sophia die Dominanz des Islams gegenüber dem byzantinischen Christentum leichter verkünden kann, ist dieser Anspruch für die andere berühmte Moschee Istanbuls, die Sultan-Ahmed-Moschee, auch Blaue Moschee genannt, wegen ihrer Lage gegenüber der christlichen Zentralkirche am Meidan ungleich schwieriger. Architekt war nicht Sinan, sondern Mehmet Aga, der für seinen überbordenden und extravaganten Stil bekannt ist.

Der Innenraum der Blauen Moschee wird durch vier kannelierte Rundpfeiler von je 5 m Durchmesser bestimmt. Daneben legte man großen Wert auf die Inneneinrichtung. Der Raum wird durch 260 Fenster beleuchtet. Das Glas wurde aus Venedig importiert. Der Bauherr erließ einen Befehl, dass die gesamte Fliesenproduktion von Iznik, dem wichtigsten Produktionsort des Osmanischen Reiches, für die Ausstattung dieser Moschee verwendet werden sollte. Die Fliesen und die blaue Ausmalung ließen die eigentlichen Bauformen verschwinden. Der Bau der Sultan-Ahmed-Moschee blieb übrigens nicht ohne Kritik vonseiten der hohen osmanischen Rechtsgelehrten. Sie monierten, dass der Sultan diese Moschee erbaute, obwohl das Recht nur einem Herrscher zustand, der erfolgreich Krieg geführt und das Reich durch Beute und die Erweiterung des Herrschaftsgebiets bereichert hatte. Aus der Staatskasse dürften öffentliche Bauten, selbst wenn es Moscheen wären, nicht finanziert werden. Die Kosten des Baus waren immerhin beträchtlich. Man schätzt sie auf 50 Millionen Akce, was damals dem halben Jahrestribut der wohlhabenden Provinz Ägypten entsprach.

MOSCHEEN IN LEHMBAUWEISE

Neben den drei angesprochenen Moscheetypen finden sich noch zahlreiche andere Formen. Eine Besonderheit sind am südwestlichen Rand des muslimischen Kulturraums die Moscheen in der westafrikanischen Sahelzone, die durch ihre Lehmbauweise eine besonders kennzeichnende Form erhielten. Die größte dieser Moscheen steht in Jenne in der Republik Mali. Der muslimische Geschichtsschreiber al-Saʿdî meinte,

Mit der KNABENLESE (türkisch Devsîrmeh) rekrutierte das osmanische Reich, häufig mit Gewalt, unter christlichen Jungen, die in der Folge den Islam annahmen, seine Verwaltungs- und Militärelite. Da diesen Bürokraten und Soldaten der familiäre Zusammenhalt fehlte, war die Gefahr der Entstehung von konkurrierenden Dynastien gering.

Rund um die Mauer der großen, aus Lehmziegeln errichteten Moschee von Jenne haben Händler ihre Waren ausgebreitet.

dass die Moschee um 1180 gegründet wurde, als der Herrscher zum Islam konvertierte und seinen Palast zur Moschee umfunktionierte. Aus politischen Gründen und wegen der besonderen Konstruktionsweise als Lehmbau wurde die Moschee immer wieder zerstört und neu aufgebaut. Die derzeitige Moschee wurde um 1910 fertiggestellt. Die verschiedenen westafrikanischen Moscheebauten wurden unterschiedlich groß konstruiert und immer wieder erweitert. In ihrer Grundsubstanz, ihrer Bautechnik wie ihrer architektonischen Form blieben sie aber gleich.

Die heutige Moschee kann 2000 Gläubigen als Betplatz dienen. Die einzelnen Bauteile erhalten als Gerüst ein Netzwerk aus Palmbaumstämmen, die mit Lehmmauern verbunden werden, die aus einzelnen Lehmziegeln gebaut und mit Lehm verputzt werden. Dabei reichen die zahlreichen Außenbalken deutlich über die Lehmwände hinaus, sodass der Eindruck von Stacheln erweckt wird. Diese Holzstücke dienen gleichzeitig als eine Art von Gerüst, das bei den zahlreichen witterungsbedingten Reparaturen des Bauwerks benutzt werden kann. Zudem können sie bis zu einem gewissen Maß die Veränderungen der einzelnen Bauteile infolge von Temperatur- und Feuchtigkeitsschwankungen ausgleichen.

Über der nach Mekka, also in diesem Fall nach Nordosten gerichteten Gebetsnische erheben sich drei Minarette und 18 kleine Kuppeln. In jedem Minarett gibt es eine spiralförmige Treppe, die zur konischen Spitze führt. Diese wird durch ein Straußenei abgeschlossen. Die Moschee erinnert insofern an die arabischen Hofmoscheen, wo das Bauwerk von einer hohen Lehmmauer umgeben ist, die von zahlreichen kleinen spitzen Erhebungen markiert werden.

Die Beter versammeln sich in einer überdachten Gebetshalle oder einem offenen Hof. Das Dach der Gebetshalle wird von 90 Holzsäulen abgestützt. Für diese Gebetshalle bemerkenswert sind zahlreiche Luftschlitze, die in der Regel durch Keramikziegeln abgedeckt werden. Falls sich die Hitze in der Halle staut, können diese Schlitze geöffnet werden. Das Innere der Moschee ist ohne jeden Schmuck, was durchaus der strengen Auffassung der malikitischen Rechts-

SPOLIEN *sind Bauteile und andere Überreste wie Teile von Reliefs oder Skulpturen, Friese, Säulen- oder Kapitellreste, die aus Bauten älterer Kulturen stammen und in neuen Bauwerken wiederverwendet werden.*

schule des Islams entspricht. Wegen der starken Temperaturschwankungen zwischen Tag und Nacht, vor allem aber wegen der teilweise sehr heftigen Regenfälle ist die Bausubstanz der Moschee einem hohen Verschleiß ausgesetzt. Immer wieder entstehen Risse, und ganze Bauteile werden durch heftige Regenfälle in Mitleidenschaft gezogen. Um die entstandenen Schäden zu beheben, treffen sich junge Männer der Stadt zu einer gemeinsamen Reparaturarbeit, die durch die Verteilung von Speisen und Getränken, aber auch durch Musik und Tanz einen Festcharakter erhält. Auch ältere Männer und die Frauen von Jenne tragen ihren Teil zur Reparatur der Moschee bei.

MOSCHEEBAUTEN IN INDIEN

Die Eroberung Indiens durch muslimische Truppen war zunächst vergleichbar mit den Kriegszügen („Ghazu"), die auch in anderen Teilen der islamischen Gebieten benachbarten Welt typisch waren. Die Muslime gelangten mit ihren Truppen weit in die benachbarten Gebiete und zogen sich nach erfolgreichen Schlachten wieder in ihre Herkunftsregionen zurück. Es waren strategische Entwicklungen in einem großen regionalen Rahmen, wie die wachsende Bedeutung des mongolischen Einflusses in Zentralasien, die muslimische Dynastien zwangen, sich auf Dauer im Subkontinent festzusetzen. Erst im Lauf der Zeit entwickelte sich daher eine spezifisch indo-muslimische Architektur, die im Sakralbau wie in den profanen Gebäuden sichtbar wird.

Der Einfluss persischer wie türkisch-zentralasiatischer Bautraditionen wirkt sich hier ebenso aus wie die Bedeutung der langen vor-islamischen indischen Bautraditionen, die nicht nur in den zahlreichen SPOLIEN der muslimischen Bauten Verwendung finden. Kennzeichnend für die Moscheebauten im südasiatischen Raum sind spezielle Formen von Moscheekuppeln, die sich in anderen Baustilen der islamischen Welt nicht finden. Viele der Moscheen wurden in der Folge über buddhistischen oder hinduistischen Tempeln errichtet, was bis heute zu Konflikten zwischen der hinduistischen und der muslimischen Bevölkerung in Indien führt. Bedeutende Werke der indo-muslimischen Architektur sind die große Moschee in Gulbagar, fertiggestellt um 1370, die Sidi-Sayid-Moschee in Ahmadabad aus dem Jahr 1572 und das Mausoleum Tâj Mahal in Agra.

Das älteste Dokument indo-muslimischer Architektur ist die Quwwat-ul-Islâm-Moschee (Moschee der Kraft des Islams) in Delhi, die unter den sogenannten Delhi-Sultanen gebaut worden ist. Von dem prächtigen, unter ausgiebiger Verwendung von Spolien aus Hindu-Tempeln errichteten Bau sind nur noch wenige Überreste erhalten geblieben. Typisch ist der Arkadenstil der Moschee mit seinen überbordenden, in Stein gehauenen Inschriften und Pflanzenornamenten an den Bogenreihen. An der Qualität dieser Steinmetzarbeiten orientierten sich zukünftige Generationen von Handwerkern. Beeindruckend ist auch das Minarett der Moschee, derzeit noch das höchste der islamischen Welt.

MOSCHEEBAUTEN IN CHINA UND SÜDOSTASIEN

Aus europäischer und nahöstlicher Sicht erstaunlich stellen sich die Moscheebauten in China und Südostasien dar. Wie wir schon aus vor-islamischen archäologischen Funden wissen, war den Bewohnern der Handelsstädte auf der Arabischen Halbinsel China keine *terra incognita*. Der internationale Fernhandel der Antike hatte Porzellan und Seide über die verschiedenen Handelswege auch nach Mekka gebracht und dortige Zwischenhändler sorgten für einen Weitertransport in den Mittelmeerraum. Vom Propheten Muhammad ist ein Satz überliefert, der verdeutlicht, dass ihm ‚das Reich der Mitte' nicht unbekannt war: „Suchet Wissen, selbst wenn es in China wäre."

In intensiveren Kontakt mit China kamen Muslime aber vor allem in der zweiten Hälfte des 13. Jahrhunderts, als der Mongolenherrscher Kublai Khan China zu erobern begann. Unter seinen Soldaten fand sich eine große Zahl von Muslimen, und in wichtige Positionen der von ihm begründeten Yuan-Dynastie setzte er einige von ihnen ein. Architektonisches Zeugnis dieser politischen Entwicklungen ist die große Moschee von Xi'an, die um 1392 fertiggestellt

wurde. Hauptbaumaterial der älteren Moscheen war Holz. Ihre Baustruktur entspricht der traditioneller chinesischer Tempel mit geschwungenen, mit Ziegeln gedeckten Dächern und mehreren aufeinander folgenden Torkonstruktionen. Der vierte Hof dieser Anlage war der Bereich für das Gemeinschaftsgebet. Er soll bis zu tausend Betern Platz geboten haben. In der Mitte des dritten Hofes erhebt sich eine Pagode, die in die Ming-Zeit (1368–1644) datiert wird und die Funktion eines Minaretts hat. Auch die Innenausstattung entspricht chinesischen Vorbildern. So zieren die Gebetsnische zwar arabische Schriftbänder mit Koranzitaten. Oberhalb des Mihrâb befindet sich aber ein Quadrat, das einem Mandala ähnelt und durch Lotosblüten Bezug auf chinesische Bautraditionen nimmt.

Auch in der chinesischen Hauptstadt Peking befindet sich eine große Moschee, die aus dem 14. Jahrhundert stammt. Die Niujie-Moschee weist in ihrer Innenausstattung manche Ähnlichkeiten mit dem Pekinger Himmelstempel auf. Am gleichen Platz war schon im 10. Jahrhundert eine Moschee errichtet worden. Wie chinesische Tempel hat die Moschee drei

Die Niujie-Moschee ähnelt in vielem dem Himmelstempel in Peking.

aufeinander folgende Höfe, die jeweils von Räumen umschlossen sind. Hervorzuheben ist ein spezielles Gebäude, das für astronomische Beobachtungen zur Festsetzung der Gebetszeiten und der Fastenmonate und -tage genutzt wurde. Auch hier diente eine zweigeschossige Pagode als Minarett.

Die Innenräume haben eine deutlich chinesische Bemalung, bei der die flachen Kassettendecken in Blautönen gehalten sind und den Himmel symbolisieren. Gold auf blauem Grund sind dort auch arabische Schrifttafeln angebracht. Wände und tragende Holzsäulen sind dagegen überreich mit goldfarbigen Chrysanthemenblüten und -ranken auf einem kräftigen roten Untergrund geschmückt. In der gleichen Farbkombination finden sich arabische Schriftbänder über den geschwungenen Durchgängen. Bemerkenswert ist die Vielzahl der Uhren, die sich im Inneren der Moschee befinden.

Diese chinesischen Moscheen unterscheiden sich von den Moscheen in Westchina. Dort herrscht ein türkisch-zentralasiatischer Moscheestil vor.

Die ersten Muslime kamen im 9. Jahrhundert nach Südostasien als Flüchtlinge aus China, wo es vor allem in den chinesischen Hafenstädten zu Ausschreitungen gegen diese Religionsgruppe gekommen war. Im 15. Jahrhundert waren es dann muslimische Händler aus Iran und aus Indien, die den Islam in die malaiisch-indonesische Inselwelt brachten. Aktiv waren auch die mystischen Orden bei der Verbreitung des Islams. Erster geographischer Schwerpunkt der Islamisierung war die Insel Sumatra. Mit der chinesischen Zuwanderung nach Südostasien kamen auch chinesische Muslime in die Region, die ihre eigenen religiösen Traditionen mitbrachten. Insofern ist der Islam Südostasiens eine Symbiose aus verschiedenen Formen des Islams, der auch durch die Vorgängerreligionen mit geprägt wurde.

Die Moscheen in Südostasien zeichnen sich durch einen quadratischen Grundriss aus und werden von mehrstöckigen Pyramidendächern gedeckt. Eine Besonderheit des Moscheerituals war, dass mit Trommeln zum Gebet gerufen wurde und nicht durch die Stimme des Muezzins. Die Gebetstrommeln waren

Die große Moschee von Banten in Nordjava aus dem Jahr 1565 ist mit ihrem fünfstöckigen Dach typisch für den südostasiatischen Raum.

entweder ebenerdig platziert oder auf einem Minarett. Die Innenräume der älteren Moscheen waren schlicht und wiesen kaum Verzierungen auf. Man findet nur einige Holzschnitzereien, die an vor-islamische buddhistische oder hinduistische Einflüsse erinnern. Eine Ausnahme bildet ein Tor der Sedang-Duwwur-Moschee auf Java. Die Holzarbeiten an einem der Tore dieser Moschee zeichnen sich durch stilisierte Vögel und Flügel aus. Allerdings ist nicht bekannt, ob die Schnitzereien speziell für diese Moschee angefertigt wurden oder ob sie als eine Art von Spolien aus älteren nicht-islamischen Bauwerken stammen.

Bemerkenswert ist auch die große Moschee von Banten aus dem Jahr 1565. Sie entspricht zwar, was ihren Hauptbaukörper angeht, den anderen älteren Moscheen auf Java, zeichnet sich aber zugleich durch ihre aufeinander abgestimmten Proportionen aus. Sie verfügt über ein erstaunliches fünfgeschossiges Dach, dessen Höhe durch die enorme Breite der beiden unteren Geschosse ausgeglichen wird. Davor steht ein Campanile-artiges Minarett, das von dem niederländischen Abenteurer und Renegaten Lucazoon Cardeel entworfen worden sein soll. Ob er diese Art von Turm vergleichbaren Kirchenturmbauten in Italien nachempfunden hat, muss offenbleiben. Die eklektische Form der Moschee, die aus verschiedenen architektonischen Grundformen zusammengesetzt ist, wird als typisch für die symbiotische Architektur der muslimischen Bauformen in Südostasien angesehen.

MODERNE MOSCHEEBAUTEN

Moscheebauten, die seit der Mitte des 19. Jahrhunderts entstanden sind, zeigen einige Elemente, die sie von der Architektur klassischer Moscheen unterscheiden. Rituell unabdingbare architektonische Charakteristika wie die Gebetsnische, Kanzel oder Waschvorrichtungen sind selbstverständlich weiterhin vorhanden. Neue Materialien und Bautechniken bieten den Architekten aber eine größere Gestaltungsmöglichkeit. Vor allem in der zweiten Hälfte des 20. Jahrhunderts haben auch europäische, nicht-muslimische Architekten Entwürfe für Moscheen erstellt und die Bauten realisiert. Grundsätzlich kann man zwei ge-

genläufige Tendenzen in der Gestaltung der modernen Moscheebauten erkennen. Einerseits finden sich traditionalistische Formen eines neomaurischen oder neoosmanischen Stils, bei denen moderne Materialien wie Stahlbeton durch traditionelle Dekorformen verdeckt werden. Ein Beispiel ist die Große Moschee in Medina oder die Hassan-II.-Moschee in Casablanca. Auch etliche der in Westeuropa von muslimischen Einwanderern errichteten Moscheen tendieren zu diesem Traditionalismus. Dem stehen Bestrebungen gegenüber, moderne westliche Formen und architektonische Überzeugungen in den Moscheebau einfließen zu lassen und so den Anspruch auf Teilnahme der islamischen Welt an der Moderne zu verdeutlichen.

Diese modernen Moscheen drücken neben ihrem religiösen Anliegen zugleich auch säkulare Botschaften aus. Dies ist deutlich bei der Istiqlal-Moschee im indonesischen Jakarta zu erkennen, bei der das Minarett und die Hauptkuppel auf die Moscheefunktion des Gebäudes hinweisen. Der übrige Baukörper entspricht einem modernen Verwaltungs- oder Universitätsgebäude. Die König-Feisal-Moschee in Islamabad weist mit ihren vier auf die architektonische Grundform reduzierten Minaretten zwar noch auf osmanische Moscheen hin. Der Zentralbau verwendet in seinen Seitenwänden und der Dachkonstruktion jedoch Dreiecksformen. Der Betrachter fühlt sich an ein Zelt erinnert. Der Bau könnte auch als Sport- oder Veranstaltungshalle dienen. Ob es dem türkischen Architekten Vedat Delakoy darum ging, einen Übergang zwischen einer religiösen und einer säkularen Architektur zu schaffen, mag dahingestellt bleiben.

Bei der Fertigstellung 1993 war die Hassan-II.-Moschee in Casablanca die größte Moschee der Welt. Inzwischen hat ein Wettbewerb um diesen Titel begonnen. Noch hat die Moschee von Casablanca das höchste Minarett.

DIE MADRASA – ORT DES LEHRENS UND DES LERNENS

Innenhof der in merinidischer Zeit (14. Jh.) erbauten Madrasa al-Attarîn im marokkanischen Fez. Von diesem Innenhof gehen die verschiedenen Unterrichtsräume und die Treppen zu den Schlaf- und Arbeitsräumen der Studenten ab. Die Wände des Innenhofs sind durch Säulen, Schriftbänder und Stuckornamentik vielfältig gegliedert.

Neben den Moscheebauten sind vor allem die Schulgebäude muslimischer Lehreinrichtungen Ausdruck muslimischer religiöser Baukunst. Einige kulturgeschichtliche Theorien führen diese Einrichtungen auf buddhistische Vorbilder aus Zentralasien zurück. Hier sollen die ersten Lehrgebäude dieser Art im 9. Jahrhundert entstanden sein. In der Regel ist die Madrasa (Ort des Lehrens) eng mit einer Moschee verbunden. Bieten Moscheen auch Unterrichtsräume für die Schüler an, versammeln sich einzelne Lerngruppen um einen Gelehrten in einem Sitzkreis („Khalqa").

In diesem Fall leben die Studierenden in eigens für sie errichteten Internatsgebäuden in der unmittelbaren Nähe der Moscheen. Hier finden sich auch die entsprechenden Küchen und Speiseräume. Ist dagegen die Moschee Teil der Madrasa, stehen die Unterkunftsmöglichkeiten und speziellen Lehrlokale im Mittelpunkt des Gebäudekomplexes, während die Moschee eher als eine Art von Annex verstanden werden kann. Bei der Madrasa handelt es sich in der Regel um eine Einrichtung, die durch eine fromme Stiftung finanziert wird, die auch für den Lebensunterhalt der Studenten und die Entlohnung des Lehrpersonals aufkommt.

Eine der größten bekannten Lehreinrichtungen ist die Mustansiriya-Madrasa in Baghdad, die 1234 von einem der letzten Abbasidenkalifen, al-Mustansir bi-llah (1192–1242), in Auftrag gegeben wurde. Das Bauwerk liegt am linken Tigrisufer im Stadtteil Rusafa. Um einen langgestreckten recheckigen Hof mit einem Wasserbecken ordnen sich in zwei Etagen überdachte Vorhallen, die auf jeder Seite von einem Iwân unterbrochen werden. Von diesen gibt es Zugänge zu je zwei Unterrichtsräumen und zu den Studentenräu-

men, die sich im Parterre und im ersten Stock befanden. Daneben gab es große Vorlesungshallen, die über zwei Stockwerke reichten. Durch die geschickte Anordnung von Arkaden, Korridoren und Zugängen konnte Luft so in das Gebäude geleitet werden, dass selbst bei geringem Wind eine leichte Luftbewegung entstand, die Personal und Studenten im heißen Baghdader Sommer Erleichterung brachte. Am Haupteingang zu dem Gebäude soll sich eine Uhr für die Beachtung der Gebets- und Fastenzeiten befunden haben, die ständig gewartet wurde.

Die architektonischen Formen der Madrasa weisen zahlreiche Gemeinsamkeiten mit den Moscheebauten der entsprechenden Regionen der islamischen Welt auf. Als Beispiel sei auf die ʿAttarîn-Madrasa im Markt der Drogisten (ʿAttarîn) im marokkanischen Fez verwiesen, die 1325 fertiggestellt wurde. Die Anlage des Baus zielte darauf ab, den Studierenden trotz der zentralen Lage ihres Unterrichtslokals Ruhe und Abgeschiedenheit zu gewährleisten. Dieser Zweck wurde durch einen versetzt platzierten, abgewinkelten Zugang erreicht, der einen direkten Blick ins Innere verwehrt. Von einem Vorraum aus führt eine Treppe in eine obere Etage mit den kleinen Zimmern für die Studenten, eine andere Tür zu einem Bad für die rituellen Waschungen.

Der Hof der Madrasa wird von Galerien umgeben, die durch Säulen und Stuckornamente gegliedert sind. Schmale Säulen tragen reich geschmückte Stuckbogen. Der Fußboden ist von farbig glasierten Fliesen bedeckt. Das Zentrum des Hofs markiert ein Brunnen mit Wasserbecken. Der Unterrichtsraum, der zugleich als Moschee für das Gebet genutzt wurde, hat einen hohen farbigen Keramiksockel, der dem Raum eine besondere Note verleiht.

MAUSOLEEN – ORTE DER TOTENRUHE UND -VEREHRUNG

Zu den religiösen Bauwerken im islamischen Kulturraum gehören auch verschiedene Grabbauten, die als Mausoleen für bedeutende geistliche oder politische Persönlichkeiten errichtet wurden. Daneben gibt es Heiligengräber in Erinnerung an Personen von lokaler oder regionaler Prominenz. Um die Frage, ob Menschen nach ihrem Tod durch umfangreiche Grabbauten geehrt werden sollten, hat es in der islamischen Rechtsgelehrsamkeit heftige Kontroversen gegeben. Herrscher und wohlhabende private Bauherren scherten sich häufig nicht um die juristischen Debatten und gedachten ihrer Verstorbenen mit aufwendigen Bauten. Im Volksislam spielen die Grabbauten über den Gräbern von muslimischen Heiligen eine gesellschaftlich wichtige Rolle. Die entsprechenden Gebäude sind in der Regel sehr einfach, werden von den Anhängern der Heiligen aber in Ehren gehalten.

Der wichtigste Grabbau für Muslime ist sicherlich die Grabmoschee des Propheten Muhammad in Medina. Dieses Bauwerk hat im Laufe der Jahrhunderte so viele Umbauten, Erweiterungen und Veränderungen erlebt, dass es inzwischen in seiner ursprünglichen oder auch nur einer mittelalterlichen Form nicht mehr zu erkennen ist. Es beeindruckt vor allem durch seine Größe von 82 000 m² und Minarette, die 90 m hoch sind. Auch die Technologie der Neuzeit hat Einzug gehalten. Die große Moschee ist voll klimatisiert und mit einer enormen Audio- und Videoanlage ausgestattet. Links neben der Gebetsnische befindet sich das Grab Muhammads, unmittelbar davor das seiner Tochter Fâtima. Der Stil der Moschee ist eine Mischung aus neo-maurischen und neo-mamlukischen Elementen. Der Innenhof ist umgeben von doppelten Arkadenbögen, deren Säulen mit aufwendig verzierten und vergoldeten Kapitellen ge-

Die Grabmoschee des Propheten Muhammad in Medina wird von allen Besuchern der heiligen Stätten des Islams aufgesucht. Nachts ist sie hell erleuchtet und auch aus einiger Entfernung aus der Luft zu sehen.

schmückt sind. Die Bogen sind farbig alternierend abgesetzt und erinnern an das Vorbild der Moschee in Córdoba. Schriftbänder mit Koranzitaten und dem islamischen Glaubensbekenntnis krönen die Fenster, die betont schlicht gehalten sind.

Im Gegensatz zu der strengen sunnitischen Auffassung über Grabbauten haben die Vertreter der Schia stets die Meinung vertreten, dass die Bedeutung ihrer Toten sich auch durch entsprechende Bauwerke ausdrücken sollte. Die großen Gestalten der schiitischen Religionsgeschichte wie 'Alî, Hussein und die ihnen folgenden Imâme finden ihre letzte Ruhe in großen Grabmoscheen, die sich vornehmlich in den schiitischen Wallfahrtsstätten im Irak befinden. Diese Moscheen wurden ebenfalls immer wieder zerstört und neu aufgerichtet. Nur der Imâm Rêzâ ist im iranischen Maschhad in einer großen Grabmoschee bestattet. Auch die schiitischen Grabmoscheen in den irakischen Städten Kerbela, Najaf, Kazimiyya und Samarra sind Gebäude, die dem iranischen Moscheebautyp zuzuordnen sind. Die Höfe, auf denen die eigentlichen Grabmoscheen errichtet wurden, sind von hohen Mauern umgeben. Im Fall der Moschee von Kerbela findet sich ein nach außen offener Iwân, der als ,goldene Halle' bezeichnet wird. Weithin sichtbar beeindrucken vor allem die vergoldeten Kuppeln der Moscheegebäude auch Nicht-Muslime, die die Moscheen selbst nicht betreten dürfen. Im Übrigen sind die Außenwände in der Regel schmucklos. Umso mehr ist der Besucher beeindruckt von den reichen, mit Kacheln ausgestatteten Innenhöfen und den prächtig mit Fayencen und Schriftbändern geschmückten Außenwänden der Moscheen.

In den Moscheen findet sich neben verschiedenen Nebenräumen ein großer Hauptraum mit dem prächtigen Grabmal des jeweiligen Heiligen. Es besteht aus einem großen Sarkophag, der von einem hohen Holzgitter umgeben ist. Die sich darüber erhebenden Kuppeln sind mit tausenden von Kristallspiegeln ausgekleidet.

Um die Grabstätten herum ist ausreichend Platz, sodass die Gläubigen sie umwandeln können. Verstorbene, die in Kerbela oder Najaf bestattet werden, werden in den Särgen von Angehörigen um das Grabmal herumgetragen. Die prächtigsten Moscheen sind die von Kerbela und Najaf, in ihrem baulichen Aufwand gefolgt von denen im nördlichen Baghdader Stadtteil Kazimiyya und in Samarra. Für die Ausstattung der Moschee des Imâm Rêzâ im iranischen Maschhad haben Mäzene und herrscherliche Bauherren keine Kosten gescheut. In diesem Zusammenhang muss auch auf die Grabmoschee des iranischen Revolutionsführers Ayatollah Khomeini hingewiesen werden, die in der Anlage und in ihrer Größe mit den Moscheen der großen schiitischen Heiligen verglichen werden kann.

Die berühmteste Grabmoschee für eine Person, die nicht wegen ihrer religiösen Bedeutung bekannt ist, ist das Tâj Mahal im indischen Agra. Die Anlage wurde auf Befehl des Moghulherrschers Schah Jehân zunächst für das Grab seiner Frau Mumtâz Mahal zwischen 1632 und 1643 errichtet. Architekt war ein Mann namens Ahmad Lahorî, von dem bekannt ist, dass er auch Astronomie, Geometrie und Mathematik studiert hatte. Später wurden in der Anlage auch weitere Frauen des Herrschers bestattet.

Koranverse in schwarzem Marmor umrahmen die hohen Portale. Bei der Ausstattung stechen zwei Schmuckelemente besonders hervor. Das Blumendekor ist sehr naturalistisch gestaltet und befindet sich in einem Rahmen aus geometrischen Ornamenten. Die Paneele zeigen Tulpen, die überreich aus Vasen hervorwachsen. Auch die Außenwände sind mit pflanzlichem Dekor in Halbrelief verziert. Des Weiteren fallen die aufwendigen Pietre Dure – Einlegearbeiten unter Verwendung von Halbedelsteinen – auf. Für diese Arbeiten wurden Spezialisten aus Florenz angeworben. Schriftbänder mit Koranzitaten ergänzen die Wanddekorationen. Im Mausoleum beeindrucken der Sichtschirm aus durchbrochenen Marmorarabesken, der Kenotaph von Mumtaz Mahal mit seinen Inschriften und der Kenotaph von Schah Jehân selbst mit den eleganten Pietre-Dure-Arbeiten.

Überall in der islamischen Welt findet man kleinere, häufig unauffällige Grabbauten dort, wo die Volksreligion und volkstümliche Mystik eine Rolle spielen. Die Gebäude entsprechen häufig den üblichen regionalen Bauweisen. Bei nahezu allen aber handelt es sich um Kuppelbauten, die über einem rechtwinkligen, häufig quadratischen Grundriss errichtet sind. Immer wieder finden sich auch mehrere Grabbauten gleicher Form in unmittelbarer Nachbarschaft zueinander. Manches Mal befinden sich die Grabbauten in einem umfriedeten Bezirk, in anderen Fällen stehen sie unvermittelt in der Landschaft. Dann wird auf ihre religiöse Bedeutung durch einfache, Fahnen und Banner hingewiesen.

Zahlreich sind auch einfache Kuppelbauten mit Tür und Fenstern, in deren Innerem sich das Grab eines Heiligen befindet. Die Innenausstattung ist sehr einfach. Die Wände sind weiß gekälkt, eine Arbeit, die häufig wiederholt werden muss. Es finden sich einfache Öllampen, Wachslichter, manchmal ein Teppich oder Vasen mit Blumen aus Kunststoff. Der Aufwand für diese Grabanlagen ist abhängig vom ‚Erfolg' der Heiligen. An Gräbern, denen eine starke Wunderkraft zugesprochen wird, finden sich Grabwächter, die die Anlage ständig pflegen und erhalten. Gräber von Heiligen, die in Vergessenheit geraten sind, sind dagegen nicht selten dem Verfall preisgegeben.

KLOSTERBAUTEN

Vor allem in Perioden, in denen die mystischen Orden das Leben in der islamischen Welt stark beeinflussten, gab es Bauwerke, die den Mystikern zeitweilig oder auf Dauer als Unterkunft dienten. Die Benennung ist nach Regionen unterschiedlich. In Nordafrika spricht man von Zâwiya oder Ribât, in Ägypten und den Regionen östlich davon von Khânqah und in der Türkei und Zentralasien von Tekke. In der Regel handelt es sich um multifunktionale Bauten, zu denen eine Moschee oder ein Betraum ebenso gehören wie Versammlungsraum, Unterkunfts- und Versorgungsmöglichkeiten wie Küchen, Brunnen und Bäder, Bibliotheken, ferner Grabstätten und Mausoleen. Manche Einrichtungen verfügten auch über eine Armenküche, in der täglich Bedürftige verköstigt wurden.

Die Einrichtungen konnten sich in Form und Aufgabe unterscheiden. Es gab Klostergebäude, die darauf eingerichtet waren, ihren Bewohnern auf Dauer Unterkunft und Unterhalt zu bieten. In anderen, in der Art einer Herberge für durchreisende Sûfîs, wohnte nur eine geringe Zahl von Personen, die die Gäste für eine begrenzte Zeit versorgten.

Wohlhabende und mächtige Mäzene veranlassten den Bau großer Klosteranlagen und sparten nicht mit Geld für die Ausstattung. Sie hatten dabei im Sinn, dass die Anlage auch ihr eigenes Mausoleum beherbergen sollte. Andere Klosterkomplexe waren dagegen sehr viel einfacher. Beeindruckende Bauwerke sind kaum erhalten geblieben. Hingewiesen sei auf die Zâwiya des Mamluken-Sultans Faraj ibn Barqûq in Kairo, die um 1411 fertiggestellt wurde. Die Anlage ist quadratisch konzipiert. Eine zentrale Gebetshalle wird von zwei Mausoleen flankiert. Im Eingangsbereich ragen zwei Minarette empor. Um einen zentralen Innenhof sind Wohn- und Funktionsräume angesiedelt. Mit dem Bau der Mausoleen, die auch als Gebetsstätten genutzt werden können, treten die klösterlichen Funktionen der Anlage in den Hintergrund.

ISLAMISCHE GÄRTEN

Wie im Judentum und Christentum spielt der Garten Eden auch im Islam eine wichtige Rolle. Für den Islam ist der Garten des Paradieses, in dem die Seligen ewig verweilen, eine zentrale Lehre. Daher kann es nicht verwundern, dass Gärten einen wichtigen Aspekt der islamischen Kultur ausmachen. Diese Gärten sind in ihrer Anlage und in ihren Strukturen in hohem Maße abhängig von den geographischen und klimatischen Verhältnissen. In der Ebene gibt es andere Möglichkeiten der Gartengestaltung als an gebirgigen oder auch nur hügeligen Standorten. In Regionen, die ausreichend mit Wasser versorgt werden, kann man andere Arten von Gärten anlegen als in trockenen Gebieten.

Auch wirtschaftliche und soziale Gesichtspunkte spielen bei der Anlage von Gärten eine Rolle. Ein herrschaftlicher Garten muss den Prestigeinteressen seines Besitzers Rechnung tragen. Bürger und Handwerker in islamischen Städten nutzten ihre vor der Stadt liegenden Gärten im Sommer nicht nur als Möglichkeit, der Hitze ihrer engen Wohnquartiere zu entkommen, sondern sie bauten auch die verschiedensten Früchte und Gemüse an und ergänzten so den manchmal eintönigen Küchenzettel, von der Entlastung der Haushaltskasse einmal ganz abgesehen. Leider ist über diese einfacheren Gärten kaum etwas überliefert. Es ist jedoch bekannt, dass diese Gartenanlagen durch ein System von Wassergräben mit der notwendigen Feuchtigkeit versorgt wurden. Nach einem ausgeklügelten System organisierten dafür verantwortliche Offizielle die Zuteilung des kostbaren Nasses. Diese großen Gartenanlagen verfügten nicht selten über größere oder einfachere Unterkunftsmöglichkeiten, in denen die Besitzer die heiße Sommerzeit verbringen konnten. Im Übrigen unterscheidet das Arabische sprachlich verschiedene Gartenformen. So versteht man unter „Bustan" einen großen Nutzgarten oder eine Plantage. „Hadiqa" oder „Rauda" meint dagegen einen Zier- und Erholungsgarten.

Gemeinhin werden zwei islamische Gartenformen unterschieden. Die erste wird als Schahar-Bagh-Form bezeichnet. Die Benennung stammt aus dem Persischen und bedeutet ,vier Gärten'.

Es handelt sich um eine Art der Gartenanlage, die auf vor-islamische achamänidische Gartenformen zurückgeht. Sie findet sich in unterschiedlichen Formen in den andalusischen Palastanlagen ebenso wie bei den Schlössern der Moghulherrscher in Indien. Trotz verschiedener Variationen handelt es sich um eine Gartenanlage, die durch plattierte Wege und durch Wasserläufe in vier Rechtecke aufgeteilt wird. Die von den Wegen und Wasserläufen eingegrenzten Gartenstücke werden mit Blumen und Büschen bepflanzt. Die Schahar-Bagh-Gärten wurden gern in Hanglagen an-

gelegt, weil auf diese Art die Bewässerung durch Quellen oder durch verschiedene Formen der künstlichen Wasserversorgung einfacher zu bewerkstelligen war. War ein größerer Wasserlauf vorhanden, wurde auch dieser in den Kontext der Bewässerung eingebunden. Diese Bewässerungsregelungen werden in einigen Oasen und traditionellen Städten bis heute praktiziert und gehen auf eine lange, oft in vor-islamische Zeit zurückreichende Überlieferung zurück. Die im Schahar-Bagh-Garten erkennbare Bedeutung von Brunnen, Wasserläufen und Teichen wird oft in Zusammenhang mit dem Vorbild des Paradiesgartens gebracht. Auch in diesem spielen ja Flüsse mit Wasser, Milch, Honig und anderen Flüssigkeiten für das Löschen des Durstes der Seligen eine besondere Rolle.

Eine andere Form der Gartenanlage ist die, die sich nach und nach im Osmanischen Reich durchsetzte. Nur in seltenen Fällen fand sich die Vierteilung der Schahar-Bagh-Gärten. Stattdessen hatte man weniger deutlich strukturierte Gärten, die auch bei den Gärten, die zum Herrscherhaus gehörten, teilweise als Nutzgärten konzipiert waren. Daneben gab es die unterschiedlichsten Kioske und Gartenhäuser, die den Erholung und Entspannung Suchenden zur Verfügung standen.

PALÄSTE – ORTE DER HERRSCHAFT

Neben den religiösen Bauwerken kennt die islamische Architektur profane Bauten wie Paläste, Zitadellen, Wohnhäuser, öffentliche Bäder oder umfängliche Bazar-Ensembles. Leider sind nur sehr wenige Palastanlagen über die Jahrhunderte erhalten geblieben. Ein Grund dafür liegt im Baumaterial, mit dem sie – im Gegensatz zu Moscheen und Lehreinrichtungen – errichtet wurden. Grund dafür mag gewesen sein, dass es – zumindest aus islamisch-religiöser Perspektive – keine überzeugende Veranlassung gab, sie auf lange Dauer hin anzulegen. Moschee und Madrasa hatten einen eindeutigen Existenzgrund, Paläste nicht. Manche Paläste überdauerten kaum die Regierungszeit ihres Bauherrn. Berühmte Ausnahmen sind die Alhambra in Granada und das Topkapi Serail in Istanbul.

Wert legte man bei den Palastbauten dagegen auf eine reiche Dekoration und Innenausstattung. Paläste waren nie Einzelbauten, sondern standen in einem architektonischen Ensemble von einzelnen Funktionsbauten wie Verwaltungs- und Militäranlagen, Bädern, Gärten, verbindenden Bogengängen und Höfen. Der Zugang wurde durch stark befestigte Toranlagen gewährleistet. Außerdem findet man einzeln stehende KIOSKE, die als Palast genutzt wurden. Die mittelalterlichen Quellen betonen die besondere Ausstattung der Paläste. So gab es in einem Palast der ägyptischen Tuluniden (9. Jahrhundert) einen Quecksilberbrunnen, an dessen Ecken sich massive Silbersäulen mit Seilen aus Silber erhoben. Die Seile endeten in Silberringen, an denen eine luftgefüllte Matratze befestigt war, auf der der Herrscher geruht haben soll. Realistischer sind wohl Berichte, nach denen es in den Palastanlagen große Seen gab, auf denen der Herrscher mit einem Ruderboot fahren konnte. Wasser diente zur Kühlung im heißen nahöstlichen Sommer. Es gab aber

noch andere Kühltechniken, so etwa Doppelwände, deren Zwischenraum mit Eis gefüllt war. Vor allem aber kannte man unterirdische Räume, in die die Bewohner sich während der Hitze zurückziehen konnten. Ein weiteres Vergnügen bereiteten sich die Herrscher mit der Anlage einer Menagerie oder eines Zoos auf dem Palastgelände.

Die ersten Bauten, die als Schlösser bezeichnet werden können, sind die sogenannten Wüstenschlösser der Omayyadenkalifen von Damaskus in der Syrischen Wüste. Die Schlösser wurden in der ersten Hälfte des 8. Jahrhunderts, also in der Endphase der Omayyadenherrschaft, erbaut. Das Zentrum der Schlösser bildete ein weiter Innenhof. Damit folgte die Anlage in ihrer Grundstruktur dem arabischen Innenhofhaus oder der Hofmoschee. Zum Hof hin öffnete sich eine hohe Thronhalle. Diese wiederum mündete in einen Saal, der durch Apsiden erweitert werden konnte. Der festungsartige Charakter der Anlagen wird durch Türme, die die hohen Mauern verstärken, betont. In Wirklichkeit aber ging es nicht um defensive militärische Funktionen. Aktive Abwehrmöglichkeiten hatten die Schlösser nicht. Die Türme waren mit Schutt aufgefüllt.

Im Schloss Mshatta (ca. 50 km südlich vom heutigen Amman in Jordanien gelegen) dienten diese Türme den Bewohnern als Latrinen. Auf die Mauern war aufwendiger Reliefschmuck aufgebracht. Ein Zickzackband zieht sich über die Wände und gliedert sie in Dreiecke, in denen große Rosetten angebracht sind. Der Rest der Innenflächen der Dreiecke ist mit Weinrankenwerk bedeckt, in dem sich Vögel und Fabelwesen verstecken. Die Anlage verfügte auch über eine Moschee. An dem Teil der Mauer, der der Moschee gegenüberliegt, ist man mit der Dekoration zu-

Die Außenfassade des Schlosses von Mshatta ist mit reichem Reliefschmuck von Weinranken und Tieren bedeckt.

Ein KIOSK ist ursprünglich ein gedecktes, oft auch ringsum geschlossenes, osmanisches Gartenhaus, das aus mehreren Räumen bestehen konnte.

Die Gesamtanlage des Schlosses von Ukhaidhir mit seinen Befestigungen und den noch sichtbaren drei Stockwerken beeindruckt auch heute noch die Besucher.

*Eine **PFALZ** war im deutschen Mittelalter eine burgähnliche Anlage, die dem Herrscher bei den Visitationen seines Reiches als Aufenthaltsort diente. Sie war auch mit den notwendigen Versorgungsmöglichkeiten für den gesamten Hof versehen.*

rückhaltender umgegangen. Hier hat man nur Weinreben und keine Lebewesen abgebildet.

Für die Funktionen der Schlösser gibt es verschiedene Erklärungen. Sie konnten das organisatorische Zentrum von großen landwirtschaftlichen Gebieten darstellen. Sie konnten aber auch herrschaftlicher Fluchtpunkt sein, Ausdruck der Sehnsucht der Omayyadenherrscher nach Distanz zur Politik in Damaskus. Schließlich fungierten sie als Treffpunkt – hier konnten die Emire Kontakt zu den großen Beduinenkonföderationen aufnehmen, die sich im jährlichen Wechsel erneut in der Region aufhielten.

Auch die Herrscher der Abbasidendynastie ließen große Palastanlagen bauen, die sie immer wieder besuchten. Man kann hier fast von **PFALZEN** sprechen. Gut erhalten sind die Anlagen im syrischen Raqqa, die Harûn al-Raschîd erbauen ließ, und die von Ukhaidir im südlichen Irak aus der zweiten Hälfte des 8. Jahrhunderts. Das große Schloß von Ukhaidir ist allerdings von einem Privatmann, einem Verwandten des Kalifen al-Mansûr, erbaut worden, der sich vor den

Intrigen des Abbasidenhofs hierhin zurückzog. Die Anlage von Ukhaidir ist von einer hohen Kalksteinmauer umgeben, die durch Türme an den Ecken gesichert ist. Der eigentliche Palast liegt dicht an der nördlichen Mauer. Im Inneren wendet sich ein großer Iwân einem Hof zu. Hinter ihm befindet sich ein großer Saal mit angrenzenden Wohnräumen. Der Zugang zu diesem Saal führt durch etliche hohe Bogenöffnungen. Das Besondere an diesem Bau ist, dass er über drei Stockwerke verfügt, in denen sich zahlreiche Wohn- und Arbeitsräume befanden. Östlich vom Hauptgebäude ist ein großes Badegebäude erkennbar. Natürlich verfügte Ukhaidir auch über eine kleine Moschee. Von der Innenausstattung ist trotz des ansonsten guten Erhaltungszustands des Bauwerks kaum etwas erhalten geblieben. Immerhin kann festgestellt werden, dass die Gewölbe zum Teil aus Backsteinen konstruiert sind, die in ebenso komplizierten wie dekorativen Mustern verlegt wurden. Auch heute noch beeindruckt der Bau, der fast unvermittelt in einer kargen Landschaft auftaucht, seine Besucher.

PALASTSTÄDTE

Ein Herrscher der andalusischen Omayyadendynastie, ´Abd al-Rahmân III., dessen Herrschaft 929 begann, ließ nicht nur einen Palast, sondern in der Nähe von Córdoba gleich eine ganze Palaststadt errichten, die Madînat al-Zahrâ (Blumenstadt). Die Anlage wurde, die Hanglage am Fuß der Sierra Morena nutzend, auf drei Ebenen angelegt. Auf dem höchsten Plateau lag der Palast der Kalifen, auf der zweiten Ebene befanden sich die Verwaltungsgebäude, Empfangsanlagen und die Wohnungen der wichtigen politischen und geistlichen Persönlichkeiten des Reiches. Die mittlere und die untere Ebene wurden durch eine künstlich eingefügte Ebene für einen Moscheebau verbunden. Das untere Plateau war für die Wohnungen der zahlreichen Hilfskräfte und Diener der Anlage reserviert. Die Bauzeit der Palastanlage betrug insgesamt etwa 40 Jahre. Von Zeitgenossen gerühmt werden neben den Palästen die Bäder, Brunnen und Gartenanlagen. Von der Anlage ist nicht viel erhalten geblieben. Umfängliche Ausgrabungsarbeiten haben bisher die Überreste von 10 % der Bebauung zutage gefördert. Einige Palastbereiche sind teilweise rekonstruiert. Zu ihnen gehört der sogenannte reiche Saal, ein fünfschiffiger Raum. Das größere mittlere Schiff wird von Arkaden mit Hufeisenbögen begrenzt. Die die Bogen tragenden Säulen alternierten farblich. Ein vorgeblendeter Hufeisenbogen, vor dem wohl der Kalif bei offiziellen Anlässen Platz nahm, betont die Bedeutung des Raums, der insgesamt reich ausgeschmückt war. Erhalten geblieben sind marmorne Wandpaneele mit filigranen floralen Ornamenten, die sich durch ihre Symmetrie auszeichnen: Von einem zentralen Stamm zweigen jeweils Äste ab mit Blättern und Blüten.

Die berühmteste andalusische Palastanlage ist jedoch die Alhambra (vom arabischen „al-Hamrâ", die Rote) in Granada. Auch hier haben wir es mit einer Palaststadt zu tun. Die Anlage kontrollierte die unter ihr gelegene Stadt. Der Bau begann im 11. Jahrhundert und wurde von muslimischen Herrschern fast bis zur Eroberung der Stadt Cordoba durch die Reconquista im 15. Jahrhundert fortgesetzt. Auch die neuen Her-

Auch die wenigen erhaltenen Teile der Madînat al-Zahrâl, wie der Teil einer Wanddekoration mit der Wiedergabe einer Weinrebe, geben eine Ahnung vom Reichtum der Palaststadt.

ren bauten weiter an der Anlage. Der Zugang zu der ummauerten Palaststadt wurde durch vier Tore ermöglicht. Wie schon die Madînat al-Zahrâ bestand die Alhambra aus drei durch ihre Funktionen bestimmten Bereichen: Es gab einen Palastbereich für die Herrscherfamilie und deren engste Vertraute, einen militärischen Bereich für die Truppen, die die Palaststadt bewachen sollten, und eine Medina, also eine eigene Stadt für das zahlreiche Personal der Alhambra. Hier lebten Handwerker, die für die Unterhaltung der Gesamtanlage und für die vielfältigen praktischen Bedürfnisse der Bewohner der Anlage zu sorgen hatten.

Vor allem der reich ausgestattete Palastbereich mit seinen zahlreichen großen und kleinen Zimmern und Sälen, Arkaden und Bogengängen fasziniert Besucher bis heute. Man wandert durch eindrucksvolle Innenhöfe mit Wasserbecken, die Mauern der Innenhöfe sind mit reichem Dekor aus farbigen Fliesen geschmückt. Man findet komplizierte Muqarnas-Bögen und reiche, aus Stuck geschnitzte Verzierungen, die ursprünglich wohl farbig gefasst waren. Besonders prachtvoll ist der Thronsaal. Auch hier sind die Wände mit komplizierten Stuckschnitzereien bedeckt, im unteren Teil sind sie aufwendig gefliest. Die Decke des Thronsaals besteht aus eingelegten kleinen und größeren Holzteilen, die ursprünglich farbig gefasst waren. Sie sind in verschiedenen Ebenen angelegt, die auf die sieben Himmel des Korans hinweisen, über denen sich dann als achter Himmel der Sitz Allahs wölbt. Ein berühmter Teil des Palasts ist der Löwenhof. Bemerkenswert ist auch der Saal der Könige. In seinen Alkoven befanden sich unter der Decke auf Schafffell gemalte Darstellungen des Hoflebens. Sie sind insofern von Bedeutung, als hier lebendige Wesen für eine gewisse Öffentlichkeit dargestellt wurden. Ergänzt wird die Anlage der Alhambra durch eine ausgedehnte Gartenanlage, in der ebenfalls ein Palast errichtet wurde.

Die Einteilung in drei hierarchisch gestufte Bereiche findet sich auch in der großen osmanischen Palastanlage des Topkapi Serail (Topkapi bedeutet „Hohe Pforte") in Istanbul, die seit 1459 erbaut wurde und die nahezu alle osmanischen Sultane immer wie-

der baulich veränderten. Die drei hintereinanderliegenden Bereiche wurden jeweils durch Tore miteinander verbunden. Vom ersten Bereich, der für militärische Bedürfnisse genutzt wurde, ist nur wenig erhalten. Dazu gehört als Sommeraufenthalt der Cinili Kösk (Fayencen-Pavillon) aus dem Jahr 1473. Er besteht aus einer niedrigen unteren Etage und einer im Vergleich groß dimensionierten oberen Etage. Eine offene Säulenhalle akzentuiert die Fassade und einen dahintergelegenen Repräsentationsraum, von dem aus man auf einen Garten blicken konnte.

Durch ein weiteres Tor, Orta Kapi (mittleres Tor), gelangt der Besucher in den Bereich des Palasts, in dem die praktischen Erfordernisse des Sultanshofs abgewickelt wurden. Beeindruckend sind hier vor allem die riesigen Küchengebäude mit vielen Herdstellen und kuppelartigen Schornsteinen. Hier fanden sich auch Unmengen an Geschirr aus chinesischem Porzellan und zinnernes Kochgerät. Auf der gegenüberliegenden Seite erstreckten sich die umfangreichen Stallungen. Etwas ungewöhnlich in diesem funktionalen Kontext stellt sich der Kuppelbau, Kubba alti, dar. Hier trafen sich der Großwesir, hohe Finanzbeamte und Militärs zu Beratungen, denen der Herrscher von einer angrenzenden vergitterten Loge aus zuhörte. In den anschließenden Räumen waren Kanzleien untergebracht.

Der dritte Bereich schließlich war dem Sultan vorbehalten. Zentral war hier der große Audienzsaal, der auf allen vier Seiten von Säulenhallen umgeben ist. Hier empfing der Herrscher die Abgesandten der verschiedenen Regionen des Reiches und ausländische Gesandte. Die erhaltenen Gastgeschenke und wertvolle Kriegsbeute wurden in einem eigens dafür vorgesehenen Schatzhaus aufbewahrt, das sich ebenfalls im Hof des dritten Bereichs befindet. Eine Seite dieses Hofes begrenzte die Palastschule, in der die militärische Elite und die Verwaltungselite des Osmanischen Reiches ausgebildet wurden. An einer weiteren Hofecke befinden sich die überkuppelten Räume, in denen die heiligsten Reliquien des Islams aufbewahrt werden wie der Mantel des Propheten Muhammad. Am 15. Tag eines jeden Fastenmonats Ramadan rei-

Die übereinander getürmten Baumassen der Alhambra sind ein Dokument der beeindruckenden technischen Qualität der andalusischen Baukunst.

nigte der Sultan in einer umfangreichen Zeremonie den Mantel: „Am fünfzehnten Abend des heiligen Monats werden in der Gegenwart der Majestät zwei mit Rosenwasser gefüllte Becken und etwa 60 Gefäße und frische Schwämme auf zwei verzierten Ledermatten ausgebreitet. Der Waffenmeister nimmt einige Schwämme, tränkt sie mit Rosenwasser und überreicht einen nach dem anderen ihrer Majestät, dem Kalifen. Der PADISCHAH poliert mit seinen gesegneten Händen das Gitter, das den Schrein des Mantels der Glückseligkeit umgibt. Gleichzeitig befeuchten auch die Kämmerer und Steigbügelhalter sowie sämtliche hochrangigen Kammerherren jeweils einen Schwamm und wischen, so hoch ihre Arme reichen, die Wände, kleinen Türen und Fenster, Flügel und Deckel des heiligen Bücherschreins, in einem Wort das ganze hochheilige Appartement. Die Schwämme werden nach der Übergabe an die schon genannten Höflinge in frömmster Weise deponiert. Am folgenden Tag öffnet der Padischah mit dem goldenen Schlüssel den großen Silberschrein, anschließend ebenfalls mit einem goldenen Schlüssel eine mit zwei Flügeln geschlossene Lade. Der jetzt zum Vorschein kommende Prophetenmantel wird am Kragen leicht befeuchtet. Anschließend wird er durch ein in die Nähe gehaltenes Räucherbecken mit Ambra getrocknet. Dieser Brauch wurde 1240 (1824/5) durch Mahmud II. aufgehoben."³

Für das Fliesendekor der Wände vieler Räume boten die Handwerker aus Iznik ihre ganze Kreativität und technische Kompetenz auf. Die gefliesten Wände wurden von Glasfenstern unterbrochen oder von Brunnen, deren Wasser aus der Wand strömte. Für die Ausstattung konnten die Handwerker mit verschiedenen Techniken und Dekors experimentieren. Es dauerte dennoch seine Zeit, bis die in Iznik produzierten Fayencen als Bauschmuck zum Einsatz kamen.

Seit dem 13. Jahrhundert wurden in der islamischen Welt immer mehr Farbglasuren verwendet. Man hatte Techniken entwickelt, die verhinderten, dass beim Brennen der Fliesen die verschiedenen Farben ineinanderliefen. Die Farbglasuren besaßen farbige Zonen, die durch eine schmale farblose Linie voneinander getrennt waren. Diese Technik wird als „Cuerda secca" bezeichnet. Sie wurde in Moscheen und vor allem im Palastbereich des Topkapi verwendet. Mit dem politischen und finanziellen Niedergang der osmanischen Sultane im 17. Jahrhundert zogen es die Meister der Fayence-Werkstätten vor, für den internationalen Markt zu produzieren. Viele der von den Meistern von Iznik entwickelten Techniken wurden von europäischen Fayence-Produzenten übernommen. Diese bedienten teilweise wiederum die Märkte im Osmanischen Reich mit ihren oft preiswerteren Produktionen. Das führte letztendlich zum fast vollständigen Erliegen der Produktion von Iznik.

In einer späten Phase der Bautätigkeit am Topkapi wurden mehr und mehr europäische Vorbilder übernommen. Ein schönes Beispiel für eine solche Mischung unterschiedlicher Stile ist der Mecidiyye-Kiosk, der von dem 1899 verstorbenen Architekten Mirmar Sarkis entworfen wurde.

PALASTBAUTEN IM IRAN UND IN INDIEN

Zu den erhaltenen Palastbauten im Iran gehören der Cehel-Sutûn-Palast (Vierzig-Säulen-Palast) und der Hascht-Behescht-Pavillon (Acht-Paradiese-Pavillon) in einer großen Gartenanlage in Isfahan. Beide wurden um die Mitte des 17. Jahrhunderts errichtet. Beim Cehel-Sutûn-Bau spielt Wasser als gestaltendes Element eine ganz besondere Rolle. Der Besucher sieht den Bau hinter einer langgestreckten Wasserfläche, in der sich vor allem die Säulen spiegeln, die eine dem Bau vorgesetzte Veranda tragen. In deren Schatten ist der Iwân zu erahnen, der in den großen Empfangssaal führt. Bemerkenswert ist die Offenheit des Gebäudes, das von allen Seiten durch flache Vorhallen akzentuiert ist. Das Muqarnas-Gewölbe ist mit einer Vielzahl von kleinen Glasstücken bedeckt, die das Licht immer wieder brechen. Andere Wandflächen sind mit großen Spiegeln aus venezianischem Glas versehen. Zahlreiche Wände tragen Wandmalereien, von denen einige in den kleineren Räumen Ähnlichkeiten zu entsprechenden Miniaturen aufweisen. Den großen Saal schmücken dagegen Historiengemälde mit einer

Die Wände und Einbauten des Speisezimmers von Sultan Ahmed III. (1673–1736) im Topkapi Serail sind mit Fliesen reich geschmückt.

Schlachtszene und einer Darstellung des Empfangs
von Gesandtschaften, offenkundig aus östlichen Staaten. Diese großen Gemälde sind von vergleichbaren
europäischen Darstellungen beeinflusst, arbeiten mit
Licht und Schatten und verwenden europäische Per-
spektivtechniken.

Der zweite erhaltene Bau, der Hascht-Behescht-
Pavillon, findet sich im „Bâgh-i Bülbül" (Nachtigal-
len-Garten). Er wurde 1669 errichtet. Acht Räume
umschließen einen großen Kuppelsaal mit einem Muqarnas-Gewölbe. Die Mitte des Saals dominiert ein
Springbrunnen. An anderen Stellen befinden sich Kas-
kaden. Das eindringende Licht spiegelt sich im Wasser und in dem an der Decke befindlichen Spiegel-
mosaik. Große Tore an den vier Seiten des Gebäudes
führen auf Veranden, die in den Garten gehen. Die
Konzeption verdeutlicht den Bezug der Innenräume
zur Außenwelt in beeindruckender Weise.

Im Gegensatz zu den übrigen Regionen der islamischen Welt hat sich auf dem indischen Subkontinent eine Vielzahl von Palastbauten seit der Zeit des
Moghulherrschers Akbar erhalten. Bei den Palästen
ist der Einfluss vor-islamischer indischer Architektur
unverkennbar. Akbar experimentierte offenbar nicht
nur in Fragen der politischen Praxis und der Religion,
sondern auch in der Architektur. Das bekannteste Pa-
lastbauwerk stammte jedoch von Schah Jehân (1592–
1666). Es ist das sogenannte Rote Fort in Dehli, so benannt wegen des roten Sandsteins, aus dem es errichtet wurde. Es handelt sich um einen Festungsbau, der
vom Herrscher zugleich als Palast genutzt wurde. Das
Bauwerk wurde auf einem geometrischen Raster errichtet und ist umgeben von einer Festungsmauer mit
regelmäßig positionierten Bastionen. Das Refugium
der Herrscherfamilie bestand aus mehreren Einzelge-
bäuden, von denen ein Badehaus, eine Moschee, die
private Audienzhalle und drei kleinere Palastbauten
erhalten sind. Alle Bauten wurden aus Marmor errichtet. Die drei Palastbauten waren im Inneren bemalt.
Die private Audienzhalle („Dîwan-i Khass") besteht
aus einer rechteckigen Säulenhalle mit einem Flach-
dach. Die Säulen und die Wände der Halle sind reich
mit Pietre-Dure-Arbeiten, Vergoldungen und Male-
reien geschmückt. Eine Galerie umfängt den eigentlichen Empfangsraum in der Mitte der Halle. So entsteht eine spezielle Atmosphäre, die den privaten
Charakter der Zusammenkünfte verdeutlichte. Der
private Palast („Khâss Mahal") des Herrschers schließt
sich südlich an. Er besteht vor allem aus einer nach
Süden offenen Veranda und drei Schlafräumen. Diesem Bau folgt ein achteckiger Turm an der östlichen
Mauer des Roten Forts, von dem aus sich der Herrscher täglich seinen Untertanen zeigte.

Weiter südlich befindet sich der Farbenpalast
(„Rang Mahal"), der Wohnbereich der Frauen des
Herrschers. Das Innere war reich ausgemalt und gab
dem Bau seinen Namen. Der Farbenpalast besteht aus
einer langen rechteckigen, einstöckigen Halle und
sechs weiteren Räumen, von denen zwei mit Spiegel-
scherben an Wänden und Decken verziert sind. Noch
weiter südlich findet sich schließlich der Juwelenpa-
last („Mumtâz Mahal"). Er verfügt über sechs Räume
und gehört ebenfalls zum Frauenbereich.

PRIVATE WOHNHÄUSER

Die Behausungen der einfachen Bevölkerung waren natürlich sehr viel einfacher gestaltet als die Paläste der Herrscher. Doch auch hier findet sich die Bemühung, die Privatsphäre der Bewohner zu schützen.

Formen informellen Bauens, wie sie vor allem bei Wohngebäuden festzustellen sind, zeigen in der islamischen Welt eine unübersehbare Vielfalt von Ausformungen historischer und regionaler Art. Gemeinsam ist ihnen im städtischen Bereich, dass Wohnhäuser in einiger Distanz zu Märkten und Produktionsstädten angelegt wurden. Häuser auf dem Land sind dagegen in die landwirtschaftlichen Produktionsprozesse eingebunden. Hier werden Tiere gehalten und Ernten gelagert. Dennoch haben traditionelle städtische wie ländliche Wohnhäuser vergleichbare Funktionen. Sie müssen Schutz für die Bewohner gegen die Unbilden des Klimas wie gegen Personen mit unfreundlichen Absichten gewährleisten. Vor allem in der Stadt müssen sie eine Empfangsmöglichkeit für Gäste des Hausherrn bieten, ohne dass die weiblichen Familienmitglieder hierdurch gestört werden. Und schließlich braucht es Funktionsräume wie Küche und Vorratsräume.

Im Arabischen ist ein häufiges Wort für das Wohnhaus „Dar". Die Bezeichnung hängt mit dem arabischen Verb für „drehen" zusammen. Die Teile des Hauses „drehen" bzw. gruppieren sich um einen Innenhof. Die einzelnen Räume führen auf diesen Innenhof hin, sind untereinander aber nur in seltenen Fällen durch Türen miteinander verbunden. Wo solche Innenhöfe nicht möglich sind, gibt es zumindest einen zentralen, von oben beleuchteten Innenraum. In traditionellen islamischen Städten zwischen Marokko und dem indischen Subkontinent findet man im Gas-

Die besondere Form der Kasbah in Nordafrika stellt eine burgähnliche Anlage dar, in der eine Vielzahl von häufig miteinander verwandten Familien leben.

sengewirr der alten Wohnviertel Sackgassen, die in einzelne Nachbarschaften führen. In vielen Fällen ist auch in diesen Nachbarschaften der direkte Zugang in ein Haus nicht möglich. Vielmehr führt ein Gang auf eine Wand zu, vor der rechtwinklig der Weg in den Innenhof abzweigt. Die äußere Fassade der Häuser ist in der Regel einfach gehalten; häufig handelt es sich um fensterlose, glatte Wände. In manchen Regionen findet man auch Erker, die durch kunstvolle Holzgitter den Bewohnern einen Ausblick auf das Straßengeschehen ermöglichen, sie aber vor den Blicken der Passanten schützen.

Die Innenausstattung der traditionellen Häuser ist in der Regel ebenfalls bescheiden. Die Wände sind mit Kalligraphien, Landschaftsdarstellungen oder Familienfotos dekoriert. In den Empfangsbereichen reihen sich verschiedene Sitzgelegenheiten an der Wand entlang, dazwischen gibt es kleine Tische als Ablage für Getränke oder Lesestoff. Ein laufendes TV-Gerät, bei dem der Ton abgestellt ist, vervollständigt die Ausstattung. Andere Zimmer verfügen über Schränke und Kommoden. In Truhen werden Polster, Kissen und Decken aufbewahrt, die nachts zum Bett werden.

Auch moderne Häuser, die in den neu angelegten Stadtvierteln der großen islamischen Städte gebaut werden, weisen eine Tendenz zu hermetischen Formen auf. Oft handelt es sich um Einfamilienhäuser, die von einer Mauer umfriedet und von der Straße entfernt auf dem Grundstück angelegt sind. Es gibt einen Empfangsbereich; die privaten Räume sind so angeordnet, dass niemand sie zufällig aufsuchen kann. Diese Wohnungsstruktur findet sich auch in den heute weitverbreiteten Hochhausbauten mit hunderten von Miet- und Eigentumswohnungen. Die Innenausstattung der modernen Bauten unterscheidet sich kaum von der in traditionellen Häusern. Moderne Baumaterialien lassen es zu, neo-maurische Elemente bei Türdurchbrüchen oder Balkonen einzufügen. Die Wohnungen sind häufig durch größere Fenster heller. Daher müssen Klimaanlagen installiert werden. Insgesamt führt die Struktur der islamischen Gesellschaften in den Formen informellen Bauens aber zu einer erstaunlichen strukturellen Einheitlichkeit.

BASAR UND KARAWANSEREI –
ORTE VON HANDEL UND WANDEL

Die historische Aufnahme der Ka-
rawanserei in Damaskus aus dem
Jahr 1905 zeigt den Innenhof der
Anlage, in dem sich eine Karawane
mit Treibern und Händlern zum
Aufbruch bereit gemacht hat. Ein
europäischer Handelsvertreter be-
obachtet die Szene.

Basare gelten als eine der kulturellen Einrichtungen, die in vergleichbarer Form in der gesamten islamischen Welt existieren. Das Wort kommt aus dem Persischen und bedeutet Markt, wie das arabische „Sûq". Dennoch gibt es etliche Varianten: periodische Märkte an offenen, dafür vorgesehenen Plätzen innerhalb oder außerhalb von städtischen oder ländlichen Ansiedlungen, die allwöchentlich öfter oder seltener stattfinden. Vor allem aber werden große überdachte Märkte so bezeichnet, in denen einzelne kleine Geschäfte eingerichtet sind. Häufig befindet sich auf einer freien Fläche im Zentrum des Basars eine Moschee. Die Basare zeichnen sich durch eine gemeinsame Struktur aus. Die verschiedenen Handwerker und Kaufleute haben einen für ihr Gewerbe reservierten gemeinsamen Bereich im Basar, in dem sie ihren Geschäften und Tätigkeiten nachgehen. Man findet also alle Teppichhändler an einer Stelle, alle Gold- und Silberschmiede an einer anderen und alle Drogisten und Händler von Schönheitsmitteln an einer dritten. Die Anordnung der einzelnen Gewerke folgt einer rationalen Ordnung. Im Außenbereich dominieren die Handwerker und Geschäfte, die wegen ihrer verschiedenen Emissionen die übrigen Marktteilnehmer stören oder gefährden können. Zu ihnen zählen Schmiede der verschiedensten Techniken, die mit offenem Feuer arbeiten oder durch das Treiben von Metallen Lärm verursachen. Man findet Schreiner, die große Produkte wie Türen, Schränke u. Ä. herstellen, die nicht durch die engen Marktgassen transportiert werden können. In diesen Randbezirken gehen auch Gerber und Färber ihrer Tätigkeit nach, weil die Bearbeitung ihrer Rohmaterialien die Umgebung durch Geruch oder Abwässer belästigen kann. Auch die Fleischhauer befinden sich am Rand des Basars.

Näher zum Zentrum hin gruppieren sich die Textilhändler, die Gemüsehändler oder die Buchhändler. Im Zentrum selbst bieten die Devotionalienhändler, Parfümhändler und Gold- und Silberschmiede, Verkäufer von Süßigkeiten, heute auch die Antiquitätenhändler ihre Waren an. Nur in seltenen Fällen fallen die Basargebäude durch spezielle architektonische Besonderheiten auf. Hier ist der Ägyptische Basar in Istanbul zu nennen, der an seinen Zugängen Tore von einem gewissen formalen Anspruch hat.

Anders verhält es sich mit den Karawansereien, die sich in unterschiedlichen Formen in der gesamten islamischen Welt finden. Standorte können Städte genauso sein wie ländliche Gegenden. Es handelt sich um große Bauwerke, die dazu dienen, ganze Karawanen mit ihrem Transportgut und das entsprechende Personal aufzunehmen. Sie haben die Funktion, für die Sicherheit der Karawane während eines längeren oder kürzeren Aufenthalts an einem Ort zu sorgen. In der Regel baute man große, langgestreckte, rechteckige Gebäude mit kräftigen Mauern, in manchen Fällen auch mit Türmen oder Bastionen. Die Zugänge sind durch starke Tore gesichert. Im Inneren des Bauwerks können in einem großen Hof die Lasttiere Platz finden. Bei einstöckigen Bauten finden sich um den Hof herum erhöht angebrachte Terrassen, die das Ab- und Aufladen der Waren erleichtern. Dahinter liegen die Lager- und Wohnräume der Händler. Bei zweistöckigen Anlagen werden die Handelswaren im Erdgeschoss gelagert. Die einzelnen Lagerräume können durch Türen abgeschlossen und gesichert werden. Im oberen Geschoss finden sich hinter einer Galerie die Unterkünfte für die Reisenden. Einige dieser Karawansereien sind durch aufwendige Innenarbeiten geschmückt.

MUSIK IN DER ISLAMISCHEN WELT

In kaum einem Bereich der Kulturen muslimischer Gesell-

schaften finden sich so viele Gemeinsamkeiten wie in der

Musik. Die Gemeinsamkeiten beziehen sich sowohl auf die

Instrumente als auch auf Melodik und Rhythmik. Die orien-

talischen, süd- und südostasiatischen Musiktraditionen kann-

ten und kennen dabei bis heute keine strikte Trennung zwi-

schen ernster Musik und Unterhaltungsmusik.

„Der Prophet Muhammad sagte:
Verkauft nicht die Sängerinnen und kauft
sie nicht und lehrt sie auch nicht.
Nichts Gutes steckt im Geschäft mit ihnen.
Ihr Preis ist verboten."

MUSIK UND TANZ – DIE HALTUNG DES ISLAMISCHEN RECHTS

Wie in anderen Fällen reagierte das islamische Recht in Fragen von Musik und Tanz auf die Lebenswirklichkeit der frühen Muslime. Vor allem Mekka und bald darauf auch die neue Hauptstadt der islamischen Welt, Damaskus, waren Orte, in denen eine Schicht von jungen Leuten es sich auf ausgelassene Weise gut gehen ließ. Musik, Gesang und Tanz, aber auch eine offene erotische Libertinage waren nicht selten anzutreffen. Darauf reagierten die im nahe gelegenen orthodoxen Medina lebenden Frommen mit Kritik. Grundsätzliche Konsequenzen ergaben sich daraus aber nicht. War die Mehrzahl der muslimischen Rechtsgelehrten sich einig, dass die Abbildung von lebendigen Wesen verboten sei, so zeigten sich in der Beurteilung der Musik erhebliche Meinungsverschiedenheiten. Die Gelehrten sahen sich in dieser Frage der Problematik gegenüber, dass die Rechtsquellen sich nicht eindeutig festlegten oder divergierend äußerten. Der Koran macht keine Aussagen zur Musik und auch die Prophetentraditionen geben kaum Auskunft. Also musste man sich in Interpretationen üben.

Die Befürworter der Musik bezogen sich auf Sure 31, 19, wo es heißt: „Halte das rechte Maß in deinem Gang. Und dämpfe deine Stimme. Die widerlichste unter den Stimmen ist die des Esels." Man meinte, wenn es – wie im Koran festgestellt – etwas Widerliches gibt, müsse es auch etwas Schönes geben.

Vornehme Damen erfreuen sich des Abends in einem Garten an der Musik. Indische Miniatur um 1700.

Das aber sei der Gesang der menschlichen Stimme. Wie immer fanden sich in dieser Frage auch Berichte aus dem Leben des Propheten Muhammad. Er soll beim Ausheben von Verteidigungsgräben für Medina vor der Schlacht von Badr zwei Jahre nach der Hijra mitgesungen haben, als die übrigen Arbeiter entsprechende Anfeuerungslieder anstimmten. In den Prophetentraditionen ist von dem Harfe spielenden König David die Rede, dessen Psalmen für Muslime ein eigenes heiliges Buch sind.

Auch in den Paradiesbeschreibungen der Muslime spielt Musik eine Rolle. Wobei die Vorstellungen auseinandergehen, um welche Art von Musik es sich handeln könnte. Manche meinen, es handele sich um die Stimme Gottes, die schöner als der schönste Gesang sei, oder um eine besonders anrührende Koranrezitation. Andere Autoren aber erwarten eine besonders schöne, jedoch irdische Musik.

Für die Gegner von Musik waren musikalische Äußerungen jedweder Form nur bei wenigen Gelegenheiten erlaubt, bei Hochzeiten, bei der Pilgerfahrt und im Jihâd, dem Glaubenskampf. Der Grund für die im Übrigen ablehnende Haltung hing wohl mit der musikalischen Praxis der vor-islamischen arabischen Gesellschaft zusammen. Offenbar waren Musik und Musikanten unter den mekkanischen Eliten sehr beliebt. Es gab Gesangssklavinnen, die durch Gesang,

Wein und Erotik ihr Publikum verzauberten. Durch Musik konnten im vor-islamischen Mekka die Zuhörer außer sich geraten und die Kontrolle verlieren. Dieses Entzücken wurde „Tarab" genannt und der Musiker, der dieses Vergnügen auslöst, war der „Mutrib". Der konservative Islam lehnt aber jede Form von Ekstase ab, weil sie die sittliche Ordnung gefährden kann. Der Prophet Muhammad äußerte sich nach einigen Traditionen sehr ablehnend im Bezug vor allem auf die Gesangssklavinnen. So wird von ihm überliefert: „Verkauft nicht die Sängerinnen und kauft sie nicht und lehrt sie nicht. Nichts Gutes steckt im Geschäft mit ihnen. Ihr Preis ist verboten."[1] Eine andere Tradition lautet: „Der Prophet sagte: ‚Der Gesang lässt die Heuchelei im Herzen wachsen.'"[2]

DIE WIRKUNG DER MUSIK

Besonders intensiv haben sich muslimische Mediziner und Philosophen in der Zeit der Abbasidenherrschaft mit der Musik und ihren Wirkungen beschäftigt. Sie setzten sich mit der populären Meinung, dass Jinnen den Sängern und Musikern ihre Melodien eingäben, auseinander. Sie bezogen sich aber häufig auch auf die Gedanken griechischer Vorgänger. Man kann also davon ausgehen, dass theoretische und medizinische Überlegungen zur Musik schon seit dem 9. Jahrhundert in Baghdad angestellt wurden.

In dem Werk *Schlüssel der Medizin* des Ibn Hindu aus dem 10. Jahrhundert findet sich die folgende Geschichte über die Wirkung der Musik: „Wer die Musik ausübt, spielt in gewisser Weise mit den Seelen und den Körpern; denn wenn er will, gebraucht er sein Instrument so, dass es lachen macht, wenn er will, gebraucht er es auf eine Weise, die weinen macht. Will er, so erregt er Freude; will er, so erregt er Trauer. Ich habe vernommen, dass einer von den fähigsten Meistern der Musik Feinde hatte, die ihm nach dem Leben trachteten. Es begab sich nun, dass er in Begleitung von Berufsgenossen in die Wüste zog, um sich gesellig die Zeit zu vertreiben. Seine Gegner aber bemerkten das und eilten zu dem Ort, wo jener Weise und seine Begleiter unbewaffnet weilten. Der Weise aber nahm seine Zuflucht zu dem Instrument, das er bei

sich trug, und begann mit dem Modus zu spielen, der schlaff macht, und in der Tonart, die Schwäche bewirkt. Und alsbald erschlafften die Gelenke seiner Feinde und ihre Waffen entsanken ihnen, sodass sie ihre Absicht nicht ausführen konnten."[3]

Von den Kalifenhöfen in Damaskus und Baghdad wird berichtet, dass es bei musikalischen Darbietungen zu ekstatischen Vorfällen kam. Selbst Kalifen brachen in Tränen aus, fielen zu Boden oder zerrissen ihre Kleider. Allgemein waren es die Höfe islamischer Herrscher, von denen über zahlreiche musikalische Aktivitäten berichtet wird. Schon der Abbasidenkalif al-Mahdî (reg. 775–785) hat nach den Berichten der Historiographen eine Musikkapelle unterhalten, die an die 200 Mitglieder gehabt haben soll. Musikensembles gehörten geradezu zu den Kennzeichen herrscherlicher Autorität. Die Musiker hatten zu genau bestimmten Zeiten „Dienst" zu leisten. Zusätzlich mussten sie auch bei feierlichen Anlässen wie Festen und Umzügen musizieren.

In vielen Texten wird auch von der Kombination von Musik und Weingenuss berichtet. Sie suggerieren, dass auch noch illegitime sexuelle Handlungen zu erwarten waren. Entsprechend ablehnend war die Haltung der sittenstrengen Gelehrten dazu. Doch schon Musik allein wurde als ausreichend gefährlich für das Seelenheil der Zuhörer angesehen. In einem arabischen Sprichwort heißt es: „Das Lied ist das Zaubermittel der Unzucht." Eine andere Anekdote über die Macht der Musik überliefert der muslimische Musiktheoretiker Safî al-Dîn al-Urmawî (1230–1294): Als der Sultan von Ägypten auf Drängen seiner Rechtsgelehrten die Musik verbieten wollte, bat ihn der Musiker al-Urmawî, davon abzusehen. Es sei ein Unrecht gegen die Untertanen, eine so angenehme, unschuldige Kunst zu untersagen. Doch seine Argumente fruchteten nichts. Da machte der Meister einen kühnen Vorschlag. Man solle ein Kamel 40 Tage dürsten lassen, es dann losbinden und ihm in der Nähe Wasser hinstellen, während er in einiger Entfernung eine von ihm komponierte Weise singen wolle. Werde das Kamel von seinem Gesang angelockt und vergesse das Wasser, so müssten doch wohl selbst ihre Gegner

Die Miniatur entstand in den Werkstätten des Moghulherrschers Akbar zwischen 1557 und 1577. Sie zeigt ein Hochzeitsfest mit einer großen Hofkapelle mit verschiedenen Blas- und Percussioninstrumenten.

die Macht der Musik anerkennen, laufe es aber zum Trog, möge der Sultan sie getrost verbieten. Natürlich siegte Safî al-Dîn al-Urmawî und der Erfolg war so überwältigend, „dass der Sultan in Begeisterung geriet, den Musiker und seine Kunst pries und seine Absicht kundtat, diese in Zukunft mehr als bisher zu fördern".[4]

Diese Wirkmächtigkeit der Musik war es wohl, die die orthodoxen Gelehrten dazu bewog, sich gegen sie zu wenden. Die Gründer zweier sunnitischer Rechtsschulen (arabisch: MADHHAB), al-Schâfiʿî (767–820) und Abû Hanîfa (699–767), die gemeinhin nicht als besonders streng angesehen werden, wandten sich gegen die Musik. Allerdings gab es einige führende Gelehrte, die dieser kritischen Haltung nicht Folge leisteten. Zu ihnen gehört der bedeutendste mittelalterliche Theologe des Islams, Muhammad al-Ghazzâlî, der

Für al-Ghazzâlî ist die Frage nach den ethischen Auswirkungen der Musik entscheidend. Musik verstärkt bestimmte Empfindungen im Menschen. Er schreibt ihr daneben auch eine läuternde Wirkung auf die Seele zu. Stehen die Auswirkungen nicht im Einklang mit den Geboten Gottes, ist die Musik verboten, widersprechen sie ihnen nicht, ist sie erlaubt. In der der mittelalterlichen islamischen Scholastik entsprechenden Systematik führt al-Ghazzâlî sieben Gelegenheiten auf, bei denen die von Musik ausgehende Wirkung als legal betrachtet werden kann und damit erlaubt ist. Dabei handelt es sich 1. um den Gesang während der Pilgerfahrt, 2. den Gesang, der die Glaubenskämpfer anfeuert, 3. RAJAZ-Verse, die sie ermutigen, 4. Musik, die Trauer über die eigenen Sünden erweckt, 5. Musik bei freudigen Anlässen, die die Freude verstärkt und zum Tanzen anregt, 6. Musik,

in seinem Hauptwerk *Die Wiederbelebung der religiösen Wissenschaften* ein eigenes Kapitel der Musik widmete. Dieses Werk kann immer noch als einer der bis heute wichtigsten Texte der islamischen Theologie zu Fragen der Vereinbarkeit von Musik und Islam angesehen werden. In seinen Überlegungen geht Muhammad al-Ghazzâlî mit dem Thema Musik sehr differenziert um. Zunächst beschreibt er die Macht der Musik an einer Reihe von Beispielen, in denen auch von Todesfällen in Folge des Hörens von Musik berichtet wird. Dies ist für al-Ghazzâlî aber kein Grund dafür, die Musik zu verbieten. Denn die islamische Literatur kennt auch Berichte über Menschen, die bei dem Hören oder der Lektüre des Korans so bewegt wurden, dass sie starben.

die die Sehnsucht von Liebenden erweckt, die Leidenschaft erregt und die Seele tröstet, 7. „die Musik derer, die Gott lieben und sich danach sehnen, Ihm zu begegnen".[5] Allerdings nennt al-Ghazzâlî auch fünf Fälle, in denen das Hören von Musik nicht gestattet ist: 1. wenn man durch den Gesang einer Frau oder eines ,bartlosen Jünglings' in Versuchung zu außerehelichen sexuellen Aktivitäten gerät, 2. wenn es sich um Musik durch unerlaubte Instrumente wie Schalmei, Saiteninstrumente und Trommeln handelt, 3. wenn Texte gesungen werden, die gegen die Gebote des Islams verstoßen, 4. wenn der Hörer die Musik vor allem aus sinnlicher Begierde hört und 5. wenn der Hörer zur Gruppe der unnützen Menschen gehört und nicht von der Liebe zu Gott geleitet ist.

Die verschiedenen Reaktionen auf Musik kategorisiert al-Ghazzâlî ebenfalls: Er nennt 1. ein rein auf den Genuss gerichtetes Hören, was er auch bei Tieren feststellt, 2. ein Hören, das sich nur auf den unmittelbaren Inhalt des Gesangs konzentriert und das sinnliche Moment im Vordergrund sieht; es sei eine Art, wie man sie bei jungen Männern finde – sie ist abzulehnen, 3. ein Hören, das Text und Melodie auf das Verhältnis der Seele zu Gott bezieht, wie es die Mystiker tun, 4. die Reaktion eines Menschen, der auf dem Pfad der Mystik schon weit fortgeschritten ist: „das Hören dessen, der die Stufen und Zustände hinter sich lässt und sich von allem Verstehen, das nicht Gott betrifft, entfernt, ja vom eigenen Selbst und dessen Zuständen und Handlungen, und der ertrunken ist im Meer der Schau."[6] Diesen theoretischen Vorstellungen entsprechen auch die Berichte von muslimischen Historiographen und Adab-Schriftstellern. So gehörte Militärmusik bei allen muslimischen Heeren bis in die Epochen des Osmanischen Reiches zur selbstverständlichen personellen Ausstattung der militärischen Einheiten. Militärkapellen von 40 Trommlern und Trompetern waren schon im islamischen Mittelalter keine ungewöhnliche Erscheinung. Auch die enge Verbindung zwischen Musik, Wein und Erotik ist ein häufiges Thema in der arabischen, persischen und türkischen Literatur. So schreibt der andalusische Dichter Ibn Sahl (gest. 1251): „Die Töne der Laute, der saftige Wein, der Garten am Fluss und eine Gefährtin machen die vollkommene Freude aus."

Al-Ghazzâlî war der mittelalterliche muslimische Gelehrte, der die sunnitische Orthodoxie mit der islamischen Mystik versöhnte. Daher schätzte er Musik als Mittel, zur mystischen Erfahrung zu gelangen. Auf ihn konnten sich Sûfîs beziehen, wenn orthodoxe Gelehrte ihre mit Musik und Tanz verbundenen Rituale verbieten wollten. Zu den rituellen Praktiken der islamischen Mystiker gehört eine Übung, die als „Dhikr" bezeichnet wird. Dabei werden rhythmisch psalmodierend Namen Gottes oder Lobpreisungen hunderte, ja tausende Male wiederholt, wobei die Teilnehmer sich gemeinsam in einer Art bewegen, die an Tanz erinnert. Besonders elaboriert sind die Rituale

der „Tanzenden Derwische" des Mevleviyya-Ordens im türkischen Konya. Der dem mystischen Islam kritisch gegenüberstehende muslimische Reformist Raschîd Ridâ (1865–1935) beschrieb deren Ritual so: „Ich setzte mich in den Zuschauerbereich, bis die Zeit der Zeremonie gekommen war. Und die Mevlevi-Derwische an ihrem Versammlungsort vor uns erschienen. Ihr Scheich saß auf einem Ehrenplatz. Unter ihnen gab es bartlose, hübsche Jünglinge, die in weiße Gewänder wie eine Braut gehüllt waren. Sie tanzten zu dem bewegenden Klang einer Rohrflöte, sie drehten sich schnell und kunstvoll, sodass sich ihre Kleider in Kreisform ausbreiteten, dabei hielten sie einen harmonischen Abstand voneinander. Sie streckten ihre Arme aus und neigten ihren Nacken und kamen abwechselnd an ihrem Scheich vorbei, wobei sie sich vor ihm verbeugten."[7]

Die Symbolik des Tanzes ist offenkundig. Die Tänzer tragen eine konische, braune Filzkappe, die den Grabstein symbolisiert. Gekleidet sind sie in ein weißes Untergewand, das für das Leichentuch steht, und einen schwarzen Umhang. Wenn sie diesen ablegen, werden sie nach dem Ablegen der irdischen Last für die Wahrheit neu geboren. Als ob al-Ghazzâlî diese Übungen der Mevlevi-Tänzer schon gekannt hätte, sagt er zur symbolischen Bedeutung des Tanzes der Sûfîs: „Das Tanzen nimmt Bezug auf das Drehen des Geistes entlang des Kreisbogens der existierenden Dinge wegen des Effekts des Enthüllens und Offenbarens. Das Drehen nimmt Bezug auf das Stehen des Geistes vor Gott in seiner inneren Natur und Existenz. Das Drehen auf einer Kreislinie bezieht sich auf Blick und Gedanken und seinen Zugang zu den Rängen der existierenden Dinge. Das ist der Zustand des gesicherten Einen."[8]

Die orientalischen, süd- und südostasiatischen Musiktraditionen kannten und kennen auch heute keine strikte Trennung zwischen ernster Musik und Unterhaltungsmusik. In den mittelalterlichen arabischen oder persischen Berichten wird die Musik unterteilt als Unterhaltung, bei der man aber auch von Emotionen überwältigt in Tränen ausbrechen konnte, oder als Begleitung zu rituellen Zeremonien.

MUSIKALISCHE PRAXIS –
DIE STIMME ALS INSTRUMENT

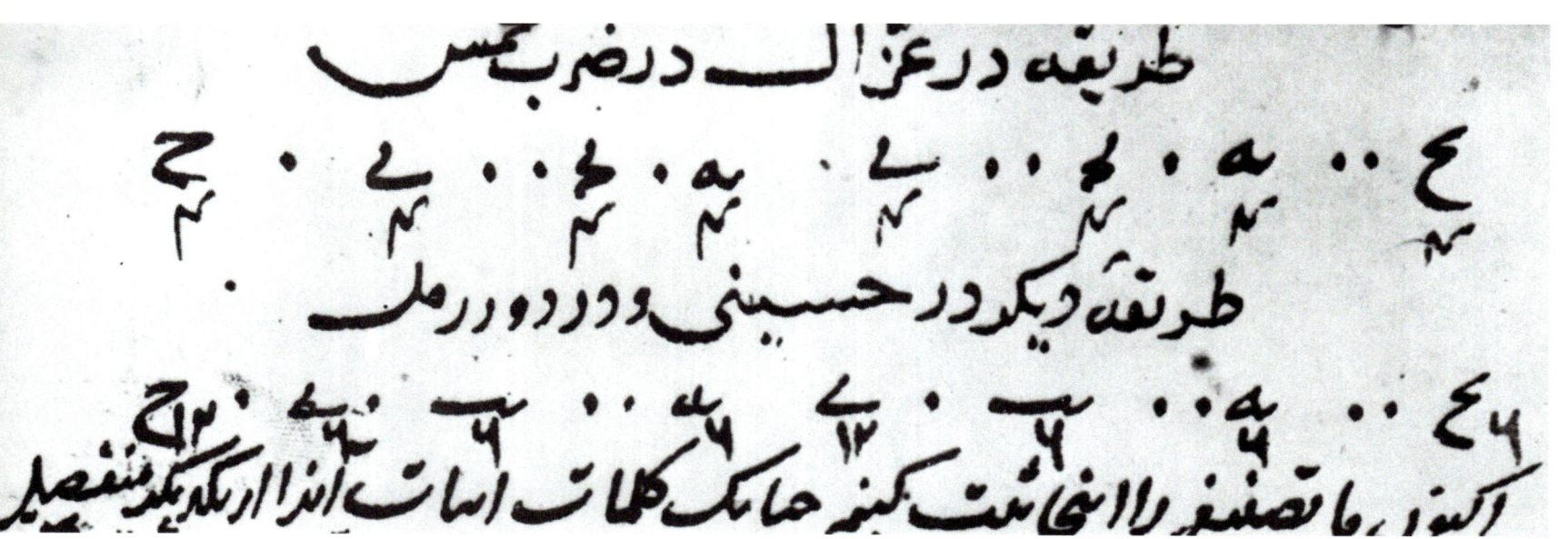

Erst recht spät, im 19. Jahrhundert, haben muslimische Musiker und Musiktheoretiker komplette Notationssysteme entwickelt, mit deren Hilfe bekannte Melodien in ihren melodischen und rhythmischen Grundstrukturen schriftlich festgehalten werden konnten. Da die Musik in den muslimischen Kulturen seit jeher den Musikern einen weiten Bereich an Improvisationsmöglichkeiten gestattete, reichten zunächst knappe Hinweise aus. Im Übrigen spielte die mündliche Überlieferung bei dieser Musik von jeher eine wichtige Rolle. Dennoch hat es seit dem Mittelalter immer wieder Versuche gegeben, eine Notenschrift zu entwickeln. Ein Grund für diese Bemühungen wird im Kitâb al-Aghânî (*Buch der Lieder*) von Abû l-Faraj al-Isfahânî (897–967) genannt. Einer der Abbasidenkalifen soll Musiker aufgefordert haben, die Melodie eines besonders gelungenen Musikstücks des berühmten Sängers Ishâq al-Mausilî (gest. 850) zu su-

chen. Trotz aller Bemühungen kannte keiner der bekanntesten Musiker des Reiches die Melodie. Hier war offenbar die Grenze der mündlichen Überlieferung erreicht. Dennoch lässt sich erst zu Ende des 13. Jahrhunderts eine genauere Notation in Form einer Tabulaturschrift feststellen. „Zur Bezeichnung der Tonhöhe diente das Alphabet, während die Dauer der einzelnen Töne mit Hilfe von Ziffern angegeben wurde, die jeweils unter den Schriftzeichen stehen."[9] In osmanischer Zeit entwickelten sich dann präzisere Notationssysteme.

Heute werden in der Regel westliche Notationssysteme verwendet, bei denen allerdings die komplizierten harmonischen Besonderheiten muslimischer Spielweisen nur ungenügend fixiert werden können. Der typische orientalische „Sound" kann bei Saiteninstrumenten durch eine entsprechende Stimmung erzielt werden. Ferner verfügen die Musiker über

Modulationsfähigkeiten, die die erwünschten Effekte erzielen. Diese melodischen Besonderheiten sind jedoch mit dem europäischen Notensystem nicht auszudrücken.

MUSLIMISCHE VOLKSMUSIK

Eine Sonderform in der Musikszene muslimischer Gesellschaften stellt die Volksmusik dar, die von Amateurmusikern oder von professionellen Volksmusikern bei traditionellen Familienfesten und bei Festen des Volksislams gespielt wird. Volksmusik untermalt die Aufführung von Schattenspielen und die Auftritte von Gauklern und Akrobaten. Volksmusiker gehören nicht selten zu den sozial marginalisierten Gruppen der Gesellschaft. Gründe dafür mögen homosexuelle Neigungen sein, eine grundlegende kritische Haltung gegenüber gesellschaftlichen Normen oder psychische Devianz. Die Distanzierung des orthodoxen Islams von der Musik wirkt sich auf die Akteure der Volksreligion auch deshalb so stark aus, weil sie eng mit den ebenfalls abgelehnten Formen des Volksislams verbunden sind.

Der soziale Status von Sängern und Musikern der klassischen muslimischen Musik stellt sich allerdings nicht weniger problematisch dar. An den mittelalterlichen Höfen wurden sie bewundert und reich beschenkt. Daher meinte der persische Dichter Zakânî (1371): „Bemühe dich nicht um Gelehrsamkeit. Willst du im Leben erfolgreich sein, werde Musiker (Mutrib)." Aber ihre gesellschaftliche Position war nie stabil. Aus nichtigen Gründen konnten sie ihre Stellung verlieren. Die fragile Situation von Musikern wird deutlich, wenn man weiß, dass vor allem Sklavinnen als Sängerinnen (Qaina) und Instrumentalistinnen auftraten. Bei einer Zählung der professionellen Sängerinnen in Baghdad im Jahr 918 stellte man fest, dass die überwiegende Mehrheit unfrei war. Sie wurden außerordentlich hoch gehandelt. Der Betrag konnte des 20-fache einer gewöhnlichen Sklavin betragen. So wurde im Jahr 913 eine Gesangssklavin für die ungeheure Summe von 13 000 DINAR verkauft, wobei der Händler zusätzlich noch eine Vermittlungsgebühr von 1000 Dinar erhielt. Zum Vergleich: Eine große

Kupferschüssel für den Haushalt des Kalifen al-Râdî (907–940) kostete ca. drei Dinar. Und für 1,36 Dinar bekam man 100 kg Weizen.

DIE MENSCHLICHE STIMME

In der Musik der Muslime wird die menschliche Stimme als wichtigstes Instrument angesehen. Rein instrumentale Musikformen haben sich erst spät entwickelt. Auch heute noch dienen Musikinstrumente in erster Linie der Begleitung von Vokalmusik. Was als Gesang („Ghinâ") bezeichnet werden konnte, wurde unter den Rechtsgelehrten kontrovers diskutiert. Denn es gab eine Reihe von Gelehrten, die schon die psalmodierende Rezitation des Korans als Gesang bezeichneten. Andere lehnten dies ab und verstanden sie als eine völlig andere Form vokalen musikalischen Ausdrucks. Vor allem Autoren der Adab-Literatur widersprachen der These vom Unterschied zwischen

In der marokkanischen Volksmusik spielen die Gnawa eine besondere Rolle. Typische Instrumente der Musik der Gnawa sind Tamburin, eiserne Kastagnetten und die Gembri, ein dreisaitiges Instrument, das gestrichen und gezupft wird.

*Die wertvollste Münze mittelalterlicher Staaten war der **DINAR** (Dînâr), eine Goldmünze von 4,25 g Gewicht. Daneben gab es den Dirham, eine Silbermünze. Je nach Goldwert entsprach ein Dinar 10–22 Dirham. Schließlich zahlte man mit verschiedenen Kupfermünzen wie dem Dâniq, der mit Schwankungen einem sechzehntel Dirham entsprach.*

Gesang und Koranrezitation heftig. Der arabische Adab-Autor Ibn Qutaiba (828–889) fand keinen Unterschied zwischen beiden. Und der andalusische Literat Ibn ´Abd Rabbihi (860–940) meinte, dass ein Verbot des Gesangs konsequenterweise auch das Verbot der Koranrezitation einschließen müsse.

Der Philosoph al-Farâbî (gest. 950) hat sich ausführlich mit den verschiedenen Tönen der Singstimme auseinandergesetzt. Er unterschied Kopftöne, Brusttöne und Nasaltöne und beschrieb das Heben der Stimme („Nabra") und Stakkato-Töne („Shadhara") ebenso wie lang anhaltende Töne („Imâla") und erläuterte, wie sie hervorgerufen werden sollten. Schon aus früh-islamischer Zeit kennen wir Berichte von namentlich erwähnten professionellen Sängern. Der bekannteste von ihnen war Tuwais (632–711), der mit künstlerischen Liedern („Ghinâ mutqan") großes Aufsehen erregte. Als bedeutendste musikalische Neuerung führte er die rhythmische Betonung („îqâ") durch Händeklatschen oder den Einsatz von Schlaginstrumenten wie dem Tamburin ein. Der Kunstgesang in der mittelalterlichen arabischen Musik nutzte Texte von verschiedenen Formen der Dichtung. Es konnte sich also um vertonte Qasîden handeln oder um sogenannte Fragmente („Qit´a"). Letzteres sind Teile von Qasîden, deren vollständige Texte verloren gegangen sind, oder inhaltliche Stücke, die zunächst für die Qasîde kennzeichnend, aber ausschließlich als Einzelthemen verfasst worden waren. In Andalusien entstand die Vertonung der besonders beliebten Gedichtsform der Muwaschschaha, einer in Stanzen verfassten dichterischen Form.

Viele Liedtexte sind erhalten geblieben. Allerdings gibt es nur sehr knappe Hinweise auf die musikalische Realisierung dieser Texte. So finden sich in dem berühmten „Kitâb al-Aghânî" (*Buch der Lieder*) von Abû l-Faraj al-Isfahânî (897–967) im Anschluss an die zitierten Gedichte lediglich kurze Hinweise auf den Rhythmus und den musikalischen Modus der Melodien. Da jeder Vers für sich einen selbstständigen Inhalt ausdrückt, konnte die Melodie nach jedem Vers wechseln. Beliebt ist es bis heute, wenn Sängerinnen oder Sänger Liedtexte durch umfangreiche Improvisationen erweitern, wobei sie einfache bedeutungslose Silben wie yâ, âh oder lâ verwenden. Diese Improvisationen werden von einem interessierten Publikum mit großer Aufmerksamkeit miterlebt. Oft werden besonders gelungene improvisatorische Wendungen von Beifallsstürmen unterbrochen. Die Auftritte der großen Sängerinnen der zweiten Hälfte des 20. Jahrhunderts wie der Ägypterin Umm Kulthûm oder der Libanesin Fairûz waren und sind weit über soziale und intellektuelle Grenzen hinausgehende kulturelle Ereignisse. Ihre Lieder werden in den Literatencafés in Kairo von den führenden Schriftstellern der arabischen Welt mit der gleichen begeisterten Aufmerksamkeit zur Kenntnis genommen wie in den Vergnügungsvierteln von Beirut oder Baghdad. Die Beliebtheit dieser Interpretinnen hängt auch mit ihrer Improvisationsfähigkeit zusammen. In Konzerten von Umm Kulthûm (gest. 1975) verlangte das Publikum von ihr 19-mal eine Wiederholung einer musikalischen Phrase, bei der sie ihre Improvisationskunst voll zur Geltung kommen ließ. Denn jede Version war anders als die vorausgehende. So konnte ein Musikstück, das vom Komponisten auf 20 Minuten ausgelegt war, mehr als eine Stunde dauern.

DER GEBETSRUF

Fünfmal täglich erklingt von allen Moscheen in der islamischen Welt der Gebetsruf („Adhân"), in dem das Glaubensbekenntnis verkündet wird und die Gläubigen zum Gebet aufgefordert werden. Dieser Ruf wird von den Gelehrten als eine Form von Gesang verstanden. Der Gebetsrufer („Mu´adhdhin") wiederholt den aus verschiedenen Formeln bestehenden Ruf nach festgelegten Regeln, wobei nach jeder Formel eine deutliche Pause eingelegt wird. Musikalisch herrscht das Prinzip des Kontrastes vor. So wird das erste Auftreten einer Formel meist weniger gestaltet, die Wiederholung dann allerdings in reich verzierte Melodiezüge gekleidet. In manchen Regionen der islamischen Welt folgen auf den nachmittäglichen Gebetsruf rhythmisch stark akzentuierte formelhafte Lobpreisungen Gottes, die von einer Gruppe von Männern in einer Art von Sprechgesang vorgetragen werden.

Nach der Tradition war der für seine laute Stimme bekannte Schwarzafrikaner Bilal der erste Muezzin.

KORANREZITATION

Die psalmodierende Koranrezitation („Tajwîd") ist die einzige Form musikalischer Äußerung, die auch von den strengsten muslimischen Rechtsgelehrten positiv beurteilt wird. Von dieser Form des Koranvortrags wird schon aus früh-islamischen Tagen berichtet. Im Koran Sure 73, 4 heißt es: „Und trage den Koran langsam und psalmodierend (Tartîl) vor."[10] Den frühen Muslimen war das Wort „Tartîl" nicht verständlich. So fragten sie den Cousin und Schwiegersohn des Propheten Muhammad, ´Alî ibn Abî Tâlib, nach der genauen Bedeutung dieses Begriffs. Dieser erklärte ihn so: „Gute Aussprache der Buchstaben und genaue Kenntnis der Pausen." Es geht also in der Kunst der Koranrezitation nicht nur um die sorgfältige Aussprache der einzelnen Silben und Worte, sondern auch um

Linke Seite:
Osmanischer Musiker mit einem Tamburin; 17. Jh.

die genaue Einhaltung und Dauer der Pausen zwischen einzelnen Sinneinheiten. In modernen Koranausgaben werden die entsprechenden Hinweise durch spezielle Zeichen markiert. Zunächst wurden wegen geringfügiger Differenzen in der Überlieferung des Korantextes sieben unterschiedliche Rezitationsmöglichkeiten unterschieden. Später wurden diese durch die religiösen Autoritäten auf 14 kanonisch korrekte Lesungen erweitert. Die professionellen Koranrezitatoren („Qârî", Pl. „Qurrâ") kennen in der Regel zumindest die sieben ersten Varianten der Rezitation. Die Gelehrten stellten Überlegungen darüber an, ob die Rezitatoren die verschiedenen Varianten während eines Vortrags vermischen dürften. Über diese Frage hat sich jedoch bis heute noch keine einheitliche Meinung herausgebildet. Die Tendenz geht aber dahin, dass die Koranrezitatoren die Vermischung vermeiden sollten, um eine ungebildete Zuhörerschaft nicht zu verwirren. Über die Kunst der Koranrezitation sind eine Vielzahl von Handbüchern verfasst worden, in denen die genaue Aussprache der einzelnen arabischen Buchstaben auch mit anatomischen Erläuterungen der Lautbildung beschrieben wird. In diesen Belehrungen wird auf die Nasalisierung oder die besondere Betonung von pausalen Konsonanten ebenso hingewiesen wie auf verschiedene Tonhöhen im Verlauf der Rezitation. Ohne die Hilfe eines Lehrers („Muqrî") sind diese Hinweise zur korrekten Aussprache aber kaum nachzuvollziehen. Neben den unterschiedlichen Textvarianten für die Koranrezitation gibt es auch Varianten im Stil der Rezitation. Diese beziehen sich in erster Linie auf die verschiedenen Rezitationsgeschwindigkeiten. Man unterscheidet hier innerhalb einer Skala von sehr langsamen zu schnellen Rezitationsformen. In der Regel wird jedoch eine langsame Form der Rezitation gewählt, bei der die sichere Aussprache der einzelnen Laute gewährleistet ist. Ziel der Rezitation soll es sein, dass die Zuhörer jeden einzelnen Buchstaben, jede einzelne Silbe und jedes Wort der Offenbarung Gottes richtig verstehen.

Für blinde Menschen war der Beruf des Koranrezitators in der muslimischen Welt häufig die einzige Möglichkeit, sich ein sicheres Einkommen zu ver-

schaffen. Bekannte Rezitatoren waren und sind auch heute öffentliche Persönlichkeiten, die es zu Ansehen und großem Wohlstand bringen können. Ihre Auftritte in Moscheen, aber auch in Konzertsälen werden vom Fernsehen übertragen und auf Tonträgern wie CDs oder DVDs aufgenommen. Seit Langem hat die langwierige und aufwendige Ausbildung zum Koranrezitator einen professionellen Charakter. Sie wird vor allem an speziellen Schulen gelehrt, auf denen die Schüler von früher Jugend an mit den verschiedenen Aspekten der Koranrezitation vertraut gemacht werden. Seit etwa 50 Jahren gibt es auf lokaler, regionaler, nationaler und internationaler Ebene jährliche Wettbewerbe in Koranrezitation, die auch in der Durchführung sportlichen Großereignissen ähneln. Es bilden sich sogar Fanclubs und in den Medien werden heftige Debatten über die Qualität der Teilnehmer geführt. Ihren Höhepunkt erreichen diese Wettbewerbe während des Fastenmonats Ramadan. In dieser Zeit werden TV-Übertragungen mit jungen Rezitatoren ausgestrahlt, bei denen auch die Kenntnis der Bedeutung der rezitierten Texte, der entsprechenden Wortfelder, der Interpretation von bekannten Korankommentatoren oder die grammatikalischen Besonderheiten geprüft werden. Höhepunkt des internationalen Koranwettbewerbs ist eine öffentliche Veranstaltung in Mekka, bei der die besten Rezitatoren mit einer Goldmedaille ausgezeichnet und mit einem hohen Geldbetrag beschenkt werden.

SAMÂ

In der islamischen Mystik spielt Musik eine besondere Rolle. „Samâ´" (wörtl. Hören) stellt einen Teil der mystischen Praxis des Islams dar. Das war zunächst vor allem im Iran der Fall, von wo die Verwendung von Musik bei mystischen Übungen z. B. in der Türkei, vor allem aber auch auf dem indischen Subkontinent weite Verbreitung fand. Der Samâ´ nimmt häufig eine stark ritualisierte Form an. Auf Koranrezitationen folgen Vorträge religiöser Poesie und schließlich die musikalische Darbietung selbst. Man nennt diese Art der Musik „Nahrung für die Seele". Die Musik kann emotionale Bewegungen hervorrufen, die von den Sûfîs als Trancezustände und Ekstasen erfahren werden. In manchen Fällen haben Mystiker sogar den Eindruck, infolge der Musik Offenbarungen erhalten zu haben. Die Wirkung der Musik kann noch durch kollektiv oder individuell durchgeführte rhythmische Körperbewegungen verstärkt werden. Auch beim Samâ´ steht an erster Stelle die menschliche Stimme. Diese wird durch Schlaginstrumente wie das Tamburin, dann aber auch durch die Rohrflöte („Nay") ergänzt. Die kritische Haltung der islamischen Rechtsgelehrsamkeit gegenüber anderen Instrumenten wirkte sich beim Samâ´ dahingehend aus, dass sie möglichst selten eingesetzt wurden. Die Wirkung der Musik wird durch rhythmische Körperbewegungen intensiviert, die kollektiv oder auch individuell ausgeführt werden. Abgeschlossen wird das gesamte Ritual durch ein gemeinsames Mahl.

Neben den konservativen Religionsgelehrten gab es auch unter den Sûfîs Kritik an den oft ausgiebigen Musikfesten der Mystiker. Wie in der weltlichen Musik wurden auch im Samâ´ der Sûfîs Lieder auf fiktive Frauengestalten mit Namen wie Su´dâ, Lubnâ oder Lailâ gesungen. Auf diese Inhalte bezog sich die Kritik, die in Sûfîkreisen aber verdeckt geäußert wurde: „Einer der Gefährten des (persischen Mystikers) Sahl al-Tustarî (gest. 890) sieht den berühmten Sûfî Abû Sa´îd Ahmad Ibn Îsâ al-Kharrâz (gest. 890), der bekannt wegen seiner Vorliebe für die Musikveranstaltungen gewesen sei und sich dabei viel bewegt habe und viel ohnmächtig hingefallen sei, nach seinem Tode im Traum und fragt ihn, was Gott ihm getan habe. Er antwortet: Gott ließ mich vor sich stehen und sprach zu mir: O Ahmad, Du hast Mich wie Lailâ und Su´âd beschrieben. Wenn ich nicht gesehen hätte, dass du in einer mystischen Station rein Mich gewollt hättest, würde Ich dich bestrafen."[11] Dennoch ließ sich die Begeisterung für diese religiöse Musik weder innerhalb der islamischen Mystik noch außerhalb der Orden unterdrücken. Auch heute noch werden Samâ´-Konzerte durchgeführt. Inzwischen werden davon auch CDs und DVDs produziert und treffen auf ein aufnahmebereites Publikum in der islamischen Welt, aber auch in Europa oder Amerika.

MUSIKINSTRUMENTE –
ZUPFEN UND SCHLAGEN

Die Miniatur aus dem 13. Jh. zeigt den unglücklich verliebten Sänger Bayad, der sich auf seiner Laute bei einem Lied begleitet.

*Unter **DRONE** (deutsch: Bordun) versteht man einen permanenten Begleitton im Grundton oder in der Quinte der Tonart eines Musikstücks.*

*Die antike **HUMORALLEHRE** geht von einer Vierteilung der Welt in die Grundprinzipien von Erde, Feuer, Luft und Wasser aus. Daraus ergibt sich ein System von Hitze für Blut, Kälte für Schleim, Feuchtigkeit für schwarze Galle und Trockenheit für gelbe Galle, die im gesunden menschlichen Körper in einem Gleichgewicht stehen müssen.*

Trotz eines Verbots durch muslimische Rechtsgelehrte gab es doch eine kaum überschaubare Vielzahl von unterschiedlich konstruierten Musikinstrumenten. Im 10. Jahrhundert unterschieden Musiktheoretiker wie der berühmte Ibn Sîna, lateinisch Avicenna (980–1037), Schlag-, Zupf-, Streich- und Blasinstrumente. Eine andere Kategorisierung unterschied danach, ob ein Instrument einen kurzen, einen länger anhaltenden oder einen kontinuierlichen Ton hervorbringen konnte und ob der Hals eines Saiteninstruments mit Bünden versehen war. Die verschiedenen Instrumente können entweder eine schlichte Form aufweisen, sind aber auch durch Arabesken und andere Ornamente, verschiedenfarbige Bemalungen, angehängte Bänder und Troddeln verziert. Wie schon festgestellt, ist die menschliche Stimme das wichtigste Instrument des islamischen klassischen wie volksmusikalischen Musizierens. Diese Regel gilt auch für die Regionen der islamischen Welt, in denen Formen rein instrumentaler Musik sich einer besonderen Beliebtheit erfreuen. Bei musikalischen Auftritten sind alle Musiker in gewisser Hinsicht Solisten. „Tutti-Schweine", die sich mit reinen melodischen Begleitfiguren zufrieden geben müssen, gibt es nicht. Wenn mehrere Musiker gemeinsam eine melodische Phrase zu Gehör bringen, variiert schließlich jeder Einzelne von ihnen das Tempo und die Melodielinie auf subtile Art. Auf diese Weise entsteht eine für muslimische Musik typische Heterophonie, die gemeinsam mit sogenannten **DRONES** und parallelen Intervallen von Oktaven, Quarten und Quinten eine spezielle Form von Polyphonie entstehen lässt, obwohl diese Musik in ihrer grundsätzlichen Anlage nicht polyphon ist. Vermittelt wird diese komplexe Art des Musizierens bis in die Gegenwart vorrangig durch die Weitergabe dieser Kunst

vom Meister auf den Schüler. Diese musikalische Kompetenz bedarf einer hohen musikalischen Begabung, großer Erinnerungsfähigkeit, der Fähigkeit zur musikalischen Improvisation wie eines Gefühls für das Verhältnis von Musik und Sprache. Trotz der nötigen Voraussetzungen kann ein Musiker nur nach einer langen Ausbildung einen hohen Grad an Perfektion erlangen.

SAITENINSTRUMENTE

Das bekannteste, über die islamische Welt von Marokko bis nach Südasien verbreitete Saiteninstrument ist die Kurzhals-Laute („al-ʿÛd"). Von al-ʿÛd ist auch das deutsche Wort „Laute" abgeleitet. Zur Zeit der Kreuzzüge fand dieses Instrument seinen Weg über Andalusien und den Balkan nach West- und Mitteleuropa. Die Araber hatten das aus Holz gebaute Instrument – „ʿÛd" bedeutet zunächst Holz – von den kleinen vor-islamischen Königreichen im heutigen Irak übernommen. Sie kannten bis dahin nur Zupfinstrumente, die aus einem mit Tierfellen überspannten Rahmen gebaut worden waren. Der ʿÛd gilt als das wichtigste Musikinstrument der orientalischen Musik. Es handelt sich dabei um eine bundlose Kurzhals-Laute mit einem halbbirnenförmigen Korpus, die gezupft wird. Gern wird sie als „Sultan der Instrumente" bezeichnet. Ihr Ton wird poetisch mit dem Gesang der Nachtigall verglichen. Im Laufe der Zeit wurde das Instrument weiterentwickelt. Zunächst hatte es nur vier Saiten. Der berühmte Musiker Ziryâb fügte dem Instrument im 9. Jahrhundert noch eine weitere Saite hinzu. Bei der älteren Laute waren die Saiten in Quartabständen gestimmt. Sie entsprachen mit ihrer Vierzahl dem antiken Prinzip der vier Temperamente in der **HUMORALLEHRE**. Die viersaitige

Laute wird als „'Ûd qadîm" (alte Laute) bezeichnet, die fünfsaitige als „'Ûd kâmil" (vollständige Laute). Ziryâb färbte die höchste Saite („Zîr") gelb, weil sie die gelbe Galle symbolisierte, die zweithöchste („Mathnâ") rot für Blut, die folgende („Mathlat") weiß für das Phlegma und die unterste („Bamm") schwarz für die schwarze Galle. Die hinzugefügte fünfte Saite sollte die Seele symbolisieren, weil die vier Körpersäfte ja nicht ohne die Seele existieren könnten. Ziryâb begann auch, die Saiten mit der Spitze einer Adlerfeder anzureißen. Diese Praxis hat sich bis heute gehalten. Zuvor hatte man ein Plektrum aus Holz verwendet. Anfänger benutzen heute ein Plektrum aus Kunststoff.

Der Kurzhals-Laute steht die Langhals-Laute („Buzuq") gegenüber, die vor allem in der Türkei, im Iran, in Zentralasien und in der muslimischen Musik Südasiens weitverbreitet ist. Die Bezeichnung Langhals-Laute macht deutlich, dass der Steg des Instruments mindestens dreimal so lang wie sein Korpus ist. Im Türkischen benutzt man für sie den Gesamtbegriff „Sâz", was zunächst ganz allgemein Musikinstrument bedeutet. Es handelt sich um ein Instrument mit einem relativ kleinen Korpus, der aus einem Stück Holz geschnitzt oder aus einer Anzahl von einzelnen Holzspänen zusammengesetzt wird. Er kann eine Länge von ca. 0,20 m haben im Vergleich zu 0,90 m Länge des ganzen Instruments. In den Korpus werden einige kleinere Löcher gebohrt. Daher ist die Lautstärke des Instruments begrenzt.

Im Gegensatz zu der Mehrzahl der unterschiedlichen Kurzhals-Lauten verfügt die Langhals-Laute über Bünde für alle Halbtöne und einige Vierteltöne. Im Iran sind auch Langhals-Lauten im Gebrauch, deren Korpus aus zwei miteinander in Form einer Acht verbundenen Resonanzkörpern besteht. Sie unterscheiden sich von anderen Langhals-Lauten auch dadurch, dass über den halboffenen Korpus eine dünne Schafhaut gespannt ist, die mit einem speziellen Pulver aus der Sarischwurzel befestigt ist. Auch dieses Instrument wird gezupft. Im Persischen werden die Langhals-Lauten als „Târ" in der Bedeutung „Faden", „Tau", dann auch „Saite" bezeichnet. Da die

Instrumente über eine unterschiedliche Anzahl von Saiten verfügen, werden sie nach deren Zahl unterschieden. Der Name der bekannten „Setâr" bedeutet im Grunde „drei Saiten". Im südasiatischen Raum findet sich eine „Ektara", ein einsaitiges Instrument, bei dem eine Kalebasse oder eine Kokosnussschale mit einer Saite straff verbunden ist, die an einem gespaltenen Bambusrohr festgemacht ist. Die Saite wird mit einem Finger gezupft. Durch Druck auf das gespaltene Bambusrohr wird die Saite stärker oder weniger stark gespannt, wodurch sich die Tonhöhe verändert. Für einige begriffliche Verwirrung sorgt die Bezeichnung einer kompliziert konstruierten Langhals-Laute im zentral- und südasiatischen Bereich, die „Rubâb" genannt wird. Sie hat bis zu 24 Saiten und wird wohl daher „Löwe unter den Lauten" genannt. Im Mittleren Osten handelt es sich bei der Rubâb dagegen um eine ein- oder zweisaitige Spießgeige.

Linke Seite:
In den auf Miniaturen festgehaltenen Festumzügen für osmanische Herrscher zogen auch Musikanten samt ihren Instrumenten mit.

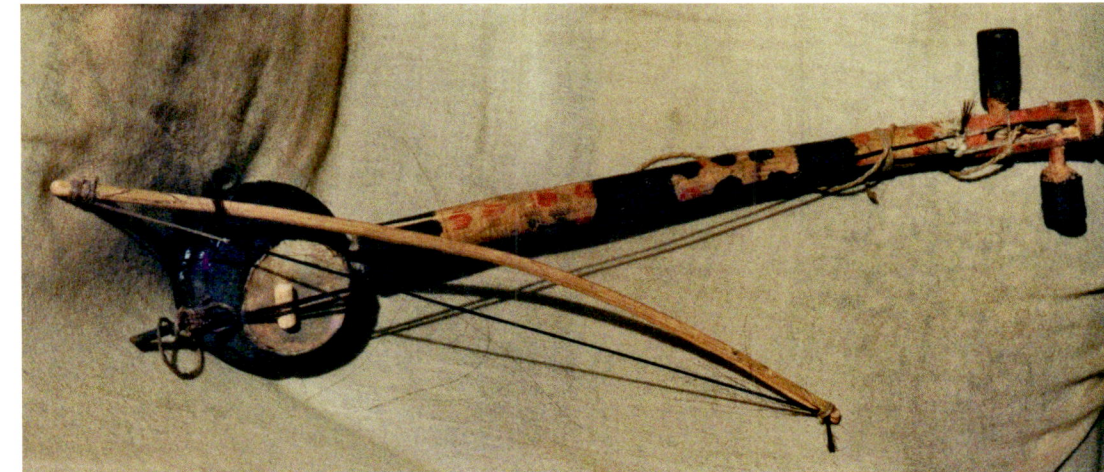

Ein weiteres Saiteninstrument ist die „Kamanja", die Spießgeige. Heute heißt jedoch die europäische Violine ebenfalls Kamanja. Auch die traditionelle Kamanja wird wie eine europäische Violine gespielt. Davon abweichend wird sie in Nordafrika auch vertikal auf dem Knie gehalten. Das ist wohl auch die früheste Art, auf diesem Instrument zu spielen. Die Urform dieses Instruments hatte als Resonanzkörper eine halbierte Kokosnuss, die mit einer Schaf- oder Fischhaut bespannt war. An dieser war ein Stab angebracht, an den die Saiten gespannt und mit dem Re-

Zweisaitige Spießgeige eines ländlichen Barden aus Oberägypten.

Der Qanûn hat die Form eines Halbtrapezes und verfügt über 63 bis 84 diatonisch gestimmte Saiten. Dabei sind jeweils drei benachbarte Saiten so angebracht, dass sie einen Ton hervorbringen. Ein Instrument mit 84 Saiten verfügt demnach über 28 Töne. Der Musiker legt das Instrument waagerecht auf die Knie und bespielt es mit Plektren aus Schildplatt, die an Ringen auf dem rechten und dem linken Zeigefinger befestigt sind. Im Unterschied zu diesem Instrument hat der Santûr 92 Saiten, wobei je vier Saiten chorisch auf denselben Ton eingestimmt und mit zwei Holzschlegeln zum Klingen gebracht werden.

BLASINSTRUMENTE

Das bekannteste orientalische Blasinstrument ist die Längsflöte („Nay"). Sie wird aus Schilfrohr oder Bambus hergestellt und ist an beiden Enden offen. Der Flötist bläst gegen den angeschliffenen Rand der Rohröffnung und erzeugt so die Töne. Die türkische Nay dagegen besitzt ein Mundstück, das aus unterschiedlichen Materialien hergestellt werden kann. Die persische Version, die auch in Zentralasien verbreitet ist, verfügt über ein Mundstück aus Messing. Die Nay hat in der Regel auf dem Rücken ein Loch und auf der Vorderseite sechs Löcher. Nur die persische Nay verfügt über mehr Löcher. Durch Überblasen kann der Musiker einen Tonumfang von drei Oktaven erreichen. Der Grundton der Längsflöte hängt natürlich von der Länge des Instruments ab. Die übliche längere Flöte verfügt als zweittiefsten Ton über das „d" und die übliche kleinere Variante erklingt in „g". Nay-Virtuosen benutzen während eines Konzerts in der Regel mehrere Flöten unterschiedlicher Länge, um in verschiedenen Modi ohne großen Aufwand spielen zu können. Ein Satz Flöten kann aus bis zu sieben verschiedenen Instrumenten bestehen. Die Verwendung mehrerer Flöten ist jedoch eher eine Frage der Bequemlichkeit als der Tonmöglichkeiten des Instruments. Der Ton der Nay wird als weich und klagend empfunden. Sie ist das typische Instrument, das bei den Ritualen der tanzenden Derwische zum Einsatz kommt. Die Nay symbolisiert in diesem Rahmen die mystische Sehnsucht des Menschen nach dem göttli-

sonanzkörper verbunden waren. Auch heute noch findet man solche oft zweisaitigen Streichinstrumente, die als Rabâb oder Rubâb bezeichnet werden. Ihre Resonanzkörper werden heute auch aus ausrangierten Metalltöpfchen hergestellt, in die an den Seiten mehrere Resonanzlöcher eingeschnitten sind. Daneben gibt es auch die einsaitige Rabâb al-Schâ'ir, die Geige des Dichters, die aus einer über einen viereckigen Holzrahmen gespannten Schafshaut und einem durchgesteckten Stab als Hals besteht.

Schließlich sind innerhalb der Gattung der Saiteninstrumente noch der Qanûn und der Santûr zu nennen. Es handelt sich hierbei um Kastenzithern.

chen Geliebten. Im Umkehrschluss wird sie von den Sûfîs auch „der verlängerte Atem Gottes" genannt.

Neben der Nay gibt es noch einige weitere Holzblasinstrumente wie die Surnay, ein Doppelrohrblatt-Instrument, das einen oboenähnlichen Klang hervorbringt. In der südasiatischen Musik findet sich auch eine Traversflöte, „Bansuri", die wie die Nay in unterschiedlichen Längen aus Bambusrohr besteht und in einem komplizierten Prozess hergestellt wird. Sie hat sieben oder acht Löcher. „Mighwiz" und „Zummâra" sind mittelöstliche Doppelklarinetten, bei denen zwei Rohre mit einem Mundstück verbunden sind. Die beiden Rohre verfügen über eine gleiche Anzahl von sechs oder sieben Löchern, die auch gleichzeitig gegriffen werden. Ein ähnliches Instrument findet sich in Südasien. Die beiden Rohre der dortigen Alghoza werden mit jeweils drei Fingern der rechten und der linken Hand gespielt.

Aus mittelalterlichen Miniaturen sind Metallblasinstrumente mit Namen „Bûq" oder „Nafîr" bekannt, die als Fanfaren beschrieben werden können. Die verschiedenen Töne werden durch unterschiedliche Lippenstellungen und wechselnde Stärke des Blasens erzeugt. Ventile waren nicht bekannt. Schließlich ist noch die Sackpfeife („Qirba" oder „Ruwâqa") in diesem Instrumentenkanon zu nennen. Die mittelalterliche arabische Musik kannte außerdem pneumatische und hydraulische Orgeln. Daneben wurden auch schon Musikautomaten konstruiert, die für sehr reiche Haushalte produziert wurden.

SCHLAGINSTRUMENTE

Die orientalische Musik hat mit ihren verschiedenen Percussioninstrumenten nachhaltigen Einfluss auf die europäische Musik vom Barock bis zum Pop ausgeübt. Bei vielen dieser orientalischen Trommeln, vor allem bei den Rahmentrommeln, können dunkle und helle Töne erzeugt werden. Bei Schlägen in die Mitte des Trommelfells entstehen die dunklen Töne. Je weiter zum Rand hin die Schläge erfolgen, desto heller werden sie. Zu den in der orientalischen Musik besonders häufig verwendeten Schlaginstrumenten gehört die einfellige Rahmentrommel, der „Riqq". Diese

Trommeln werden mit der freien rechten Hand und hin und wieder zusätzlich mit den Fingern der linken, die die Trommel hält, geschlagen. Der Rahmen wird durch einen langwierigen Herstellungsprozess in seine runde Form gebracht. Der Riqq ist an der Außenseite stark, an der Innenseite nur vereinzelt im Rahmen mit Intarsien oder Mosaikplättchen aus Perlmutt, Horn, Bein oder Kunststoff besetzt. In den Rahmen sind in ausgeschnittenen Zargen bis zu zehn doppelte kleine Becken- oder Schellenpaare platziert.

Daneben finden sich noch drei weitere Typen von Rahmentrommeln: Die Schellentrommel („Daff"), die mit einem Durchmesser von 0,30 m größer als der Riqq ist, aber nur über fünf Schellenpaare verfügt. Diese Trommel wird als ein Instrument beschrieben, das vornehmlich von Frauen gespielt wird. Die Rahmentrommel „Mazhar", die nahezu ausschließlich bei religiösen Ritualen Verwendung findet, ist 0,60 m im Durchmesser und hat keine Schmuckelemente. Schließlich ist noch die Rahmentrommel „Bandir" mit 0,40 m Durchmesser zu nennen. Unterhalb des Trommelfells verlaufen bei ihr zwei Schnarrsaiten, die einen charakteristischen Ton hervorrufen. Auch diese Trommel findet vor allem bei religiösen Zeremonien Verwendung. Zu nennen sind zudem zweifellige Rahmentrommeln („Tabl") unterschiedlicher Größe, die auf beiden Seiten geschlagen werden. Eine Abwandlung ist die kleine, zweifellige Rahmentrommel, die auf einen Stab gesteckt ist. An zwei gegenüberliegenden Seiten des Rahmens sind kurze, dünne Stricke befestigt, an deren freien Enden sich kleine Holzstücke befinden. Durch eine ständige gegenläufige Drehbewegung des Stabs beginnen die Holzstücke auf die Trommelfelle zu schlagen und erzeugen so einen permanenten, nicht immer regelmäßigen Ton.

Ein weiteres populäres Instrument ist die „Darabûka", eine Bechertrommel, deren Korpus in der Regel aus gebranntem Ton besteht. Über den oberen Teil ist eine Tierhaut gespannt, die meist an den Korpus angeklebt ist. Das Trommelfell wird mit beiden Händen geschlagen. Der Musiker kann die Darabûka unter den linken Arm klemmen, wenn er steht oder geht. Spielt er sie im Sitzen, legt er sie seitlich auf

einen Oberschenkel. Nach Aussagen von Musikethnologen wird die Darabûka vornehmlich von Frauen gespielt. Man findet aber auch sehr viele Männer, die diese Trommel beherrschen.

Schließlich gibt es noch die Kesselpauken („Naqâra"). Häufig handelt es sich um ein Paukenpaar, dessen Korpus aus Holz oder Kupfer besteht. Die beiden Pauken werden getrennt voneinander aufgestellt und mit Schlegeln gespielt. Auf der rechten Pauke werden die tiefen, auf der linken die höheren Töne erzeugt. Es finden sich in Nordafrika auch solche, die miteinander durch Stricke verbunden sind. Sie existieren in verschiedenen Größen bis hin zu so großen Exemplaren, dass sie rechts und links an einem Kamel befestigt und bei Kriegszügen oder Prozessionen verwendet wurden. Aus dem Iran stammt ein Schlaginstrument, „Dhol", das auch in Südasien bekannt ist. Es handelt sich um einen Klangkörper, bei dem über einen fassähnlichen Korpus beidseitig die Trommelfelle gespannt sind. Die Trommelfelle sind durch Stricke aus Hanf oder Tierhaut miteinander verbunden. Durch Nüsse, kleine runde Steine oder entsprechende Holzstücke können die Stricke und damit die durch sie verbundenen Trommelfelle gespannt oder entspannt werden. Auf diese Weise verändert sich die Tonhöhe der Trommel. Grundsätzlich ist das Fell auf einer Seite, häufig der linken, dicker als auf der anderen. Es erzeugt daher einen tieferen Ton. Die Trommel wird mit zwei Trommelstöcken geschlagen, wobei der für die tiefere Seite stärker und an der Spitze charakteristisch gebogen ist. Der andere Trommelstock ist schmaler und weist lediglich eine kleine Verdickung auf.

Besonders zahlreich sind die Schlaginstrumente der muslimischen Ethnien des subsaharischen Afrikas. Hier sei nur auf das Kalangu hingewiesen, eine Trommel in Form einer Sanduhr, die mit der Hand und einem Stock geschlagen wird. Das Trommelfell ist mit Schnüren am Trommelkorpus befestigt. Das Kalangu wird unter dem linken Oberarm eingeklemmt. Durch Variationen des Drucks des Arms auf die Verschnürung des Fells über dem Trommelkörper werden verschiedene Tonhöhen hervorgerufen. Von ähnlicher, aber kleinerer Bauart ist das „D'an karb'i", das der Trommler sitzend auf dem linken Oberschenkel schlägt. Da die Spannung der Schnüre gleich bleibt, verändert sich die Tonhöhe nicht.

ايل والسفن موجهة ومزينة لذلك الى ان اتهم من تلك الحضرة وعزموا وسافروا الى بلاد الترك فقدروا
تلك البواخر حتى اقام بها ما باسم فيكله وعزيم على عن وقصداد

فتح قصداد

ذلك الموضع مغرور واعداه القلاع مسكونة الحصبة تلك البقاع قطن ان ايدى تصارف الزمان
المقبل تضطاد تلك الفلك بقبضة قدرته وتصرع النسر الطائر منادق قهرا فلم يزل ذلك حتى
وجعلوه فى قبضه الاسار والحضار دليلا ثم ان بخبة طبع ناصر الدين وكمال مكرمته اقتضت ان
بأنه فى كل سنة هندا راعيتنا وان يضرب السكة ويجعل الخطبة با... وزير المنابر با

راضه صمم العزم ط... دوته الى بلادهم صفين صادق وتية صحبة اخرى البارك
واس الكفار واس الاطراف ومعاقلها التي لم يكن قد وصل اليها احد في شي
تلك تكا البقعة وخون وزن وحبر وماكر فاش اوحيها اعظم

Unter den Percussioninstrumenten ist des Weiteren das Becken zu nennen, das vor allem in der Militärmusik des osmanischen Heers eine zentrale Rolle spielte. Während die Musik der Muslime Südostasiens stark von der arabischen, persischen und südasiatischen Musik beeinflusst ist, gilt das nicht für die Maultrommel, ein spezielles Percussioninstrument, das sich vor allem auf Sumatra besonderer Beliebtheit erfreut. Kesi ist ein den Becken ähnelndes Instrument aus Malaysia. Es besteht aus mehreren Becken, die auf einer Holzplatte befestigt sind, auf die der Musiker mit zwei anderen Becken schlägt.

Auf vor-islamischen Einfluss gehen die verschiedenen Gong-Arten der malaysischen und indonesischen Musik zurück. In der Regel werden je ein kleinerer („Kind") und ein größerer Gong („Eltern") in einem hölzernen Rahmen befestigt. Die Tonhöhen sind von der Größe des Gongs abhängig. Diese Kombination wird „Canang" genannt. Das Instrument wird mit einem Holzschlägel geschlagen. Ein anderes ungewöhnliches südostasiatisches Percussioninstrument mit Namen „Anklung" besteht aus einer Konstruktion von verschieden langen Bambusröhren. Die einzelnen Röhren werden in Klanglöcher eines Bambusrohrs geführt. Die Röhren erzeugen je nach Länge einen unterschiedlichen Ton, der durch Schütteln der einzelnen Rohre erzeugt wird. Da bei dieser Konstruktion ein Musiker kaum eine komplexere Melodie erzeugen kann, sind für melodischere Musikstücke mehrere Musiker erforderlich. In Indonesien existieren Anklung-Orchester mit mehr als hundert Mitspielern.

In der modernen orientalischen Kunstmusik findet man im Übrigen eine Vielzahl von Instrumenten, die auch in Orchestern mit einem europäischen Repertoire zu finden sind. Beliebt sind dabei neben den verschiedenen europäischen Streichinstrumenten und dem Akkordeon vor allem elektronische Orgeln wie die Hammondorgel.

Die Abbildung aus dem Iran des 14. Jh.s zeigt zwei Soldaten, die eine Kesselpauke tragen, die von einem dritten mit großen Schlägeln geschlagen wird.

MUSIKTHEORIEN –
MELODIE UND RHYTHMUS

Die Musiktheorien in der islamischen Welt entstanden im Nahen und Mittleren Osten in Kenntnis der antiken griechischen Musiktheorien, im südasiatischen Bereich kommen in der Musik der Muslime neben den arabisch-iranischen auch die vor-islamischen Einflüsse der Ragas hinzu. Im südostasiatischen Bereich stammen die Einflüsse vor allem bei den früh islamisierten Regionen Malaysias und Sumatras aus arabisch-iranischen Traditionen, auf Java sind sie von speziellen vor-islamischen musikalischen Praktiken Balis beeinflusst.

Die Musiktheorien der arabisch-iranischen Welt entstanden in der Zeit vom 9. bis 13. Jahrhundert und basieren auf der musikalischen Praxis des Lautenspiels. Auf dieser Grundlage lassen sich bis heute zwei Tonsysteme unterscheiden. Das eine ist vor allem von Safî al-Dîn al-Urmawî (gest. 1294) auf der Basis des pythagoreischen Systems entwickelt worden. Die in der Türkei, im Iran und in Zentralasien heute verwendeten Tonsysteme beruhen auf seinen Überlegungen. Das ältere System geht auf den arabischen Philosophen al-Farâbî (gest. 950) zurück. Es prägte vor allem die arabische Musik. Dieses System wurde von modernen arabischen Musiktheoretikern überarbeitet. Dabei wird eine Oktave in 24 gleich große Intervalle aufgeteilt. Da der Umfang von zwei Oktaven zum Praktizieren der arabischen Musik ausreichte, erhielt jeder der 48 Töne einen eigenen Namen. Durch diese Benennungen war das gemeinsame Musizieren verschiedener Instrumente ohne Notationen möglich. Die namentliche Festlegung der Töne ergab sich dabei aus der Tatsache, dass die Funktion eines Tones in der arabischen Musik maßgeblich von seiner Position in der Skala wie von seinem Abstand zum nächsten Ton bestimmt wird. Die Bestimmung

Die Kunst des Baus traditioneller Instrumente drohte in den 1970er-Jahren in Vergessenheit zu geraten. 1977 wurde in Baghdad eine Werkstatt für den Bau von Knickhals-Lauten neu eingerichtet.

der absoluten Tonhöhe eines Tones, wie wir sie aus der europäischen Musik kennen, spielt dagegen in der arabischen Musik kaum eine Rolle. Man verständigte sich auf den tiefsten Ton, der z. B. abhängig von dem Stimmumfang eines Sängers war. Die tatsächlichen Tonwerte können bis zu einer Quart aufwärts oder abwärts von der tatsächlichen Tonhöhe abweichen.

Früh begannen Musiktheoretiker wie auch Praktiker, Notationssysteme zu entwerfen. Das geschah vor allem, indem man die Griffpositionen auf der Laute kodifizierte: „Al-Sabbâba (der Zeigefinger) griff das Ganztonintervall, al-Wustâ (der Mittelfinger) die Terz, al-Binsir (der Ringfinger) die große Terz, der kleine Finger (al-khinzir) die Quarte."[12] Entsprechend konnte man dann Tabellen entwickeln, auf denen die Griffe notiert wurden.

MELODISCHE GRUNDLAGEN

Melodisch-rhythmische Grundlage muslimischer Musik ist der „Maqâm", trotz der gemeinsamen sprachlichen Wurzel nicht zu verwechseln mit der Literaturgattung der Maqâme. Den Maqâm in der Musik könnte man am ehesten mit dem Begriff des Modus beschreiben, einer verbindlich festgelegten Reihe von Tönen, die aus kleinen, mittleren, großen und übermäßigen Sekundintervallen gebildet werden. Der tonale Bereich wird bei dem Maqâm besonders ausgeformt, während seine Rhythmik wenig strukturiert ist. Es fehlen also eine feste Takteinteilung und ein gleichbleibendes Metrum. Der arabische Musikwissenschaftler Habib Hassan Touma identifiziert den Melodiezug, die Phasen und Tonebenen sowie den Gefühlsgehalt als wesentliche Elemente des Maqâm. Jeder Maqâm setzt sich aus mehreren Melodiezügen zusammen, die durch längere Pausen voneinander

ISLAM UND TANZ

Für islamische Rechtsgelehrte, die schon Musikaufführungen kritisch gegenüberstanden, war und ist die Verbindung von Tanz und Musik noch eindeutiger abzulehnen. Dabei unterscheiden sie nicht, ob es sich um den privaten oder gar öffentlichen Tanz von einzelnen Tänzerinnen oder Tänzern handelt oder um die traditionellen Gruppentänze von Personen eines Geschlechts. Die Gelehrten kritisieren, dass Musik und Tanz den Menschen von Gott und dem Gedenken an Gott ablenken, weil sie einem irdischen Vergnügen dienen. Öffentliche Auftritte von Tänzerinnen oder Tänzern vor Publikum wurden und werden strikt abgelehnt, weil auf diese Weise sexuelle Gefühle erregt werden können, die dann zu illegitimen Handlungen führen. Dennoch ließ sich der tänzerische Bewegungsdrang auch in muslimischen Gesellschaften durch das theologische Verbot nicht unterdrücken. An den Ufern des Tigris in Baghdad und in anderen Metropolen traten in Vergnügungslokalen schon im Mittelalter Tänzerinnen und Tänzer auf. Die Versu-

che der Ordnungshüter, gegen diese Etablissements einzuschreiten, waren nie lang erfolgreich. Das lässt sich schon daraus ersehen, dass die Aufseher über die öffentliche Ordnung immer wieder von Neuem gegen die öffentlichen Auftritte von Tänzerinnen und Tänzern vorgehen mussten. So berichtet der ägyptische Historiker Ibn Tulûn, dass die Polizei in den Jahren 1480, 1486, 1504, 1507 und schon wieder 1508 in Kairo gegen Tanzauftritte und den damit verbundenen Weingenuss eingeschritten war. An den großen Fürsten- und Herrscherhöfen korrespondierten die Tanzveranstaltungen mit der Frömmigkeit des Herrschers. Stand dieser den Positionen der Rechtsgelehrsamkeit distanziert gegenüber, kam es zu rauschenden Festen mit Musik und Tanz. Zunächst auf Miniaturen aus der Moghulzeit im Indien des frühen 16. Jahrhunderts, dann auf türkischen Miniaturen des 18. Jahrhunderts und vor allem in der Malerei der Qajarenzeit im Iran des frühen 19. Jahrhunderts finden sich zahlreiche Darstellungen von Tänzerinnen auf Miniaturen oder Reliefkacheln. Darstellungen von orientalischen Tänzerinnen waren ein beliebtes Sujet von europäischen Malern wie Eugène Delacroix. Mit dem Aufkommen der Fotografie sind zahllose Bilddokumente des 19. und frühen 20. Jahrhunderts von orientalischen Tänzerinnen überliefert. Die Fotografien

waren auf einen entsprechenden Publikumsgeschmack in Europa ausgerichtet. Bemerkenswert ist, dass Kunstwerke, auf denen Tänzerinnen dargestellt sind, auch aus der Hand des algerischen Malers Muhammad Racine stammen, der um 1830, vor der französischen Besetzung, in einem eigenen Miniaturstil malte. Einige muslimische Gelehrte lehnten auch die Tänze der Sûfîs ab. Selbst zwischen den verschiedenen Sûfî-Gemeinschaften kam es zu Kontroversen über den Tanz bei gemeinsamen religiösen Übungen. Dennoch ließen sich auch hier tänzerische rituelle Praktiken nicht unterdrücken. Bei den Sûfîs der Mewlewiyya, der tanzenden Derwische im türkischen Konya, stellt der Tanz einen konstitutiven Teil ihrer Glaubenspraktiken dar. Dieser hoch symbolischen Form des religiösen Tanzes stehen die stundenlangen, einfachen rhythmischen Körperbewegungen der Dhikr-Übungen arabischer und subsaharischer muslimischer Bruderschaften gegenüber, die zu ekstatischen Ausbrüchen führen können.

getrennt werden. „In jedem neuen Melodiezug erklingt etwas musikalisch Neues. Das Neue wird entweder für sich allein behandelt oder mit bereits dargestelltem musikalischem Material kombiniert. Betont der Musiker beispielsweise im ersten Melodiezug den ersten Ton der Maqâm-Reihe, so kann im zweiten Melodiezug der dritte Ton des Maqâm eingeführt werden. Wenn im dritten Musikzug die vierte Stufe des Maqâm herausgestellt wird, dann ist zu erwarten, dass in diesem dritten Melodiezug zugleich die Haupttöne der ersten beiden Melodiezüge zusammen mit der vierten Stufe erscheinen. Eine verbindliche Regel für die Reihenfolge, in der die Töne hervorgehoben werden, und für die Anzahl der Melodiezüge innerhalb eines Maqâm existiert nicht. Jeder Musiker kann hier frei verfahren."[13]

Das zweite wichtige Strukturmoment des Maqâm bilden Phasen und Tonebenen. Der Musiker spielt einen Ton oder bewegt sich in einem Tonraum, was als Phase bezeichnet wird. Jeder Melodiezug setzt sich aus mehreren Phasen zusammen. Die einzelnen Phasen entwickeln sich langsam von den tieferen zu den höheren Tönen, bis ein melodischer Höhepunkt erreicht und damit die Phase abgeschlossen ist. „Die Phasen eines Maqâm basieren auf Tonebenen, die im Laufe der Vorführung sorgfältig nacheinander aufgebaut werden. Eine Tonebene setzt sich aus Tönen zusammen, die um eine melodische Achse herum angeordnet werden. Eine Melodieachse wiederum entsteht durch eine wenigstens dreimalige Wiederholung eines Tons, der dabei zugleich von benachbarten Noten umspielt werden kann."[14] So kann beispielsweise der Ton „d", als Zentrum einer Tonebene eingerichtet, von den Noten g – a – b – c – e – f umspielt werden. Diesem Zentralton wird in der musikalischen Ausführung größte Aufmerksamkeit geschenkt, da er den Kern der gesamten Phase bildet. Erst wenn alle Gestaltungsmöglichkeiten einer Tonebene ausgeschöpft sind, wird eine Phase als abgeschlossen betrachtet. Auch wenn die einzelnen Musikzüge, die einen Maqâm bilden, nach Anzahl und Länge variieren können, ist doch die inhaltliche Aussagekraft, also das Gefühl, das diese Tonebenen beim Zuhörer erzeu-

gen sollen, für jeden einzelnen Maqâm festgelegt. Der Gefühlsgehalt des Maqâm wird also in erster Linie von der Struktur der Kernzelle in seiner tonräumlichen Festlegung bestimmt. Diese Kernzelle besteht aus mindestens drei Zentraltönen mit ihren dazugehörigen Intervallverhältnissen. „Durch die (...) labile Größe bestimmter Intervalle und der damit einhergehenden charakteristischen Einfärbung einer Tonebene innerhalb des nicht-temperierten arabischen Tonsystems wird dem Zuhörer so eine bestimmte, zum Beispiel fröhlich oder traurig klingende Stimmung vermittelt." Empirische Untersuchungen zu diesen musikalischen Mustern haben gezeigt, dass die Empfindungen beim Hören eines bestimmten Maqâm bei einheimischen und westlichen Zuhörern zu einem hohen Prozentsatz gleich sind. Insgesamt gibt es mehr als 50 verschiedene Maqâm-Arten, die sich unterschiedlicher Beliebtheit erfreuen.

Der bekannteste Maqâm als musikalische Gattung ist der „Maqâm ´irâqî", dessen Alter auf mehr als 400 Jahre geschätzt wird. Zentrum dieses Maqâm ist ein Gedicht mit 16 Versen. Der Maqâm ´irâqî beginnt meist mit einem „Tahrîr" (Befreiung), dabei handelt es sich um gesungene Melodiezüge, die aus einem oder mehreren textlosen oder arabischen, türkischen oder persischen Wörtern bestehen. Der Tahrîr stellt die Kernzelle des Maqâm dar, er setzt die Stimmung. Danach folgt eine freie Improvisation eines Sängers oder Instrumentalisten. Diese wird in immer höher aufsteigenden Phasen und Tonebenen zum Vortrag gebracht. Nach Erreichen der höchsten Tonebene endet die Darbietung mit einem fallenden Musikzug, der in den Schlusston mündet. Heute erfreut sich der Maqâm ´irâqî vor allem in Konzerten, die auch von Rundfunk und Fernsehen übertragen werden, großer Beliebtheit.

In der Musik muslimischer Kulturen hat sich keine oder eine nur in geringen Ansätzen vorhandene Polyphonie (Mehrstimmigkeit) entwickelt. Stichhaltige Gründe dafür können kaum genannt werden. Vielleicht lag es an den fehlenden Notationsmöglichkeiten oder an der überragenden Bedeutung der Improvisation, durch die mehrstimmige Musikformen

Die Rohrflöte ist neben der menschlichen Stimme das wichtigste Melodieinstrument in der Musik vieler islamischer Gesellschaften. Sie wird aus Schilfrohr oder, wie in diesem Fall, aus Bambusrohr hergestellt. Bei dieser zentralasiatischen Flöte afghanischer Musikanten wird der Ton mithilfe eines metallenen Mundstücks erzeugt. Im Nahen Osten entsteht der Ton dagegen durch das Anblasen des Rohrs ohne eine speziell angeschliffene Öffnung wie bei einem Schlüssel oder einer Flasche. Die Tonhöhe wird mithilfe von Löchern im Rohr verändert. Im vorliegenden Beispiel umspielt die Flöte in Improvisationen die Darbietungen der menschlichen Stimme.

schwierig wären. Auch Dynamik spielt in der Musik der Muslime keine große Rolle. Das mag überraschen, wenn man bedenkt, dass in der vor-klassischen und klassischen europäischen Kunstmusik die türkische Musik u. a. durch starke dynamische Kontraste gekennzeichnet ist.

GHAZAL

Zu den besonders beliebten musikalischen Formen gehört der Ghazal. Einige Autoren stellen eine sprachliche Beziehung zwischen dem Ghazal als Liebesgedicht und dem in vielen orientalischen Sprachen gebräuchlichen Wort für Gazelle (arabisch „Ghazâl") her. Dieses Tier steht wegen seiner schönen Augen für Gefühle wie Liebe, Verlassenheit und Trennungsschmerz. Tatsächlich hängt der Begriff wohl mit dem arabischen Verb „ghazala" für Spinnen zusammen. Durch einen Ghazal wird die Beziehung zu einer verehrten Frau gesponnen. Aus dieser Versgattung sind Liebesgedichte in arabischer, persischer oder türkischer Sprache entstanden, die dann auch vertont wurden. Das Ghazal hat als Gedicht eine Reihe von formalen Besonderheiten, die wiederum seine musikalischen Formen bestimmen. Zunächst besteht jeder Ghazal aus einer nicht festgelegten Anzahl von Langversen, die jeweils in zwei Halbverse unterteilt sind. Die Halbverse des Eingangsverses müssen sich reimen, alle folgenden Langverse führen diesen Reim dann fort. Musikalisch kann das Gedicht aus einem oder aus mehreren Maqâmen zusammengesetzt sein. Es besteht in der Regel aus vier Teilen. So beginnt der Ghazal innerhalb der Skala des Maqâm. Im zweiten Teil wird die Melodie dem Schlusston entgegengeführt, steigt im dritten Teil aber noch einmal in die hohe Lage, ehe sie schließlich in den Schlusston mündet. Diese musikalische Form erfreut sich heute in allen muslimischen Musiktraditionen einer enormen Beliebtheit. Dazu hat bis zu einem gewissen Grad auch die indische Filmindustrie mit ihren populären Musikfilmen beigetragen.

MUSIK IN SÜD- UND SÜDOSTASIEN

Die Musik der Muslime in Südasien ist stark von indischen, nicht-muslimischen Musiktraditionen geprägt. Für den melodiösen Bereich spielt die „Raga" eine wichtige Rolle. Sie hat grundsätzliche Elemente mit dem Maqâm gemein, enthält jedoch im Unterschied zu diesem zwei Grund- oder Haupttöne, mit denen die Melodiebogen beginnen und enden. Wie im Maqâm gibt es bei den Ragas eine unübersehbare Zahl von tradierten Formen, die für den Ausdruck von bestimmten Gefühlen, aber auch für bestimmte Tageszeiten vorgeschrieben sind. Ragas werden durch lange improvisationsähnliche Vorspiele eingeleitet, die als „Alap" bezeichnet werden. Sie werden auf einem Saiteninstrument wie der nordindischen Sitar gespielt. Diesen Einleitungsfiguren folgt dann der Hauptteil der Raga mit Namen „Gat". In diesem Hauptteil steht die Improvisation im Zentrum. Hier kommen zu den Saiteninstrumenten die Rhythmusinstrumente hinzu. Die melodische Reihe ist in 22 Intervalle unterteilt, von denen sieben als Haupttöne verwendet werden können. Wie im Maqâm findet sich auch in den Ragas keine Polyphonie. Auch hier spielen die einzelnen Tonfolgen und der jeweilige Abstand zum Grund- oder Hauptton eine entscheidende Rolle. Das indische Moment in der muslimischen Musik Südasiens kommt vor allem in diesem melodischen und rhythmischen Zusammenhang zum Ausdruck. Während in der arabischen Welt und im Iran vor allem bei der Kunstmusik regionale Unterschiede weniger deutlich in Erscheinung treten, sind diese Unterschiede in der Musik der südasiatischen Muslime stärker zu erkennen.

Der kulturelle Wandel durch den Islam im musikalischen Bereich lässt sich am Beispiel der Geschichte des nordindischen Sultans Mu'izzuddîn Kaiqûbâdh (reg. 1287–1290) aufzeigen. Der Herrscher war ein Freund der Künstler und Musiker aus Iran und Zentralasien, die er an seinen Hof zog. Als er zu einer mit dem Islam konformen Lebensweise aufgefordert wurde, wurden die Musiker erwerbslos. Daher sollen sich Seiltänzer und Kuppler zusammengetan haben. Sie suchten einige besonders schöne Mädchen aus, unterrichteten sie in Gesang, Tanz, der Rezitation von Liebesgedichten (Ghazal), dem Spiel von Harfe (Khang), Hackbrett, Kurzhals-Laute, Spießgeige, Sackpfeife und Flöte, aber auch in Brettspielen wie Backgammon und Schach. Persische und indische Musiker komponierten Lobgesänge auf den Herrscher, die sie zu ganzen Suiten verbanden. Der Sultan war von dieser Art der Musik sehr angetan. Für die Hauptinstrumente waren die Musiker am Hof so zahlreich, dass entsprechende „Obermusiker" eingesetzt wurden. Der Bericht mag von einem Kritiker der lockeren Haltung des Herrschers und des Hofes formuliert worden sein. Interessant daran ist jedoch das Detail, dass indische Musiker mit ihren persischen Kollegen hier gemeinsam komponierten und musizierten. Auf diese Weise entstand eine neue Musikkultur.

RHYTHMISCHE GRUNDLAGEN

Die Musik muslimischer Gesellschaften erlebt der europäische Zuhörer als rhythmisch ungewöhnlich. Gewiss gibt es durch einen festen Rhythmus stark akzentuierte Stücke, die aber dennoch mit der europäischen Rhythmik sich wiederholender Takte nicht vergleichbar sind. Während im melodischen Bereich die mittelalterliche muslimische Musiktheorie bis in die Gegenwart verschiedene Modifikationen erlebt hat, folgen noch heute muslimische Musiker und Musiktheoretiker unbeirrt den Vorgaben mittelalterlicher Gelehrter. Im 10. Jahrhundert hatte al-Farâbî festgelegt, dass die Maßeinheit, mit der die Zeit zu messen ist, die zeitliche Spanne zwischen zwei Schlägen oder zwei Tönen sei. Musiktheoretiker bestimmten den Abstand zwischen zwei Impulsen wie den Abstand zwischen zwei Punkten auf einer Gerade. Dem wurden dann noch Akzentuierungen hinzugefügt. Kennzeichnend für die muslimische Musikkultur ist, dass man zwischen Musikgattungen mit freier rhythmisch-zeitlicher Organisation und solchen mit fester rhythmisch-zeitlicher Organisation unterscheiden kann. Im ersten Fall handelt es sich um rhythmische Strukturen, bei denen sich weder regelmäßig wiederkehrende Tongruppierungen noch ein festes Metrum finden. Diese solistisch ausgeführten musikalischen Formen werden nur in seltenen Fällen von einem OSTINATO begleitet. Die improvisatorische Fähigkeit des Musikers steht im Zentrum. Im Gegensatz zu dem freien Musizieren finden sich bei den Formen mit fester rhythmisch-zeitlicher Organisation deutlich erkennbare, sich regelmäßig wiederholende Tongruppierungen, die dann auch ohne Probleme von einem Ensemble realisiert werden können. Diese musikalischen Ereignisse beruhen auf weitgehend vorgeschriebenen Ton- und Rhythmusfolgen. Sie sind also komponiert. Tongruppierungen und rhythmische Struktur sind dabei stets aufeinander bezogen. Die einzelne rhythmische Formel wird als „Wazn" (Pl. „Auzân") bezeichnet, was mit dem deutschen Wort „Maß" wiedergegeben werden kann. Der einzelne Wazn wiederholt sich im Verlauf eines Musikstücks erkennbar immer wieder. Es handelt sich dabei um einen regelmäßig wirkenden Zeitabschnitt, der aus einer Kombination von mindestens zwei Zeiteinheiten bestehen muss. Durch die im Lauf der Aufführung in ihm enthaltenen qualitativen und quantitativen Elemente wird der Wazn für den Zuhörer als akustische Periode erfahrbar. So kann der Wazn „mudawwar" (kreisförmiger Wazn) aus folgenden rhythmischen Einheiten bestehen: Viertelton, Viertelpause, Viertelton, Viertelpause/Viertelton, Viertelton, Viertelton, Viertelpause, Viertelpause, Viertelpause/Viertelton, Viertelpause. So können die Auzân, von denen es mehr als hundert gibt, eine beträchtliche Länge haben. Ein einfacher Wazn besteht aus zwei Vierteln, die sich entsprechend häufig wiederholen. Es gibt aber auch rhythmische Formeln, die aus acht Vierteln, neun Achteln oder zwölf Vierteln bestehen. Hier wird es für den ungeübten Zuhörer schon schwieriger, die rhythmische Struktur zu erkennen. Die Komplexität der Rhythmik, die sich auch in der Musik der Muslime Süd- und Südostasiens findet, hat in der Gegenwart vor allem westliche Jazz- und Popmusiker beeindruckt und ihre Musik beeinflusst.

In der Musik ist ein OSTINATO ein sich ständig wiederholendes rhythmisches oder melodisches Element.

TEXTILIEN
IM ISLAM

Kaum ein Bereich der materiellen Kultur ist so kennzeich-

nend für die islamische Welt wie Textilien. Textile Gewebe

bilden das Grundmaterial für die mobilen Behausungen von

Nomaden. Teppiche schützen in Nomadenzelten wie in

städtischen Wohnungen vor Kälte, Gebetsteppiche gewähr-

leisten die rituelle Reinheit des Bodens, auf dem das Gebet

vollzogen wird. Diese Funktion haben Teppiche auch in

Moscheen, wo sie zugleich als Schmuck dienen.

„Esst und trinkt und zieht Kleider an und gebt Almosen ohne Maßlosigkeit und ohne Überheblichkeit."

STOFFE MIT TRADITION –
VON ANDALUSIEN BIS INDONESIEN

Eine österreichische Abbildung aus dem Jahr 1590 zeigt das Innere eines osmanischen Frauengemachs mit prächtigen Wandbehängen, Teppichen und reich gekleideten Bewohnerinnen.

Die prägende Wirtschafts- und Gesellschaftsform der arabischen Halbinsel vor dem Islam war der Nomadismus. Auch die Oasenstädte der Region wiesen soziale Strukturen auf, die denen der Nomadengruppen entsprachen. Die wirtschaftliche Grundlage von Mekka, der Heimatstadt Muhammads, war der Fernhandel. Den Händlern ging es darum, die Handelswaren mit möglichst leichtem Gepäck an ihre Bestimmungsorte zu bringen. Textilien sind vergleichsweise leicht, daher bevorzugten die arabischen Händler sie als Handelsware z. B. gegenüber Holz oder Metall. Textilien sind zudem flexibel und relativ schnell herzustellen, zumal die erforderlichen Grundstoffe, Wolle und andere Tierhaare, auf der Arabischen Halbinsel immer vorhanden waren. Nicht nur Kleidung, sondern auch Zelte und Gebrauchsgegenstände für Schlafen, Wohnen oder zur Aufbewahrung unterschiedlichster Gegenstände wurden aus Textilien hergestellt. Textilien dienten außerdem als Schmuck für die kargen Hütten, Lehmbauten oder Zelte.

Wenn sich Muslime in einer Region auf Dauer niedergelassen hatten, übernahmen sie in der Regel die lokalen textilen Grundstoffe und Herstellungstechniken. Mit der Übernahme der politischen Gewalt ging die Kontrolle der staatlichen Werkstätten in die Hände der muslimischen Herren über. In diesen Einrichtungen wurden teure Stoffe aus Seide hergestellt oder Bro

kat gewebt, bei dem Gold- und Silberfäden eingearbeitet wurden. Diese staatlichen Webereien wurden „TIRÂZ" genannt. In ihnen arbeiteten hoch spezialisierte Weber, die sich ihrer jahrhundertealten Traditionen bewusst waren. Sie blieben ihrem alten christlichen, jüdischen oder zoroastrischen Glauben treu, auch wenn sie die Dessins, bei denen ursprünglich Darstellungen von Lebewesen in die Stoffe eingewebt oder eingestickt wurden, durch islamkonforme Kalligraphien oder Arabesken ersetzten. Das hohe Maß an Kommunikation und Reisefreiheit in der islamischen Welt brachte es mit sich, dass die verschiedenen Techniken der Herstellung von Textilien sich weit über ihre ursprünglichen Herstellungsorte hinaus verbreiteten. Die Verbreitung technischer Kenntnisse erfolgte dabei parallel zum Handel mit Rohstoffen und fertigen Textilien. Dennoch findet sich bis heute nicht in allen Regionen die Vielfalt möglicher Herstellungstechniken, die sich in der islamischen Welt entwickelt haben. Es bestehen zahlreiche regionale Besonderheiten.

Das vorhandene oder sich entwickelnde dichte Netz von Handelswegen in neuen Wirtschaftsräumen sorgte dafür, dass Wolle und andere Grundstoffe, aber auch fertige Textilien in großen Mengen aus allen vier Himmelsrichtungen durch die gesamte von Muslimen bewohnte Welt und weit darüber hinaus gehandelt wurden. Die Ausbreitung des Islams und die

damit häufig einhergehende neue Bekleidungspraxis förderten eine intensive Textilproduktion. Zu beobachten ist dieses Phänomen z. B. in Teilen des subsaharischen Afrikas. Dort war die Bevölkerung teilweise schon seit dem 9. Jahrhundert mit dem Islam in Berührung gekommen. Das früh islamisierte Volk der Hausa übt hier das Weberhandwerk aus. Vergleichbare Entwicklungen zeigten sich auch in Südostasien mit seiner Islamisierung vor allem seit dem 15. Jahrhundert. Eine Folge ist, dass in Ländern mit muslimischen Minderheiten wie Thailand oder Kambodscha die Weberei mit bestimmten Seidenstoffen bis heute in der Hand von Muslimen liegt.

ANDALUSIEN

Betrachtet man die Verbreitung der Techniken für die Textilherstellung in der islamischen Welt einmal von West nach Ost, soll hier mit Andalusien begonnen werden. Dort gab es seit dem 9. Jahrhundert Seidenwebereien, wobei die Fäden aus dem Iran importiert wurden, ehe Seidenraupen und Maulbeerbäume nach Andalusien gelangten. Zunächst wurden Dessins mit Tierdarstellungen verwendet, wie sie auch im Iran bekannt waren. Mit der Zeit wechselten die Motive der Gewebe hin zu floralen und kalligraphischen Formen, ohne auf die Darstellung von Vögeln und anderen Tieren völlig zu verzichten. Das wichtigste Zentrum der Seidenweberei war die Stadt Granada. Die Bedeutung der muslimischen Seidenweber war so groß, dass Jakob I. von Aragon ihnen bei der Eroberung der Stadt am 28. September 1238 ihre Häuser und Webereien garantierte unter der Bedingung, dass sie mindestens zehn Jahre in der Stadt ihrem Handwerk nachgingen. Nach dem Sieg der Reconquista behielt die Seidenherstellung in Granada ihre Bedeutung. Seiden, die hier unter dem Namen Alhambraseiden gehandelt wurden, erfreuten sich einer konstanten Nachfrage. Sie wurden unter dem gleichen Namen dann auch in Tunis, Fez oder Marrakesch angeboten. Bis heute fertigen Weber in Marokko Stoffgürtel für die Hochzeitsgewänder von Bräuten, die in ihrem Design jenen aus der Zeit der muslimischen Dynastie der Nasriden (1232–1492) in Granada entsprechen.

NORDAFRIKA

Schon der berühmte Historiker Ibn Khaldûn (1332–1406) berichtet von der hohen Qualität der marokkanischen Seidenbrokate. Diese Qualität der traditionellen Textilproduktion hat sich bis in die Gegenwart erhalten – trotz vielfältiger politischer, wirtschaftlicher und technologischer Veränderungen. Insbesondere Berberinnen im Hohen, Mittleren und Anti-Atlas pflegen die Tradition dieses alten Handwerks. Sie verarbeiten auf einfachen Webstühlen vor allem Wolle. Bemerkenswert sind auch ihre Färbetechniken für Wolle, Baumwolle und Seide. Neben den üblichen Einfärbungen durch Natur- und Chemiefarben weben die Berberinnen in ein wollenes Webstück zum Kontrast Streifen von Baumwolle ein. Beim Färben nimmt die Baumwolle die Farbe gar nicht oder weniger intensiv an, sodass interessante Farbeffekte entstehen.

Die Textilhandwerkerinnen in Tetouan, Fez, Rabat oder Salé wiederum sind bekannt für ihre Stickereien auf Seidenstoffen. In Tetouan und Fez werden auch die schon genannten Gürtel von Hochzeitsgewändern in LAMPAS-Technik aus Seide in sehr komplizierten Dessins gewebt. Zumindest in den Städten ist das Weben ein von Männern betriebenes Handwerk. Die Verfertigung von Stickereien ist dagegen die Aufgabe von Frauen. Auf dem Land wie in der algerischen Kabylei liegt auch das Weben in den Händen der Frauen. In Algerien und Tunesien ist die Kunst der Stickerei mit Metallfäden weitverbreitet, wobei als Dekor gern Vogelmotive verwendet werden. Ausgehend von einem marokkanischen Vorbild wird in Tunesien das Wissen um traditionelle Handwerke wie das Weben und Sticken in staatlich geförderten Gewerbeschulen an begabte Schülerinnen weitergegeben.

ÄGYPTEN

Bis in die Herrschaft der verschiedenen Mamluken-Sultane (1249–1516) war Ägypten einer der wichtigsten Produktions- und Handelsorte von Textilien in der damals bekannten Welt. Mit der Ausbreitung der Textilherstellung in Spanien, Italien und China entstand im 15. Jahrhundert eine starke Konkurrenz, der die

Linke Seite:
Lampas aus der Nasridenzeit,
Granada, um 1400.

Verschiedene in Lampas-Technik
gewebte marokkanische Brautgürtel aus dem 19. Jh.

Bei LAMPAS handelt es sich um ein Gewebe mit mindestens zwei Kettsystemen und einem Bindesystem mit mehreren Schussfäden. Dabei sind mehrere Bindungen in einem Gewebe möglich (Leinwand, Atlas, Köper).

Im Tal des Oued Fes in Fes al-Bali, der Altstadt der marokkanischen Königsstadt, gehen

die Gerber und Färber ihrer traditionellen Tätigkeit nach. Die Handwerker nutzen das

oft reichlich vorhandene Wasser des Oued Fes. Ursprünglich lagen die Arbeitsplätze wohl

am Rand der Altstadt. Das entsprach der üblichen Anordnung der einzelnen Handwerke

und Verkaufslokale in der orientalischen Stadt. Die Handwerke, die durch Lärm, Abgase

oder die Größe ihrer Produkte ihre Umgebung belästigten oder deren Transport in

den engen Gassen der Stadt zu schwierig gewesen wäre, wurden am Rand der Handwerks-

und Geschäftsviertel angesiedelt. Inzwischen sind die Gerber und Färber durch

die Ausbreitung von Fes al-Bali ein wenig weiter in das Zentrum gerückt. In zahlreichen

tiefen, aus Lehm gebauten Bottichen werden Garne mit verschiedenen traditionellen

Farben eingefärbt. Es handelt sich um eine schwere und gesundheitsgefährdende Tätigkeit,

die nur noch von wenigen jungen Männern durchgeführt wird.

ägyptischen Textilhändler und -handwerker nicht gewachsen waren. Die verschiedenen traditionellen Dessins sowie die Fertigkeit, Textilien mit Blockdruck zu färben, die wohl aus Indien importiert war, blieben aber weiter erhalten. Produktionsstandorte der heutigen Textilherstellung sind Alt-Kairo mit seiner Straße der Zeltmacher, der Vorort Kardassa in der Nähe der Pyramiden von Gizeh, aber auch das koptische Dorf Naqada südlich von Luxor auf dem westlichen Nilufer, die Oase Siwa westlich von Kairo und das oberägyptische Nubien. Eine Besonderheit der modernen ägyptischen Textilproduktion sind Applikationstechniken, bei denen auf Wandbehängen, Kissen und Bettüberwürfen Szenen nach Vorlagen aus alt-ägyptischen Gräbern, aber auch moderne Sujets dargestellt werden. Diese finden nicht nur bei Touristen, sondern auch bei der einheimischen Bevölkerung Liebhaber. Inzwischen hat sich in Kairo ferner eine moderne ägyptische Haute Couture entwickelt, die qualitativ anspruchsvolle Textilien und Stoffe mit komplizierten Stickereien verbindet.

DER FRUCHTBARE HALBMOND

Syrische Weber und Färber verstehen sich besonders darauf, Wollgewebe mit Baumwollgeweben zu mischen. Die dabei entstehenden auffälligen Dessins erfreuen sich bis heute einer großen Nachfrage. In Syrien verwendet das Textilgewerbe im Unterschied zu Nordafrika und Ägypten die IKAT-Technik, bei der das Garn vor dem Weben unterschiedlich eingefärbt wird oder teilweise ungefärbt bleibt. Durch die Verarbeitung der verschiedenfarbigen Garne entstehen Stoffe mit kräftigen Farbkombinationen. Das syrische Aleppo galt bis in die 1940er-Jahre als ein wichtiges Zentrum für die Indigo-Färberei. Bei diesem Verfahren wurden auch Batiktechniken verwendet, die ansonsten in der arabischen Welt kaum bekannt waren. Besonders stolz waren die Weber in Aleppo aber auf ihre Brokatstoffe auf Baumwollbasis. Weiterhin war Aleppo bekannt für die hier gewebten Schals, die die Produkte aus dem iranischen Kerman und aus Kaschmir nachahmten. In ganz Syrien wurden auch gewebte Gürtel aus Seide und Metallfäden in der soge-

nannten BRETTCHENWEBTECHNIK hergestellt. Dabei wurden je nach der Kompliziertheit der Dessins zwischen sieben und dreihundert Brettchen zur Strukturierung der Gewebe verwendet. Ein anderes weit über Syrien hinaus bekanntes textiles Produkt sind aus Seidenfäden gehäkelte Käppchen, wie sie muslimische Männer beim täglichen Pflichtgebet auf dem Kopf tragen. Syrische Stickereien sind wegen ihrer besonders komplizierten Herstellung wie des Formenreichtums ebenfalls weltberühmt. In syrischen Städten werden wattierte Stoffe hergestellt, die vor allem zu Bademänteln für Frauen verarbeitet werden. Eine der ältesten Textiltechniken in Syrien ist der Blockdruck. Er soll in der Zeit der vor-islamischen Königin Zenobia (reg. 267–272 in Palmyra) aus Indien importiert worden sein. Um besonders scharfe Kontraste zu erzielen, werden die Modeln aus Hartholz wie Buchsbaum, Bergahorn, Esche oder Birnenholz hergestellt. Heute wird diese Technik angewendet, um Einkaufstaschen aus Baumwolle zu verschönern.

Der benachbarte Libanon gilt nicht als klassisches Land der Textilherstellung. Produziert wurde textiles Gewebe vor allem auf dem Land für den persönlichen Gebrauch. Eine Ausnahme bilden Netzgewebe aus Baumwolle für Kopftücher, die mit Metallfäden kombiniert wurden – typisch für die Stadt Baalbek in der Bekaa-Ebene. Vor allem seit dem 19. Jahrhundert war der Libanon mit seinen Hafenstädten aber ein wichtiger Handelsplatz für den Export von Textilien nach Europa.

Eine besondere politische Bedeutung haben Textilien in Palästina. Seit den 1970er-Jahren hat sich ein palästinensisches Nationalbewusstsein entwickelt, das zwar die arabischen Gemeinsamkeiten nicht leugnet, aber doch die palästinensischen kulturellen Besonderheiten in den Vordergrund zu stellen sucht. Palästinensische Kulturwissenschaftler haben im Rahmen einer umfangreichen Rekonstruktion ihrer Kultur auch und vor allem die Eigenheiten der Textiltraditionen herausgearbeitet. In den verschiedenen palästinensischen Städten gab es vor 1948 zahlreiche Webereien: die meisten in Mejdel, einem Ort zwischen dem heutigen Ashdod und Ghaza, wo mehr als 500

*In palästinensischen Flüchtlings-
lagern werden reich bestickte Kissen hergestellt und in speziellen
Geschäften zum Kauf angeboten.*

Webstühle in Betrieb waren. Nach der Entstehung Is-
raels wurden die Weber nach Ghaza umgesiedelt.
Wichtige Textilzentren sind heute neben Ghaza Naza-
reth, Ramallah, Bethlehem und Hebron. Herausragend war vor allem die Kunst der Stickerei, die heute
auch in den Palästinenserlagern im Libanon und in
Jordanien weiter gepflegt wird. Vor allem in Jordanien
haben sich Palästinenserinnen zu Kooperativen zu-
sammengeschlossen, die Stoffe und Garne gemeinsam
einkaufen, Frauenkleidung oder Gebrauchsgegenstände wie Tischdecken oder Kissenbezüge aufwendig besticken und die Vermarktung gemeinsam orga-
nisieren. Ihre Produktion erfreut sich angesichts der
hohen Qualität einer regen Nachfrage.

Im Irak, der unter politisch-demographischen
Gesichtspunkten als ein ethnisch-religiöses Patch-

work bezeichnet werden muss, sind vor allem die Tex-
tilarbeiten von Arabern und Kurden zu unterscheiden. Typisch für die arabischen Textilprodukte
sind Teppiche und Wandbehänge. Bis in die 1960er-
Jahre war ein großer Teil der Bevölkerung des Iraks in
Nomadenstämmen zwischen Sommer- und Winter-
weiden auf Wanderschaft. Für Zelte und Unterteilun-
gen innerhalb der Zelte wurden gewebte Stoffe (Ke-
lims) aus Schafwolle oder Kamelhaar verwendet, die
die Beduinenfrauen der Stämme herstellten. Von her-
vorragender Qualität sind auch die leichten Woll-
stoffe, die Weber in der heiligen Stadt Najaf anfertigen. Sie werden zu den weiten Mänteln der arabischen traditionellen Männerkleidung weiterverarbeitet. In Kurdistan werden farbenfrohe Stoffe aus Wolle
produziert, die für die Frauenkleidung bestimmt sind.

Stoffe für Schals und Kopftücher werden auch bei den Kurden mit Metallfäden durchwebt und bestickt.

Auch auf der Arabischen Halbinsel finden sich Herstellungs- und Verschönerungstechniken von Stoffen, wie sie im südlichen Irak bekannt sind. Allerdings unterscheiden sich die Dessins. Eine Besonderheit bietet das Sultanat Oman, wo Frauen in Heimarbeit Kappen (Kumma) besticken, die von Männern getragen werden. Hier gibt es eine Vielzahl von Formen und Farben dieses Kleidungsstücks, die von Generation zu Generation überliefert werden. Interessant sind Kappen, in die zahlreiche Löcher geprägt sind, angeblich für eine Belüftung der bedeckten Kopfteile. Nach volksmedizinischen Vorstellungen soll so Haarausfall verhindert werden. Frauen auf dem Land stellen mit traditionell hängenden Spindeln besonders gleichmäßige und feine Wolle her, wobei der Faden durch einen Stein gerade gezogen wird. Traditionell ist auch die Verwendung von Krappfarbstoffen, die eine Rot-orange-Färbung ergeben. Aus Indien ist die Indigo-Färbung importiert worden. Auf indischen Einfluss gehen ferner die Sitâra genannten, durch Blockdruck gefärbten großen Tücher zurück, die von Frauen im Jemen als Umschlagtücher verwendet werden, mit denen der gesamte Körper bedeckt wird. Tücher und Kopfbedeckungen der Frauen werden häufig mit Münzen verziert. Durch den regen Handelsaustausch wurden indische und ostasiatische Textilien vor allem in den Hadramaut importiert. Neben importierten Drucktechniken hat sich die eigenständige Stickerei behauptet. Die verschiedenen Muster der einzelnen Stammesgruppen gehen auf alte Überlieferungen zurück.

TÜRKEI

Die türkische Textilgeschichte beginnt in der Zeit des Osmanischen Reiches (Ende des 13. Jahrhunderts) und reicht über dessen Ende um 1920 bis in die Zeit der Türkischen Republik. Die Ausbreitung des Osmanischen Reiches über den Balkan bis nach Ungarn im Norden, über die Regionen entlang des östlichen Mittelmeers bis nach Nordafrika im Westen und über die Arabische Halbinsel im Süden brachte es mit sich,

dass eine Vielzahl von textilen Fertigungstechniken im Reich verbreitet waren, die in der Hauptstadt Istanbul und in den verschiedenen Residenzstädten einen großen Abnehmerkreis fanden. Als Grundstoffe wurden Wolle, Kamelhaar, Angora, andere Ziegenhaare, Baumwolle und Seide verwendet. Vor allem Stickereien erfreuten sich außerordentlicher Beliebtheit. Sie verzierten die Kleidung für Frauen wie für Männer. Eine besondere Form der türkischen Stickerei ist die Oya. Dabei werden an den Rändern von Tüchern Verzierungen in Blütenform angebracht. Die Blüten werden allein mit Nadel und Faden hergestellt. Heute ist vor allem Izmir ein Zentrum dieser Technik. Eine andere Besonderheit sind Perlenstickereien. Kleine Glasperlen werden auf Woll- oder Seidenstoffe aufgezogen, die Damentaschen oder Geldbörsen verzieren. Da die Perlen zunächst von der Insel Murano

Sitâra, in Blockdruck hergestellter indischer Schal, den jemenitische Frauen als Ganzkörperschleier verwenden.

in der Lagune von Venedig eingeführt wurden, liegt der Schluss nahe, dass diese Technik aufgrund enger Handelsbeziehungen zwischen dem Osmanischen Reich und Venedig in Istanbul Einzug gehalten hat. Auch der Blockdruck zur Einfärbung von Stoffen hatte in Istanbul eine besondere Qualität. Denn die Hersteller verstanden es, mehrere Formen und Farben miteinander zu kombinieren. Auch die Ikat-Technik war in Istanbul verbreitet. Heute wird sie vor allem in der Schwarzmeerstadt Trabzon und dem anatolischen Gaziantep betrieben. Eine weitere Besonderheit, die man vor allem im ländlichen Anatolien findet, ist das Stricken. Noch heute kann man auf dem Land Frauen antreffen, die auf dem Weg zum Markt Socken oder Pulloverteile mit komplizierten Mustern im Gehen stricken. Aus dem urbanen Kontext ist das Phänomen des Strickens mit Seidengarn bekannt. Wohl aus zentralasiatischer Tradition stammt die Herstellung von Filzstoffen, die vor allem für schwere Mäntel für Hirten gebraucht wurden.

IRAN

Besonders vielfältige textile Fertigkeiten und Formen sind im Iran zu beobachten. Sie gehen teilweise auf vor-islamische Traditionen zurück. Nicht nur die einheimische Produktion spielte dabei eine wichtige Rolle. Iran nahm auch unter dem Islam eine wichtige Vermittlungsfunktion für verschiedene Textilien und deren Herstellung zwischen Indien und China auf der einen und den Mittelmeerländern und Westeuropa auf der anderen Seite ein. Im 2. Jahrhundert gelang es, das geheime Wissen um die Seidenherstellung von China in den Iran zu transferieren. Diese Kenntnis ermöglichte es dem Land, sich zu einem der größten Seidenproduzenten zu entwickeln. Neben vielen im gesamten Orient verbreiteten Techniken ist vor allem die Produktion von Samt-Ikat-Stoffen hervorzuheben. Schon die Herstellung eines gleichmäßigen, fehlerfreien Samtstoffs ist nicht einfach. Die zusätzliche Ikat-Färbetechnik erfordert für die Herstellung des Endprodukts mehr Zeit und technisches Wissen. Zentrum dieser Form der Textilherstellung ist die in der

iranischen Wüstenregion gelegene Stadt Yazd. Hier wurde seit dem 16. Jahrhundert diese Stoffart produziert. Die Städte Kaschan und Isfahan sind bekannt für ihre feinen Seidenbrokate. Die Weber dieser beiden Städte brachten das Muster des „Boteh" oder Paisley zur Vollendung. Yazd war auch ein Zentrum der Herstellung von Geweben aus Seide und Baumwolle. Heute wird vielfach Seide mit Kunstfasern wie Rayon verarbeitet. Immer noch werden für farbige Stoffe Ikat-Techniken verwendet. Verbreitet ist auch die Herstellung von Geweben aus Kamelhaar. Vorrangig werden diese Produkte in der Region Ahvaz und den Städten Bushehr und Na'in am persisch-arabischen Golf hergestellt. Diese Gegend ist klimatisch gekennzeichnet durch sehr heiße Sommer und kalte Winter. Um der Hitze auszuweichen, stellen die Weber in Na'in ihre Kamelhaarstoffe in Werkstätten her, die bis zu drei Meter tief unter der Erde liegen. Ihre Stoffe werden vor allem in die benachbarten arabischen Staaten exportiert, wo sie zu Obergewändern für Männer weiterverarbeitet werden. In den 1890er-Jahren warb der iranische Schah Nasr-i Dîn Weber aus Kaschmir an, die in Kerman im Südosten des Landes die berühmten feinen Kaschmirschals und Wandbehänge herstellten. Inzwischen ist dies in Kerman weitgehend in Vergessenheit geraten.

In verschiedenen großen Zentren der Textilherstellung wie Kerman oder Isfahan haben sich spezielle Formen der Stickerei entwickelt. In Kerman werden vielfach Motive verwendet, die aus Kaschmir stammen. Besonders kostbar sind Stickereien auf weißen Stoffen. Stilisierte Blumen, Bäume und Vögel wie Pfauen sind die häufigsten Motive. In Isfahan werden dagegen komplizierte, das gesamte Tuch bedeckende florale Dessins gestaltet. Die Besonderheit dieser Stickereien liegt darin, dass Metallfäden eingearbeitet werden. Eine andere Art der Stickerei nutzt Glasperlen als Schmuckelement. Besonders Frauen des Stammes der Bakhtiyari beherrschen diese Kunstfertigkeit. Die Gegend um Tabriz ist bekannt für ihre Batikarbeiten, bei denen nicht nur Baumwolle, sondern auch Seide verarbeitet wird.

Seidenbrokat-Jacke aus Isfahan, 19. Jh.

ZENTRALASIEN

In den geographischen Weiten Zentralasiens findet man eine Vielzahl unterschiedlicher Textiltechniken. Zu den Besonderheiten gehört die Sûzanî-Stickerei. Sie wird für Wandbehänge oder Raumteiler verwendet. Diese Stickereien spielen eine Rolle bei Hochzeitsfeierlichkeiten: Der Ort des Festes wird zum einen Teil durch die Familie der Braut und zum anderen durch die des Bräutigams mit Sûzanî-Stoffen festlich geschmückt. Sûzanî-Stickereien zeichnen sich durch unverwechselbare Muster mit Weinranken und verschiedenen Blumen in lebhaften Farben aus. Stickereien werden auch für die Verschönerung der Kappen genutzt, die die Männer tragen. Unvergleichlich in Qualität und Farbe sind die großen Seiden-Ikat-Stoffe, aus denen verschiedene Kleidungsstücke für Männer und Frauen hergestellt werden. Verwendet werden dabei u. a. Sonnen- und Bockhornmotive. Die Herstellungsverfahren sind besonders aufwendig, die Stoffe daher entsprechend teuer. Heute werden diese Stoffe für den Export nach Istanbul hergestellt.

Die Textilherstellung in Zentralasien zeichnet sich heute dadurch aus, dass wiederentdeckte Färbetechniken mit natürlichen Farben zum Einsatz kommen. So erhält man Rot- und Rosatöne durch Galläpfel und Krappfarbstoff, Braun durch Walnussschalen, durch getrocknete Schalen von Granatäpfeln eine Goldfarbe, Indigo ergibt Blau. Eine Mischung aus Zwiebelschalen, frischen Maulbeeren, Quitte und Weinblättern liefert ein lebhaftes Gelb. Turkmenistan ist nicht nur bekannt für seine Baumwollproduktion, sondern auch für Mischgewebe aus Baumwolle und Seide. Die ungewöhnlichen Farbgebungen sind typisch für diese Kleidungsstücke.

Turkmenische Frauen sind bekannt für ihre Patchworkarbeiten, vor allem bei der Herstellung von Kissen. Wie in anderen zentralasiatischen Ländern ist auch hier die Filzherstellung weitverbreitet. Der Ruf der Frauen in der traditionellen turkmenischen Gesellschaft ist u. a. abhängig von ihrer Fähigkeit, verschiedene Formen von farbigen Filzstoffen herzustellen. In anderen zentralasiatischen Staaten wie Tajikistan oder Kirgistan kennt man ähnliche Formen der

Hochzeitsgewand aus Samt mit Goldlitzen bestickt, aus Kabul.

Textilverarbeitung. Jedoch unterscheiden sich die einzelnen Dessins deutlich voneinander.

Afghanistan ist das zentralasiatische Land, in dem eine besonders bunte Mischung von verschiedenen Volksgruppen sich gerade auch anhand ihrer unterschiedlichen Formen der Textilbearbeitung unterscheiden lässt. Neben der wichtigsten Gruppe der Paschtunen sind die mongolischen Hazara, die Paschai, Lakhai, Tajiken und Usbeken zu nennen. Sie alle haben ihre eigenen Techniken und Muster. Trotz der ethnischen Nähe sind tajikische und usbekische Textilien in Afghanistan von denen in den jeweiligen Stammländern klar zu unterscheiden. Das hängt mit den starken kulturellen Veränderungen zusammen, denen Usbeken und Tajiken in der Zeit der Sowjetunion ausgesetzt waren. Tadjiken und Usbeken in Afghanistan konnten ihre älteren Traditionen dagegen bewahren. Bei allen ethnischen Gruppen und überall im Land gibt es lebendige Stickereitraditionen. Das Stickereihandwerk war vor allem Sache der Frauen, von denen viele in strikter Seklusion lebten. Stickereien schmückten Männer- wie Frauenkleidung, Gürtel, das Zaumzeug von Reittieren, Stoffriemen von Gewehren, Taschen und Geldbörsen.

In der Hauptstadt Kabul wurden statt Stickereien Samtstoffe mit breiten Goldlitzen und anderen Zierbändern versehen, die man vor allem auf die festlichen Westen der Oberbekleidung der Männer aufnähte. In Kabul wurden auch die verschiedensten Färbetechniken, vor allem Ikat und Batik, verwendet. Eine textile Besonderheit sind die sogenannten Jagdgewänder („Schîreh"). Darstellungen von Jagdtieren werden auf Baumwollstoffe gedruckt, gemalt und / oder mit gefärbten Fäden appliziert. Jäger sollen diese Kleidungsstücke je nach dem Tier, das sie erlegen wollten, ausgewählt haben.

Die nun schon drei Jahrzehnte andauernden militärischen und bürgerkriegsähnlichen Auseinandersetzungen in Afghanistan haben es mit sich gebracht, dass die reichen kulturellen Traditionen des Landes weitgehend zerstört worden sind. Das gilt auch für die Kultur der Herstellung und Weiterverarbeitung von Textilien.

SÜDASIEN

Trotz eines langen kulturellen Austauschs zwischen dem indischen Subkontinent und der iranischen und der arabischen Welt hat das südasiatische Textilhandwerk zahlreiche Techniken und Muster entwickelt, die in den weiter westlich gelegenen Regionen nicht übernommen wurden. Andererseits brachten die muslimischen Eroberer Kenntnisse in der Textilherstellung und -bearbeitung mit, die im vor-islamischen Indien unbekannt waren. Eine besonders kreative Phase der Textilgeschichte war die Zeit der muslimischen Moghulherrschaft (1556–1857). Vor allem in dieser Periode kam es zur Konversion von Mitgliedern niedriger Hindukasten, die auf diese Weise ihren sozialen Status verbessern wollten. Viele von ihnen waren Weber, sodass heute Muslim und Weber in Indien nahezu gleichgesetzt werden kann. Bei einigen traditionellen, hinduistischen Dessins gab es natürlich Veränderungen durch die muslimischen rechtlichen Regelungen. Bei den in Ahmedabad hergestellten kostbaren Seidenbrokatstoffen wurden z. B. die Darstellungen von Menschen oder Tieren weitgehend durch Blumen und Blattornamente ersetzt. In Bengalen hatte die Herstellung von feinstem MUSSELIN eine lange Tradition und die Gewebe aus Kaschmir sind bis heute weltweit begehrt. Als Rohstoff dienen die Haare der zentralasiatischen Bergziege. Dieses Rohmaterial muss aus Tibet oder Xinjian importiert werden. Als Qualitätskennzeichen für einen echten Kaschmirschal galt noch in den 1960er-Jahren, dass man das Gewebe durch einen Ring ziehen konnte. Schon im 19. Jahrhundert wurde versucht, Kaschmirgewebe auch in Europa herzustellen. Es gelang der europäischen Textilindustrie aber nie ernsthaft, dem Markt für echte Kaschmirgewebe Konkurrenz zu machen. Neben Stickereien sind Appliqué-Arbeiten in dieser Region berühmt, die von einer Land besitzenden muslimischen Kaste in Saurashtra bis heute produziert werden. Dabei werden aus gefärbten Baumwolltüchern ausgeschnittene Darstellungen von Elefanten oder Gazellen in dramatischen Farbkombinationen auf bedruckte Stoffe aufgenäht. Heute werden selbst Baseballcaps mit solchen Applikationen geschmückt.

MUSSELIN *ist ein sehr leichtes Gewebe aus Wolle oder Baumwolle.*

Pakistan verfügt über zahlreiche Verfahren der Textilherstellung und -bearbeitung, die auch im benachbarten Indien bekannt sind. Da ein Teil der pakistanischen Bevölkerung im Nordwesten des Landes gemeinsame ethnische Wurzeln mit Paschtunen oder Hazara in Afghanistan hat, finden sich auch Gemeinsamkeiten mit zentralasiatischen Traditionen. Eine pakistanische Besonderheit sind Textilien, auf die Litzen und Fäden gesteppt sind. Zusätzlich sind sie noch mit Applikationen versehen. Solche Stoffe findet man vor allem im Sindh, wo sie häufig als Hochzeitsdecken von einer größeren Zahl von Frauen für die Braut angefertigt werden.

Charakteristisch für Bangladesch sind „Jamdani"- Stoffe, die aus feinem Musselin hergestellt und für Saris verwendet werden. Eine Besonderheit dieser Region sind sogenannte Kantha-Stepp- und Stickarbeiten. Hier pflegt man weiterhin die Darstellung von Tieren, menschlichen und mythischen Wesen.

OST- UND SÜDOSTASIEN

Der Chinareisende Marco Polo berichtet in seiner Reisebeschreibung, dass er in Westchina die Stadt Ning-Hisia besucht habe, wo neben „Heiden" und Christen vor allem auch Muslime lebten und mit der Produktion von Textilien aus Kamelhaar beschäftigt seien. Er lobt die Qualität der Produkte und hebt als Besonderheit Stoffe aus weißem Kamelhaar hervor. Gansu, Yunnan und Xinjiang sind heute die chinesischen Provinzen, in denen Muslime leben. Seit jeher waren diese Provinzen auch Ausgangspunkte und Relais-Stationen für den Karawanenhandel mit Textilien. Es sind vor allem aus Zentralasien bekannte Techniken, die die Textilherstellung der in China lebenden Muslime kennzeichnen.

Die Muslime in Südostasien verfügen dagegen über eine Reihe von besonderen Textiltraditionen, die sie von denen in der übrigen islamischen Welt unterscheiden. In Malaysia und Brunei werden prächtige Seidenstoffe hergestellt, in die Metallfäden eingewebt sind. Mit Goldfäden werden wertvolle Stickereien angefertigt. Batik- und Ikat-Techniken wurden wohl erst seit dem Beginn des 20. Jahrhunderts aus Indonesien eingeführt. Batik wurde in Indonesien zu besonderer Perfektion gebracht, bei der auch arabische Kalligraphien verwendet werden. Unabhängig von dieser Besonderheit sind die unterschiedlichsten Dessins bekannt, was angesichts der schieren Ausdehnung des Landes der 1000 Inseln nicht erstaunen kann. Es gibt im Übrigen eine besondere Form des Brokatwebens. Auch die Muslime auf den südlichen Inseln der Philippinen, in Birma und Thailand, haben besondere Dessins.

SUBSAHARISCHES AFRIKA

Die ostafrikanischen muslimischen Gesellschaften zeichnen sich durch ihre besonders farbenfreudigen Stoffe aus, bei denen verschiedene aus Ägypten oder Indien importierte Herstellungstechniken mit einfachen traditionellen Webtechniken kombiniert werden. Die westafrikanischen Weber nutzen vor allem Baumwolle für ihre farbigen, oft stark geometrisch strukturierten Stoffe. Lange, vertikale Webstühle werden von Männern verwendet, während Frauen horizontale kleinere Webstühle benutzen, auf denen sie nur für den privaten Bedarf weben. Auch Stickereien und Applikationen werden häufig als Schmuckelemente genutzt. Eine Besonderheit der westafrikanischen Textilherstellung sind beschriftete Stoffe, bei denen der textile Untergrund mit kalligraphischen Koranzitaten bemalt wird. Eine spezielle Form des Indigo-Färbens ist im nordnigerianischen Kano gebräuchlich. In dieser Region werden Baumwollstoffe der Länge nach dreimal gefaltet und dann zusammengebunden, bevor sie in die Farbstoffe eingetaucht werden. Durch die besondere Bindung des Stoffs entsteht ein dreifaches radiales Muster, das als „Drei Körbe" bezeichnet wird.

Prächtiger Stoff für einen Sarong aus Kelantan im Nordosten Malaysias.

UNTER ISLAMISCHEN VORZEICHEN –
DIE KLEIDUNG DER MUSLIME

Die Kleider des Islams gehen in großen Teilen auf die Zeit des Propheten Muhammad zurück. Man muss sie zunächst als Reaktion auf die übliche Kleidung der vor-islamischen Zeit auf der Arabischen Halbinsel verstehen. Grundsätzlich gilt, dass die Muslime schamhaft sein sollen. Das bedeutet, dass Männer und Frauen durch ihre Kleidung all das verbergen sollen, was einen fremden Beobachter oder eine Beobachterin zu illegitimen Sexualkontakten bewegen könnte. Das wird vom Koran angesprochen, wenn es in Sure 7,26 heißt: „O ihr Kinder Adams, wir haben auf euch Kleidung hinabgesandt, die eure Blöße bedeckt, und auch Prunkgewänder. Aber die Kleidung der Gottesfurcht, die ist besser …"

VOR-ISLAMISCHE KLEIDUNG

Das älteste bekannte Kleidungsstück der Araber ist der Izâr. Es handelt sich um ein langes Tuch, das mit einem Strick oder Gürtel um die Hüften gebunden wird. Aus den Aussagen der klassischen griechischen Autoren Herodot (gest. 424 v. Chr.) und Strabo (gest. ca. 23) ist nicht eindeutig zu erkennen, ob der Izâr auch den Oberkörper bedeckte. Heute ist er ein Teil des Pilgergewands der Männer und bedeckt den unteren Teil des Körpers von der Hüfte ab. Es gab Unterschiede in der Kleidung zwischen den von der griechischen und iranischen Kleidungsform beeinflussten Arabern und den Nomaden, die eine Kleidung trugen, die sich bis heute wohl kaum grundlegend verändert hat. Charakteristisch für sie sind weit geschnittene, lose fallende Gewänder, die durch einen Gürtel gehalten werden. Der nordafrikanische Gelehrte Ibn Khaldûn (gest. 1406) stellt fest, dass die Beduinen keinen Schneider benötigten, weil sie einfach Decken um sich herumwickelten. Der römische

Historiker Tertullian (gest. ca. 230) berichtet schon lange zuvor, dass die Beduininnen in der Öffentlichkeit von Kopf bis Fuß eingehüllt erschienen und nur mit einem Auge ihre Umwelt wahrnehmen konnten. Als Fußbekleidung kannte man Sandalen.

VORSCHRIFTEN DES ISLAMISCHEN RECHTS

Grundprinzip der islamischen Kleiderordung war Schamhaftigkeit, aber auch Bescheidenheit. So sagt der Prophet Muhammad: „Wer ein Kleid zum Prahlen anzieht, dem gibt Gott am Tag der Auferstehung ein ähnliches Kleid. Dann lodert darin das Feuer."[1] Um zu vermeiden, dass jemand mit seiner Kleidung Auf-

Mekka-Pilger, gekleidet in den Izâr und ein Tuch für den Oberkörper. Die Umhängetasche aus Leder kann auch ein Mobiltelefon aufnehmen.

*Rechte Seite:
Die Miniatur aus dem Jahr 1199 zeigt Landarbeiter mit hoch geschürzten Obergewändern über der Unterhose (Sirwâl) und eine Frau mit einem Sieb, die ein Hemd mit ellbogenlangen Ärmeln und einen Sirwâl trägt.*

sehen erregte, wurde eine Reihe von Geboten ausgesprochen. So war es Männern nicht gestattet, Kleider aus Seide („Harîr") oder Brokat („Dîbâj") zu tragen. Der Koran, Sure 22, 23, versprach den Gläubigen jedoch Gewänder aus Seide im Paradies: „Gott lässt diejenigen, die glauben und gute Werke tun, in die Gärten eingehen, unter denen Bäche fließen. Geschmückt werden sie darin mit Armringen aus Gold und mit Perlen, und ihre Kleidung darin ist aus Seide." Allerdings waren Ausnahmen von dieser Vorschrift möglich. Konnte jemand aus gesundheitlichen Gründen grobe Stoffe nicht auf der Haut tragen, durfte er auf Stoffe aus Seide ausweichen. Auch Verzierungen und Säume aus Seide waren gestattet. „Der Prophet hat ja das Kleid aus reiner Seide verboten. Aber gegen das Sticken und die breiten Fäden aus Seide bestehen keine Bedenken."[2] Für Frauen galten diese Verbote nicht. Anders verhielt es sich mit Stoffen, in die bildliche Darstellungen eingewebt waren. Kleider aus diesen Stoffen waren auch für Frauen verboten. Aus ihnen konnten aber Sitzkissen hergestellt werden. Aus der früh-islamischen Zeit wissen wir, dass Männer wie Frauen eine Anzahl von Unter- und Oberkleidern trugen. Zu den Unterkleidern gehörten ein auf der Haut getragenes Hemd, ein langes Hemd und eine Tunika. Die Oberbekleidung bestand aus einem Mantel oder großen Tuch, das um den Körper gewickelt wurde. Als Fußbekleidung dienten Sandalen. Sie bestanden aus Palmfasern, weichem Leder oder Leder, an dem sich noch Tierhaare befanden. Geschlossene Schuhe waren aus Leder gefertigt.

Welche und wie viele Kleider eine Person trug, war abhängig von den zu bewältigenden Arbeiten, dem Wetter und natürlich auch den finanziellen Möglichkeiten. Große Unterschiede zwischen der Kleidung von Männern und Frauen gab es nicht. Die Kleidung der Frauen mag sich farblich von der der Männer unterschieden haben. Wahrscheinlich trugen die vornehmeren unter ihnen auch einen Schleier. Aber gesicherte Aussagen darüber sind aus den Quellen schwer abzuleiten.

Das nach dem Vorbild des Propheten übliche Kleidungsstück war ein Hemd („Qamîs"). Eine seiner Frauen berichtet: „Das Kleid, das dem Gesandten Gottes am liebsten war, war das Hemd."[3] Als Obergewand bevorzugte er ein Gewand („Jubba") aus farbiger Baumwolle. Bei der Jubba handelt es sich um ein langes, vorn offenes Gewand mit weiten Ärmeln, das vor allem aus Wolle gewebt war. Ferner trug er einen langen fließenden Mantel aus Leinen („Hulla"). Ein berühmter Mantel des Propheten war die Burda, die aus gestreiftem Tuch bestand, das aus dem Jemen importiert worden war. Es bestehen unterschiedliche Auffassungen unter mittelalterlichen muslimischen Historiographen, ob zur Zeit des Propheten Unterhosen („Sirwâl") getragen wurden. Immerhin wird in den kanonischen Prophetentraditionen der Satz überliefert: „Der Prophet sagte: Wer keinen Lendenschurz findet, der soll Pumphosen anziehen. Und wer keine Sandalen findet, der kann Schuhe anziehen."[4] Daraus wird klar, dass der Lendenschurz das für einen Muslim angemessenere Kleidungsstück war.

Schon zur Zeit Muhammads war der Turban (aus dem Persischen „Dûlband", arabisch „Imâma") neben anderen Kappen und Hüten als männliche Kopfbedeckung üblich. Allerdings bestand er ursprünglich nicht aus einer Kappe, wie es dann im Mittelalter und in der Neuzeit üblich war, um die ein Tuch gewickelt wurde. Vielmehr wanden sich die Männer das Tuch um den Kopf. Vom Propheten Muhammad wird gesagt: „Ich sah den Propheten auf der Kanzel. Er trug einen schwarzen Turban und hatte dessen Ende zwischen seine Schultern heruntergelassen."[5] Im islamischen Mittelalter wird der Turban dann zu dem zentralen textilen Unterscheidungsmerkmal zwischen Muslimen und Nicht-Muslimen. So bezeichnet man ihn als den Unterschied zwischen Glauben und Unglauben oder als „die Krone der Muslime". Das muslimische Mittelalter trieb auch ein gewisses Maß an Kult mit dem Turban, was sich bis in die Neuzeit fortsetzte. So erhielt ich zu Beginn der 1960er-Jahre in Afghanistan einen Turban geschenkt, der aus einer grünen, mit Goldfäden verzierten Kappe und einem 4 m langen, 50 cm breiten Seidentuch besteht. Um ihn korrekt zu wickeln, bedarf es einigen Aufwands oder fremder Hilfe. Muslimische Gelehrte

Auf dieser schiitischen Miniatur aus dem Jahr 1308 wird der Prophet Muhammad bei der Investitur Alis als Nachfolger als Leiter der muslimischen Gemeinde gezeigt. Muhammad trägt einen schwarzen Tailasân über seinem Turban.

*Eine Mekka-Pilgerin in einem fuß-
langen Kleid mit bedeckten Schultern und Armen und einem festen
Kopftuch liest im Koran.*

und hohe Würdenträger des Mittelalters trugen über
dem Turban noch den Tailasân, einen Schal, der über
die Schultern hing.

Über die akzeptable Farbe von Kleidungsstücken
wurde unter den Gelehrten heftig debattiert. Sie sahen
sich zu diesem Thema mit unterschiedlichen Prophe-
tenaussagen konfrontiert. So heißt es einerseits von
einem seiner Gefährten: „Ich kam zum Propheten, als
er schlief. Er hatte ein weißes Kleid an." Bei einem anderen Berichterstatter lesen wir: „Ich ging mit meinem
Vater zum Propheten. Da sah ich an ihm zwei grüne
Obergewänder." Und schließlich: „Der Prophet war
mittelgroß. Ich habe ihn mit einem roten Gewand bekleidet gesehen. Ich habe nichts Schöneres als dies gesehen."[6] Andererseits lesen wir: „Ein Mann ging am
Propheten vorbei. Er hatte zwei rote Kleider an. Er
grüßte den Propheten, aber der Prophet erwiderte seinen Gruß nicht."[7] Eindeutig war die Haltung Muhammads zur Farbe Gelb. Wohl weil sie aus dem kostbaren
Safran gewonnen wurde, verbot er gelbe Gewänder.
Weiße Kleider wurden dagegen von ihm befürwortet.
„Der Gesandte Gottes sagte: Zieht von euren Kleidern
das an, was weiß ist. Es ist das beste eurer Kleider.
Und benutzt es zur Bestattung eurer Toten."[8] Kompli-
zierter verhielt es sich mit der Farbe Schwarz. Muhammad soll verschiedene Kleidungsstücke in dieser
Farbe getragen haben. Einmal aber schenkte man ihm
ein schwarzes Obergewand. „Er zog es an. Als er nun
darin schwitzte, spürte er darin den Geruch der Wolle.
Da warf er es weg. Er mochte gern den guten Duft."[9]
Das Verbot gelb gefärbter Kleider galt wie schon bei
Seide und Brokat nicht für Frauen. Aischa, die Lieb-
lingsfrau Muhammads, soll mit Safran gefärbte Kleider sogar auf der Pilgerfahrt getragen haben.

Eine besonders strenge Kleiderordnung haben
die muslimischen Pilger auf dem Hajj zu beachten.
Die Männer tragen zwei ungesäumte Tücher. Das
eine, der bereits erwähnte Izâr, wird um die Hüften
gelegt und reicht bis zu den Knöcheln. Für den Oberkörper wird der Ridâ´ über eine Schulter gelegt. Sandalen sind als Fußbekleidung vorgeschrieben. Die
Farbe dieser Tücher ist heute Weiß. In der islamischen
Frühzeit und im Mittelalter waren aber wohl gedeckte

*Der TAILASÂN ist ein
schalartiges Kleidungsstück
für Kopf und Schultern.*

*Die QALANSUWA ist eine Kappe
oder ein hoher, konisch zulaufen-
der Hut aus festerem Material als
Kopfbedeckung von Männern.
Darum kann auch ein Turbantuch
gewickelt werden.*

Farben üblich. Eine Ledertasche, die der Pilger um-
hängen kann, und ein Holzstab vervollständigen die
Pilgertracht.

Die Pilgerkleidung sollte nicht parfümiert sein,
was bei anderen Kleidungsstücken eine häufige Praxis darstellte. Nach einem dreimaligen Waschen konnte man sie allerdings benutzen. Noch heute werden
Kleider z.B. in Oman vor allem im Fastenmonat Ramadan parfümiert. Als Hilfsmittel für diesen Vorgang
hat man konisch zulaufende Holzgestelle entwickelt,
über die die Gewänder gestülpt werden. Auf dem
Boden des Holzgestells werden Weihrauch und anderes Räucherwerk auf Holzkohle so erhitzt, dass ein
wohlriechender Dampf aufsteigt, der sich in dem darüber ausgebreiteten Kleidungsstück verfängt und es
parfümiert. Als weiteres Gebot war zu beachten, dass
die Männer auf der Pilgerfahrt keine Kopfbedeckung
tragen sollten. Gegen die starke Sonneneinstrahlung
schützen sich viele Pilger heute mit einem dunklen
Schirm. Frauen auf der Pilgerfahrt tragen heute fuß-
lange weiße Kleider mit einem Oberteil, das die Schultern und Arme bedeckt.

KLEIDERVORSCHRIFTEN FÜR
RELIGIÖSE MINDERHEITEN

In der Abbasidenzeit wurden Kleidervorschriften für
Nicht-Muslime eingeführt. Im Jahr 850 ordnete der
Kalif al-Mutawakkil an, dass Juden, Christen und Zo-
roastrier einen honigfarbenen TAILASÂN und einen
Gürtel („Zunnâr") tragen sollten. Offenbar war das
Verbot der QALANSUWA wieder aufgehoben worden.
Denn die Nicht-Muslime mussten am Hut zur Unterscheidung zwei Knöpfe anbringen. Er musste auch
eine andere Farbe haben als der Hut der Muslime.
Auch ihre Turbane mussten honigfarben sein. Vier
Jahre später verschärfte der Kalif die Regelung speziell für Christen. Diese mussten nun als Erkennungs-
merkmal bei ihren Ober- wie Untergewändern den
vorderen Teil ihres rechten Ärmels gelb färben. Auf
diese Weise sollte sichergestellt werden, dass man ihre
Religionszugehörigkeit auch erkennen konnte, wenn
sie sich innerhalb von Häusern aufhielten, wo man
keine Qalansuwa trug. Die Regelungen ließen sich

Die Miniatur aus Buchara von 1564 zeigt einen islamischen Mystiker vor einem Herrscher. Die Kleidung des Sûfî ist einfacher als die des Schah.

Rechte Seite: Kaftan aus Atlas-Brokat aus dem 16. Jh.

QASAB *ist ein feines Leinen mit Gold- oder Silberstickereien.*

MULHAM *ist ein Mischgewebe, bei dem die Kette aus Seide, der Einschlag aber aus einem anderen Faden besteht.*

aber offenbar nicht konsequent durchsetzen; denn 907 musste der Kalif al-Muqtadir die Regelung per Erlass wiederholen. Die Mäntel der „Leute des Buches" mussten einen besonderen Schnitt haben. Es war nicht gestattet, dass sie mit weit geschnittenen oder langen Ärmeln versehen waren. Zu den ersten Reformbeschlüssen der großen muslimischen Staaten im 19. Jahrhundert zählte dann die Aufhebung der Kleidervorschriften für die religiösen Minderheiten.

DIE KLEIDUNG DES ELEGANTEN HERRN

Mit der Etablierung muslimischer Dynastien zunächst in Damaskus und später in Baghdad gingen gesellschaftliche Veränderungen einher wie die Entstehung stabiler politischer, intellektueller und wirtschaftlicher Eliten. In diesen Eliten entwickelte sich ein Kanon an ästhetisch-praktischen Vorlieben, der neben Schmuck, Speisen oder der Vorliebe für bestimmte Blumen auch Kleidung einbezog. Vor allem in der Abbasidenzeit (750–1258) wurden Angehörige der gehobenen Bürokratie, Dichter und wohlhabende Gebildete zunehmend modebewusst. Im 10. Jahrhundert berichtet der Geograph al-Muqaddasî, dass die Einwohner des Zweistromlands sich um ihr Aussehen und ihre Kleidung besonders bemühten. Das machte sich auch in der Sprache bemerkbar. Es entwickelten sich neue Begriffe für Unter- („Shiʿâr") und Oberbekleidung („Dithâr"). Die einfache Kleidung der Frommen und der Asketen galt den Eliten als nicht standesgemäß. Aus dem arabischen Wort für Wolle, „Sûf", die für die Bekleidung der muslimischen Asketen und Mystiker gebraucht wurde, entstand deren Name „Sûfî". Sûfî wurde von der eleganten Welt Baghdads entsprechend als Schimpfwort verstanden.

Der Autor eines Buches über das rechte Verhalten der feinen Welt, Ibn al-Waschscha (gest. 936), widmete der Kleidungsthematik in seinem *Buch des buntbestickten Kleides* ein eigenes Kapitel. Darin heißt es: „Wisse! Zu den Gepflogenheiten der Herren von feiner Lebensart (…) gehört es, feine, dünne Untergewänder, aber dicke, grobgewebte Hemden zu tragen, und zwar aus den besten Arten von weichem und reinfarbenen Leinen. Solche Stoffe sind z. B. der ägyp-

tische Dabîqî und der persische Jannâbî. Getragen werden auch Unterkleider aus den mit Pelz gefütterten Tâkhtaj-Stoffen aus Nîsâbûr, Untergewänder aus weißem Rohleinen und die langen weiten Obergewänder aus persischem Darrâj-Stoff, ägyptischem Stoff aus Alexandria, aus Rohseiden-Mulham und aus Khorasân-**MULHAM**. Getragen werden ferner gefütterte Gewänder aus kühlendem Kuhistan-Stoff, einfarbige Gewänder aus ägyptischem Dabîqî-Leinen, Jacken aus Nîsâbûr-Stoffen, einfarbige, mit Gold durchwebte Gewänder aus bestickten jemenitischen Saʿîdî-Stoffen und Seidengewebe aus Kufa, Schals aus Sûsa in Khusistan, persische Mäntel aus Wollstoff und blaue Nackenschleier (Tailasân) aus Tûmus und Salûl. Getragen werden alle Kleidungsstücke, die aus diesen oder ähnlichen Stoffen hergestellt sind und die ihrem Träger stehen und zu ihm passen."[10] Als für Männer unpassend galten Stoffe, die mit Safran gefärbt oder parfümiert waren. Sie galten als passende Kleidung für Frauen, Sängerinnen oder Sklavinnen. Erlaubt waren diese Farben und die Parfümierung bei Männern im privaten Bereich, bei Zechgelagen, beim Aderlass oder im Schlafgemach. Man hatte auch darauf zu achten, dass man nicht neu gekaufte und ältere Kleidungsstücke gleichzeitig trug, gewaschene und schmutzige oder gewaschene und neue, kostbare und preiswerte. „Der beste Anzug des eleganten Herrn ist der, welcher gleichmäßig und passend ist, zusammenstimmt und seinem Träger gut steht."[11]

DIE KLEIDUNG DER ELEGANTEN DAMEN

Auch für die elegante Dame beschreibt Ibn al-Waschscha entsprechende Kleidungsetiketten: „Getragen werden rauchfarbene feine, dünne Untergewänder, Rashîd-Mäntel[12], Kleider aus baumwollenem Sharb-Stoff[13] mit Gürtel und tabaristanische Mäntel, und zwar aus buntem, mit Gold und Silber durchwirktem QASAB-Stoff und aus bestimmten Seidensorten. Weiterhin werden bevorzugt Gesichtsschleier aus nîsâbûrischem Baumwollstoff getragen, Lendenschürze aus khurasanischem Mulham-Stoff, Kragenhemden mit Halsbändern, Kleider mit weiten Ärmeln, weiße Pluderhosen mit Schleppen und schwarze, mit Narde gefärbte Kopftücher. Frauen tragen (…) nichts, was besprengt oder parfümiert ist, auch keine Kleider mit leuchtenden Farben, keine weißen Leinengewänder, sondern nur Kleider, die naturfarben, für bestimmte Zwecke gefärbt oder in der Farbe verändert sind, und zwar durch bestimmte Arten von Moschus, Sandel-, Ambra-, oder Narde-Farben, damit sie durch die Parfümierung von jenem Zustand der leuchtenden weißen Farbe ablenken. Denn das Tragen von weißen Stoffen gehört bei den Leuten von Eleganz zur Mode der Männer."[14]

Auch für die einfache Bevölkerung gab es in dieser Zeit Kleidervorschriften, die sich bei Frauen so darstellten: Rosa und Rot wurden von Bauersfrauen und von Singsklavinnen getragen. Weiß war die Farbe der geschiedenen Frauen, und Blau und Schwarz gehörten zur Tracht der Witwen und der vom Aussatz geheilten Frauen.

PERSISCHER EINFLUSS

Der persische Einfluss auf die Kultur der Abbasidenzeit schloss auch die Kleidung ein. Schon in früh-islamischer Zeit benutzte man einige Kleidungsstücke, die man aus dem Iran übernommen hatte wie die Unterhose („Sirwâl"), aber auch Socken („Jaurab") und eine hohe, spitz zulaufende Kopfbedeckung („Qalan-

Die Miniatur aus Bukhara aus dem 16. Jh. zeigt Männer, aus deren Turban eine hohe Kappe herausragt.

suwa"). Im vor-islamischen Persien war die Qalansuwa ein Zeichen der Herrscherwürde. Der Hut war allseits beliebt. Diese Vorliebe vieler Leute missfiel dem Kalifen Harûn al-Raschîd, der sich auch in der Tradition der iranischen Herrscher sah. So verbot er diese Kopfbedeckung dem einfachen Volk. Er selbst trug ihn jedoch. Dabei war bei seiner Qalansuwa auf einer Seite das Wort „Ghâz" (Krieger im Glaubenskampf) und auf der anderen das Wort „Hâjj" (Pilger) eingestickt. Damit wurde auf seine beiden vornehmsten Pflichten hingewiesen, nämlich alternierend auf Pilgerfahrt zu gehen oder einen Jihâd zu führen. Ein anderes aus Persien stammendes Kleidungsstück, das in Baghdad, dann aber weiter in der islamischen Welt Verbreitung fand, ist der Kaftan. Am Abbasidenhof trug man ihn in der herrscherlichen Farbe Schwarz, wie der Kalif auch bei offiziellen Anlässen einen schwarzen Turban trug.

DIE FATIMIDEN

Ein Höhepunkt der Kleidungskultur entfaltete sich unter der Herrschaft der Fatimiden in Ägypten (969–1171). Ägypten pflegte schon seit vor-islamischer Zeit eine reiche Tradition der Textilherstellung, vor allem für Produkte aus Leinen und aus Baumwolle. Diese technische Kompetenz lebte nach der Eroberung durch muslimische Heere fort. Vor allem unter den Fatimiden nahm die Qualität in der Textilherstellung weiter zu. Grund dafür war, dass der erste fatimidische Herrscher in Ägypten, al-Mu´izz (gest. 975), eine spezielle Institution geschaffen hatte, durch die alle Bediensteten des Staates und ihre Familien, ja sogar ihre Diener, mit einer ihrem Rang entsprechenden Bekleidung für offizielle Anlässe versorgt wurden. Dieses Amt für Bekleidung („Khizânat al-Kiswa" = Magazin für die Bekleidung) lieferte den Berechtigten eine komplette Ausstattung vom Turban bis zur Unterhose, jeweils für den Sommer wie für den Winter. Die Kleidung wurde aus kostbaren Stoffen wie Seide oder Brokat geschneidert. Weiß war die vorherrschende Farbe. Die Oberbekleidung war mit Gold- und Silberfäden bestickt. Natürlich war der Aufwand, der mit dieser Festkleidung verbunden war, abhängig

von der Position der Empfänger. Die Ausstattung eines Amîr, also eines hohen Offiziers, kostete ca. 500 Dinar. Das war eine ungeheure Summe, wenn man bedenkt, dass in Zeiten großer Teuerungen um das Jahr 1000 für 100 kg Mehl gerade einmal 1,5 Dinar bezahlt werden mussten. Dass der Herrscher selbst die kostbarste Kleidung trug, ist nicht überraschend. Allein sein Turban war ein Kunstwerk für sich. Um eine Kappe wurde ein Tuch in elliptischer Form gewunden. Diese Form der Umwickelung war allein dem Herrscher vorbehalten. Der Sklave, der den Turban winden musste, hatte eine besondere Stellung bei Hofe. Das Turbantuch war mit zahlreichen Edelsteinen geschmückt. An einem Band trug der Herrscher auf seiner Stirn zusätzlich einen großen Solitär. Turban und Edelstein wurden als „die edle Krone" („al-Tâj al-sharîf") bezeichnet.

Doch nicht nur auf die Kleidung der Staatsbeamten wurde besonderer Wert gelegt. Auch Pferde, die bei offiziellen Anlässen eingesetzt wurden, erhielten eine prächtige „Bekleidung". Ein iranischer Reisender, Nasir-i Khosrau, berichtet von einem Besuch in Kairo im Jahr 1048, dass die Pferde, die bei einem Fest zur jährlichen Öffnung eines wichtigen Bewässerungskanals mitgeführt wurden, mit Schabracken und Zaumzeug aus Seide und Brokat bedeckt waren. Das Besondere an diesem Pferdezubehör war, dass die einzelnen Stücke in einer Form gewebt worden waren, die den Körperformen der Tiere entsprach. Ihre Passform war so perfekt, weil sie nicht speziell zugeschnitten und genäht wurde. Beispiele der großen Textilkunst der Fatimidenzeit sind vor allem in Europa erhalten geblieben. Sie gelangten dorthin durch den internationalen Handel oder als Beutestücke aus den Kreuzzügen. Sie wurden vor allem in Kirchenschätzen aufbewahrt, so etwa im Fall des Schleiers von Sankt Anna in der Kathedrale von Apt in der Provence oder des Leichtuchs des heiligen Cadouin in einem Zisterzienserkloster im Perigord.

TÜRKISCHE KLEIDUNG

Seit dem späten 11. Jahrhundert gewannen türkische Militärs eine immer stärkere politische Bedeutung in den Regionen zwischen Ägypten und dem indischen Subkontinent. Teilweise blieb dieser Einfluss indirekt, wenn türkische Truppen als Leibwachen für die Sicherheit der Herrscher sorgten, teilweise war er auch ganz direkt, wenn es ihnen gelang, Dynastien zu gründen und über Jahrhunderte die Politik großer Teile der islamischen Welt zu bestimmen. Unter türkischem Einfluss gelangten zentralasiatische Kleidungsformen in den Nahen und Mittleren Osten, aber auch nach Indien. Neben Veränderungen bei der Unterbekleidung wurden spezielle Mäntel zum Markenzeichen der neuen Kleiderordnung. So gab es die „Aqabiyya turkiyya", den türkischen Mantel, bei dem die beiden Vorderteile des Mantels auf der Brust diagonal von rechts nach links übereinandergeschlagen und mit einem Band um die Taille befestigt wurden. Bei der „Aqabiyya tartariyya" (Mantel im tartarischen Stil) wurden die Vorderteile von links nach rechts übereinandergeschlagen. Beide wurden geknöpft oder mit Bändern zusammengebunden. Die Vorderteile konnten unter dem Arm zusammengeknöpft oder -gebunden werden. Zusätzlich wurden die Mäntel von Bändern oder Gürteln aus Metallplatten zusammengehalten. Als besonders luxuriös galten Mäntel, die offen getragen wurden. Die Länge der Ärmel der Mäntel wies auf den sozialen oder politischen Status des Trägers hin. Die Ärmel konnten so lang sein, dass man die Hände nicht sehen konnte. Als Kopfbedeckung war ein hoher dreieckiger Hut (Sharbûsh) üblich. Neben Schuhen wurden ‚Leggins' getragen, die bis zu den Knien reichten. Über entsprechende Veränderungen bei der Kleidung für Frauen sind keine Nachrichten überliefert, obwohl es unwahrscheinlich ist, dass sich bei ihrem Kleidungsstil über Jahrhunderte keine Modifikationen ergeben haben.

IRANISCHE KLEIDUNG

Die Kleidung im muslimischen Iran unterschied sich deutlich von der der arabischen Welt. Typisch war vor allem der Gebrauch von Schuhen im Sommer wie im Winter. Es gab auch eine Art von Leggings („Rân"), Hosen („Shalwâr") und Kappen aus weichem Stoff oder Fell („Kulâh"). Der Kleidungsstil veränderte sich

vor allem unter der Herrschaft der mongolischen Dynastien der Ilkhaniden (ca. 1218–1355) und der Timuriden (1363–1506). Der Einfluss des chinesischen Hofprotokolls nahm zu. Diese Veränderung bezog sich auch auf die Kleidung der Eliten. Die stoffreichen Roben der Mandarine mit bis zu den Ellbogen reichenden Ärmeln wurden auch im Iran eingeführt. Man übernahm die Sitte, dafür Stoffe zu verwenden, in die heraldische Zeichen oder auch Wolken eingewebt waren. Unter diesen Gewändern trug man eine Art Tunika mit langen Ärmeln. Im Verlauf der timuridischen Herrschaft ließ der chinesische Einfluss auf die Hofkleidung nach. Die Kleidung entsprach nun wieder stärker den Körperlinien. Großer Beliebtheit erfreuten sich Gewänder mit Pelzen als Innenfutter oder als Besatz. Auch die Gürtel oder Bänder um die Taille, die in ilkhanidischer Zeit nicht üblich gewesen waren, wurden wieder eingeführt. Die mongolischen Kappen oder Hüte wurden wieder durch Turbane ersetzt, weil die mongolischen Kopfbedeckungen als nicht mit dem Islam vereinbar angesehen wurden.

Über die Kleidung der Frauen ist auch für diese Zeit wenig bekannt. Europäische Reisende berichten vor allem, dass Frauen in der Öffentlichkeit in weiße Tücher gehüllt erschienen, wobei das Gesicht teilweise oder ganz verhüllt war. Mit der Machtübernahme der Dynastie der Safawiden im Iran im Jahr 1501 wird die ostasiatische Prägung auch aus dem Bereich der Kleidung zurückgedrängt. Am bemerkenswertesten ist eine neue Art des Turbans. Das Turbantuch wurde um eine Kappe mit einer hohen Spitze herumgewunden, die deutlich aus dem Tuch hervorschien. Man nannte diese Kopfbedeckung „Tâj Safawî" (Safawidische Krone). Diese spitze Kappe war rot gefärbt. Die rote Farbe der schiitischen Dynastie der Safawiden symbolisierte auch das Martyrium der großen Gestalten des schiitischen Islams. Nach einiger Zeit wurde diese extravagante Form aber aufgegeben, dafür wurden die Turbane jetzt sehr viel ausladender. Insgesamt wurde die iranische Kleidung in der Zeit der Safawiden aufwendiger und kostspieliger. Die Gewänder für Männer und Frauen wurden enger und etwas kürzer. Gegen Ende der Safawidenherrschaft macht sich langsam ein

gewisser europäischer Einfluss auf die Kleidung bemerkbar, der vom Kleidungsstil von Reisenden und Kaufleuten ausging. Dieser Einfluss verstärkte sich unter Herrschaft der Qajaren (1779–1925) noch weiter. Die Männer trugen über weit geschnittenen Hosen aus Baumwolle und kragenlosen Hemden lange, häufig an Kleider erinnernde Jacken. Sie trugen auch Westen und verschiedene Formen von Mänteln. Als Kopfbedeckung setzten sich Pelzmützen durch, die bis zu 20 cm hoch sein konnten. Frauen trugen Hosen unter einem Hemd oder Jackett.

DAS OSMANISCHE REICH
Die Kleidung im Osmanischen Reich unterlag einer Reihe von allgemein gültigen Vorschriften, die zwischen der ersten Hälfte des 16. und der zweiten Hälfte des 18. Jahrhunderts mehrfach modifiziert wurden. Größere Formenvielfalt war in der Mode der Kopfbedeckungen zugelassen. An erster Stelle stand hier der Turban, der auf unterschiedliche Weise gewickelt werden konnte. Es gab hohe und flache, kostbar verzierte und schlichte Formen von Turbanen. So fanden sich Exemplare, die Höhen von bis zu 60 cm erreichen konnten. Um sie in Form zu halten, wurden sie durch spezielle Drahtkonstruktionen stabilisiert. Für das Turbantuch waren Stoffe aus Baumwolle, Wolle, Seide, Brokat oder Mischgewebe von unterschiedlicher Qualität gängig. Je nach Mode ließ der Träger die Enden des Tuches über die Schultern fallen. In den regenreichen Gegenden des Reiches und im Winter mussten die kostbaren Kopfbedeckungen von kleinen Schirmen vor der Nässe geschützt werden.

Neben dem Turban gab es verschiedene Arten von Kappen oder Mützen („Külâh"), die von Männern wie Frauen getragen wurden. Frauen trugen sie in Kombination mit einem Gesichtsschleier. Im 19. Jahrhundert wurde der Fez eingeführt. Er wurde im Rahmen einer osmanischen Militärreform aus der europäischen Schirmmilitärmütze entwickelt. Deren Schirm soll allgemein gegen die einfallende Sonne schützen. Die osmanischen Soldaten störte der Schirm aber, wenn sie beim Gebet, bei dem sie die Kopfbedeckung nicht ablegten, den Boden mit der Stirn be-

Die Durchsichtigkeit des Gesichtsschleiers dokumentiert dieser Ausschnitt aus einer Gouache, die in Istanbul um 1770 entstanden ist.

EHRENGEWÄNDER

Schon in vor-islamischer Zeit war es im Nahen und Mittleren Osten üblich, dass Herrscher einzelne Personen aus unterschiedlichen Gründen mit einem besonderen Kleidungsstück beschenkten. In der Geschichte der islamischen Welt lässt sich diese Praxis seit der Herrschaft der Abbasiden nachweisen. Dieser Brauch wurde in der arabischen Welt, im Iran, im Osmanischen Reich und am Hof der Moghulherrscher gepflegt. Der Anlass für die Übergabe dieser Kleidung konnte die Einführung einer Person in ein hohes Amt sein oder die Anerkennung für eine besondere politische, militärische oder künstlerische Leistung ausdrücken. Auch Botschafter fremder Mächte erhielten solche Geschenke. Das Ehrengewand („Khil´a") bestand aber nicht nur aus einem Mantel oder einem Kaftan, sondern aus einer kompletten Ausstattung von Unter- und Obergewändern, Schuhen, Kopfbedeckung, ja sogar Satteldecken und Zaumzeug für die Pferde. Auch Prunkwaffen konnten dazugehören. All

diese Gewänder und Accessoires waren aus kostbaren Materialien hergestellt worden und mit Halbedelsteinen versehen. Bei vielen Gelegenheiten wurde nicht nur ein solches Ensemble überreicht, sondern mehrere. Es wird berichtet, dass ein Herrscher bis zu sechzig solcher Ehrengewänder an eine einzelne Person übergab. Besondere Favoriten eines Herrschers konnten immer wieder mit derartigen großzügigen Geschenken bedacht werden. Für diese Ehrengewänder wurden spezielle Werkstätten und Lagereinrichtungen geschaffen. Manche Empfänger bewahrten diese Ehrengeschenke auf, getragen wurden sie wohl kaum. Vor allem aus der osmanischen Zeit wird berichtet, dass die Beschenkten die erhaltenen Kleider und das Zubehör nach dem Verlassen des Palastes an wartende Händler verkauften. Die Händler boten sie dann wieder dem Hof an. Man kann also vermuten, dass es sich bei der Vergabe der Ehrengewänder um verdeckte Geldgeschenke handelte.

Die Miniatur aus dem Jahr 1584 zeigt die Verleihung eines Ehrengewands durch Sultan Murad III. (reg. 1574–1595), zu dem auch ein Schwert gehört.

rühren mussten. Um den Unwillen des Heeres zu vermeiden, befahl die militärische Leitung, auf den Schirm zu verzichten. Dafür wurde er mit einer Quaste geschmückt, die in der Mitte der Mütze befestigt wurde und an der Seite der Kopfbedeckung herunterhing. Bald verbreitete sich der Fez auch unter der Zivilbevölkerung.

SÜDASIEN

Die Kleidung der Muslime Südasiens war stark von iranischen und zentralasiatischen Vorbildern beeinflusst. Auf Miniaturen aus der Moghulzeit erkennt man Männer, die lange, eng anliegende Hosen aus farbigen, gestreiften Stoffen tragen. Ein kragenloses Hemd mit langen Ärmeln komplettiert die Unterbekleidung. Darüber legten die Männer verschiedene Formen von Kaftanen oder ärmellose Tuniken an. Die Stoffe der Oberbekleidung waren so fein gewebt, dass die gestreiften Hosen darunter zu sehen waren. Die Gürtel auf den Darstellungen bestehen aus einfach oder mehrfach um die Körpermitte gewundenen Stoffstreifen, die vor dem Bauch zusammengeknotet werden, sodass die Enden herabfallen. Man findet auch die zentralasiatische Form der übereinandergeschlagenen Vorderteile der Kaftane. Die übliche Kopfbedeckung war auch hier der Turban, der aber nicht die Ausmaße der osmanischen Turbane annahm und durch die besondere Form des Wickelns den Eindruck einer Verstärkung des Tuchs am Hinterkopf vermittelt. Häufig bestanden die Turbane aus kostbaren Brokatstoffen. Herrscherportraits zeigen, dass diese Kopfbedeckungen zudem mit langen Federn, Perlenketten und Edelsteinen geschmückt waren.

SÜDOSTASIEN

Die traditionelle Kleidung von Muslimen in Südostasien unterscheidet sich deutlich von der anderer muslimischer Gesellschaften. Das traditionelle Gewand von Männern und Frauen ist der Sarong, ein aus einer oder mehreren zusammengenähten Stoffbahnen bestehendes farbiges Tuch, das bis zu den

Knöcheln reicht und eng um die Hüfte gebunden wird. Geschlecht und Tradition unterscheiden die Wickel- und Befestigungsmethoden. Man benutzt Knoten, Bänder oder Gürtel. Die Stoffe werden aus Baumwolle hergestellt und nach verschiedenen Methoden eingefärbt. Der Oberkörper wird durch Hemden oder Blusen bedeckt. Den Kopf haben Männer und Frauen mit unterschiedlichen Turbanen umwickelt. Besonders fromme Musliminnen tragen heute Oberteile, die über ein schal- oder kragenähnliches Tuch verfügten. Mit diesem Stoffteil der Oberbekleidung bedecken sie dann ihre Haare.

Das Doppelportrait zeigt den Moghulherrscher Jahangir mit einem typischen Turban und seine Gattin Nûr Jehân.

GEWEBT UND GEKNÜPFT – TEPPICHE

Neben Textilien für die Bekleidung sind Teppiche („Bisât") ein weltweit bekanntes Produkt der Textilherstellung in den verschiedenen muslimischen Gesellschaften. Die Kenntnisse des Webens und Knüpfens von Teppichen reichen weit in die vor-islamische Zeit zurück. Bei der Teppichproduktion werden verschiedene Herstellungstechniken gleichgewichtig angewendet. Die üblichen Herstellungsarten bestehen im Knüpfen, Weben und Filzen. Innerhalb der einzelnen Herstellungsmethoden gibt es wiederum Besonderheiten. So unterscheidet man beim Knüpfen zwischen symmetrischen und asymmetrischen Knoten. Vor allem aber gibt es eine nicht überschaubare Vielfalt an Mustern und Farbkombinationen je nach den Funktionen der Teppiche, der jeweiligen Tradition und der Herkunft der Handwerker, den eingesetzten Garnen und nicht zuletzt der Marktnachfrage und der Mode.

Teppiche sind Gebrauchsgegenstände, die zur nomadischen Alltagskultur gehören. Sie lassen sich für den Transport einfach zusammenlegen und nehmen dann wenig Platz in Anspruch. Im Übrigen sind sie häufig sehr leicht an Gewicht. Mit ihnen werden Zelte und Yurten ausgelegt. Sie bieten eine angenehme, gegen Kälte und Wärme isolierende Unterlage auf Sandboden ebenso wie auf steinigem Untergrund. Zugleich machen sie es möglich, die transportable Behausung sauber zu halten. Textilhistoriker beklagen häufig, dass Teppiche nur eine begrenzte Lebensdauer haben. Sie nutzen rasch ab, erleiden Schäden durch Feuer oder Wasser, können leicht zerschnitten oder anderweitig zerstört werden. Diese Klagen bestehen zu Recht. Für die traditionellen Nutzer der Teppiche handelt es sich aber um Gebrauchsgegenstände, die ersetzt werden müssen, wenn sie nicht mehr brauchbar sind. Für sie zeichnen sich Teppiche durch eine außerordentliche Robustheit aus. Da der Grundstoff Wolle, aus dem die Teppiche in der Mehrzahl der Fälle gefertigt sind, nicht entfettet wurde, weisen sie Schmutz in hohem Maße ab, anderen binden sie, wodurch eine erstaunliche Staubfreiheit entsteht.

Wie bei anderen Formen von Textilherstellung kann man in islamischen Gesellschaften auch bei Teppichen zwei Gruppen von Herstellern unterscheiden. Auf der einen Seite stehen traditionell die professionellen, häufig männlichen Handwerker, die früher in Gilden organisiert waren. Auf der anderen Seite stehen die Frauen, die für den persönlichen Gebrauch neben ihren übrigen Aufgaben des Haushalts und der Kindererziehung auch Teppiche herstellen. Diese Teppiche bilden Teile des Brautschatzes. Die Attraktivität einer jungen Frau als Heiratspartnerin hängt auch von ihrer Kompetenz in der Teppichherstellung ab. Inzwischen gibt es verschiedene Übergangs- oder Zwischenformen. Frauen fertigen, häufig in Kooperativen, Teppiche, die sie eigenständig oder durch die Vermittlung von Händlern vermarkten.

TEPPICHGESCHICHTE

Der älteste erhaltene Teppich stammt aus dem 4. Jahrhundert v. Chr. Er wurde im Grab eines Prinzen im Altai-Gebirge entdeckt. Nach allgemeiner Überzeugung stammt er aus dem vor-islamischen Iran zur Zeit der Achameniden. Aus der Zeit der Dynastie der Abbasiden wird überliefert, dass der Herrscher der Regionaldynastie der Aghlabiden (800–909) in Nordafrika dem Kalifen nach Baghdad als Teil des jährlichen Tributs Teppiche schickte. Zur Zeit des Kalifen al-Ma'mûn (786–833) sollen es jeweils 120 Teppiche gewesen sein. Fragmente von Teppichen aus Andalusien und aus Ägypten sind erhalten geblieben. Die

Das Bildnis des Georg Gisze im Stalhof zu London von Hans Holbein d. J. zeigt nicht nur Kaufmannsutensilien als Zeichen seines Berufs, sondern auch einen orientalischen Tischteppich, der auf seinen Reichtum hinweist.

schönsten Teppiche stammen jedoch aus dem Iran der Timuriden- (1363–1506) und der Safawidendynastie (1501–1722). Auch aus der langen Herrschaft der Osmanen (1299–1923) sind zahlreiche wertvolle Beispiele erhalten. Dass Teppiche zu einem kostbaren Exportartikel nach Europa wurden, lässt sich anhand einiger Gemälde europäischer Maler aufzeigen. So findet sich auf einem Portrait des Kaufmanns Gisze, das Hans Holbein d. J. 1532 fertigstellte, ein Teppich, der als Tischdecke dient und als Stück mit einem anatolischen Dessin identifiziert wurde. Spätere Maler verwendeten dies Motiv ebenfalls. Bei Lorenzo Lotto (1480–1557) sieht man Teppiche, die in der westtürkischen Stadt Usak hergestellt worden waren. In zahlreichen Kirchenschätzen in Deutschland finden sich Fragmente aus dem Orient importierter Teppiche. Sie sind bis heute noch nicht vollständig erfasst.

Die wichtigsten Regionen für die Herstellung von Teppichen waren und sind die Türkei, Iran und Zentralasien. Auch in Indien und China gab und gibt es eine Teppichproduktion, die sich auf vor-islamische und islamische Traditionen berufen kann.

GEBETSTEPPICHE

Das islamische Recht steht der Verwendung von Teppichen im täglichen Leben der Muslime grundsätzlich positiv gegenüber. Die Rechtsgelehrten fordern jedoch auch in diesem Fall Bescheidenheit. Allzu prächtige Teppiche bewerten sie kritisch. Wie bei der Kleidung wird die Verwendung von Seide auch bei Teppichen nicht gern gesehen. Mischgewebe aus Wolle und Seide stufen sie dagegen als unbedenklich ein. Die Verwendung von Bilderteppichen wird von manchen Gelehrten abgelehnt, was angesichts ihrer kritischen

Rechte Seite:
Der Boden der im Jahr 1616 voll-
endeten Sultan-Ahmed-Moschee in
Istanbul, auch als Blaue Moschee
bekannt, ist mit großen Bahnen
von Gebetsteppichen bedeckt.

Gebetsteppich aus Kleinasien,
18. Jh., mit der typischen Spitze
zur Ausrichtung auf die Gebetsrichtung.

Haltung bei der Darstellung von lebendigen Wesen nicht verwundert. Manche Gelehrte nehmen aber auch eine neutrale Position ein. Dabei argumentieren sie, dass man ja auf diesen Bildern steht und umher-geht, was als Missachtung des Dargestellten verstan-den werden könne.

Eine wichtige religiöse Funktion haben Teppiche beim Gebet. Die Gebetsteppiche im Islam blicken auf eine lange Tradition zurück. Muslime haben beim Vollzug des Pflichtgebets nicht nur auf die rituelle Reinheit ihres Körpers und ihrer Kleidung, sondern

auch auf die des Gebetsplatzes zu achten. Diese ritu-elle Reinheit wird vor allem gewährleistet, indem der Beter den eventuell verunreinigten Boden durch eine Unterlage abdeckt. Grundsätzlich kann diese aus jedem rituell unbedenklichen Material bestehen. In-frage kommen neben Teppichen Pappe oder Kunst-stoffprodukte. Geschätzt und allgemein gebräuchlich bleiben aber Gebetsteppiche ("Sajjâda"). Es gibt keine Vorschriften über die Art der Herstellung. Sie können geknüpft oder gewebt sein. Es handelt sich um leicht einzurollende und einfach zu transportierende Teppi-che, auf denen ein Beter die verschiedenen Körperhal-tungen des Gebets einnehmen kann, ohne mit dem umgebenden Boden in Kontakt zu kommen. In der Regel sind sie kaum größer als 160 × 90 cm. Gebets-teppiche aus Filz sind dagegen selten. Denn das Ma-terial macht die Teppiche unhandlich. In Farbe und Dessin können sich die Gebetsteppiche voneinander unterscheiden. Auch hier spielen unterschiedliche Traditionen eine Rolle. Eine Gemeinsamkeit ist jedoch charakteristisch. Zu einem Ende des Teppichs hin ver-engt sich die Motivstruktur zur Form eines Mihrâb, dessen Spitze in die zuvor festgestellte Gebetsrich-tung ausgerichtet werden sollte.

Heute werden auch häufig Gebetsteppiche ange-boten, bei denen durch einen eingefügten Kompass die Gebetsrichtung angezeigt wird. Einige muslimi-sche Gesellschaften, wie in den Regionen Südost-asiens, kennen keine Teppiche aus Wolle. Hier be-stehen Gebetsteppiche aus Stroh, dünnem Rattan oder Jute. Sie werden dann mit zusätzlichen Applikationen versehen.

Auch in Moscheen ist der Boden häufig mit Tep-pichen bedeckt. Diese sind entweder mit arabesken, floralen oder kalligraphischen Mustern versehen oder in sie sind ebenfalls Mihrâb-Muster eingewebt. Diese Teppiche sind dann auf die Gebetsnische der Moschee ausgerichtet. Die Teppiche in den Moscheen sind in der Regel fein geknüpfte oder gewebte, vielfach kost-bare Stücke, die dem Gotteshaus als Stiftung übereig-net worden sind. Bei stark frequentierten Moscheen müssen sie aufgrund von Verschleißerscheinungen in regelmäßigen Abständen ausgetauscht werden.

ANHANG

ANMERKUNGEN

LITERATUREN IN DER ISLAMISCHEN WELT

1 Kreiser: Istanbul 250
2 Schimmel: Classical Urdu Literature 154
3 Bürgel: Hafis-Studien 78 f.
4 Rosen: Die Sinnsprüche Omars des Zeltmachers 42
5 Rehman: Garden Types 165
6 Schimmel: Classical Urdu Literature 154
7 Bürgel: Allmacht 239
8 In der Orthographie von Hammer-Purgstall: Osmanische Dichtkunst 15 f.
9 Schimmel: Islamic Literatures 24
10 Ebd. 27
11 Kreiser: Istanbul 243
12 Ibn al-Waschscha: Buch des buntbestickten Kleides 88 f.
13 Rückert: Wandlungen 23
14 Bürgel: Allmacht 57
15 Heine: Islam 323
16 Bürgel: Islam im Spiegel Zeitgenössischer Literaturen 798
17 Ebd.
18 Schimmel: Classical Urdu Literature 239
19 Ebd.
20 Bürgel: Islam im Spiegel Zeitgenössischer Literaturen 798
21 Ebd.
22 Ebd.
23 Iqbal: Psalter 22

BILDENDE KUNST

1 Naef: Bilder und Bilderverbot 16
2 Strauss: L'image moderne 140
3 Blair: Calligraphy 534
4 Ibn al-Waschscha: Buch des buntbestickten Kleides Bd. 2, 143
5 Kühnel: Arabeske 5
6 Taswir: Islamische Bildwelten 116
7 Ettinghausen: Arabische Malerei 28
8 Ebd. 29
9 Ipsiroglu: Meisterwerke 125
10 Al-Fann: Kunst 119
11 Ebd. 81
12 Parker / Neal: Kunst des Hadsch 66

ISLAMISCHE ARCHITEKTUR

1 Bürgel: Allmacht 247
2 Ebd.
3 Kreiser: Istanbul S. 101

MUSIK IN DER ISLAMISCHEN WELT

1 Khoury: Hadîth Bd. I, 499
2 Khoury: Hadîth Bd. III, 239
3 Bürgel: Allmacht 258 f.
4 Ebd. 259 f.
5 Ebd. 264
6 Ebd. 265
7 Heine: Islam 336 f.
8 Ebd. 338
9 Farmer, H. G.: Musikgeschichte in Bildern, 124
10 Anders Khoury, der übersetzt: „Und trage den Koran Abschnitt für Abschnitt vor."
11 Ritter: Meer der Seele 442
12 Braune: Musik 219
13 Touma: Musik 66
14 Ebd. 67

TEXTILIEN IM ISLAM

1 Khoury: Hadîth III 168
2 Ebd. 165
3 Ebd. 166
4 Ebd. 167
5 Ebd. 170
6 Ebd. 169
7 Ebd. 169
8 Ebd. 169
9 Ebd. 169
10 Ibn al-Waschscha, Buch des buntbestickten Kleides Bd. 2, 70
11 Ebd. 71
12 Stoffe aus dem ägyptischen Rosette
13 Sharb ist eine Leinenart.
14 Ibn al-Waschscha, Buch des buntbestickten Kleides Bd. 2, 73 f.

LITERATUR

Al-Fann. Die Kunst: Katalog. Zeitgenössische Kunst in islamischen Ländern. Kassel 1995

Blair, Sheila: Islamic Calligraphy. Edinburgh 2006

Braune, Gabriele: Musik in Orient und Okzident, in: Sievernich, Gereon und Budde, Hendrik (Hg.): Europa und der Orient, 800–1900. Gütersloh 1990, 210–230

Bürgel, Johann Christoph: Drei Hafis-Studien. Bern 1975

Ders.: Allmacht und Mächtigkeit. Religion und Welt im Islam. München 1991

Ders.: Der Islam im Spiegel zeitgenössischer Literatur der islamischen Völker, in: Werner Ende und Udo Steinbach (Hg.): Der Islam in der Gegenwart. München 2005, 797–826

Ettinghausen, Richard: Die Kunstschätze Asiens. Arabische Malerei. Hg. von Albert Skira. Genf 1962

Denny, Walter B.: Osmanische Keramik aus Iznik. München 2005

Farmer, H. G.: Musikgeschichte in Bildern. Der Islam. Leipzig 1966

Faroqhi, Suraiya: Kultur und Alltag im osmanischen Reich, vom Mittelalter bis zum Anfang des 20. Jahrhunderts. München 1995

Gillow, John: Textiles of the Islamic World. London 2010

Hammer-Purgstall, Joseph von: Geschichte der Osmanischen Dichtkunst bis auf unsere Zeit. Mit einer Blüthenlese aus zweytausend, zweyhundert Dichtern. Bd. 2. Pesth 1837

Heine, Peter: Der Islam, erschlossen und kommentiert. Düsseldorf 2007

Husain, Salma: Nuskha-e-Shahjahani. Pulos from the Royal Kitchen of Shah Jahan. New Delhi 2004

Ibn al-Waschscha: Das Buch des buntbestickten Kleides. Bd. 1–3. Leipzig 1984

Ipsiroglu, Mazhar: Meisterwerke islamischer Kunst. Stuttgart 1980

Iqbal, Muhammad: Persischer Psalter, bearbeitet von Annemarie Schimmel. Köln 1968

Kettermann, Günter: Atlas zur Geschichte des Islam. Überarbeitet von Peter Heine. 2. Aufl. Darmstadt 2008

Khoury, Theodor Adel: Der Hadîth. Urkunde der islamischen Tradition, Bd. 1–4. Gütersloh 2008–2010

Kreiser, Klaus: Istanbul. Ein historischer Stadtführer. München 2009

Kühnel, Ernst: Die Arabeske. Sinn und Wandel eines Ornaments. Graz 1977

Naef, Silvia: Bilder und Bilderverbot im Islam. München 2007

Neumann, Reingard: Aus 1001 Nacht. Islamische Lackkunst in deutschen Museen und Bibliotheken. Münster 2009

Parker, Ann und Neal, Avon: Die Kunst des Hadsch. Wandbilder erzählen von der Pilgerfahrt nach Mekka. München 1995

Rehman, Abdul: Garden Types in Mughal Lahore according to Early-Seventeen-Century Written and Visual Sources, in: Attilio Petruccioli (Hg.): Gardens in the Times of the Great Muslim Empires. Leiden 1997,161–172

Ritter, Helmut: Das Meer der Seele. Leiden 1955

Rosen, Friedrich: Die Sinnsprüche Omars des Zeltmachers. (Ruba´iyjat-i-Omar-Khajjam). Leipzig 1940

Rückert, Friedrich: Hariri. Die Wandlungen des Abu Seid von Serug. Stuttgart 1966

Schimmel, Annemarie: Classical Urdu Literature from the Beginning to Iqbal. Wiesbaden 1975

Dies.: Islamic Literatures of India. Wiesbaden 1973

Strauss, Johann: L' image moderne dans l'Empire Ottomane: quelques points de repère, in: Heyberger, B. und Naef, S. (Hg.): La multiplication des images en pays d' Islam. De l' estampe à la television. Würzburg 2003, 139–176

Taswir: Islamische Bildwelten und Moderne. Berlin 2009

Titley, Norah: The Ni´matnama Manuscript of the Sultans of Mandu. London 2005

Touma, Habib Hassan: Die Musik der Araber. 4. Aufl. Wilhelmshaven 2010

Vor allem Usbekistan ist für großformatige, farbenkräftige Suzani-Stickereien bekannt, die als Wandbehänge Verwendung finden. Das links abgebildete Beispiel stammt aus dem 19. Jh. und wurde in der Region Ura-Tube, nordöstlich von Samarkand, angefertigt.

REGISTER DER GLOSSARBEGRIFFE

Adab 71
Anakoluth 53
Arabeske 92
Brettchenweben 210
Dinar 179
Dîwân 48
Drone 184
Fatwâ 26
Freitagsmoschee 130
Ghazal 62
Hanîf 13
Hijra 14
Humorallehre 184
Ikat 210
Ikonoklasmus 87
Imâm 20
Iwân 136
Jihâd 24
Jinn 53
Kiosk 154
Knabenlese 140
Lampas 207
Madhhab 175
Majûs 17
Maqâme 73
Maqsûra 131
Mathnawî 71
Mihrâb 129
Minarett 130
Minbar 129
Muftî 26
Mulham 226
Muqarnas 136
Musselin 218
Neologismus 74
Ostinato 201
Padischah 161
Pfalz 156
Qalansuwa 224
Qasab 227
Qibla 20
Rajaz 175
Spolien 142
Sûfî 33
Sunna 26
Tailasân 223
Tirâz 204
Wesir 51

BILDNACHWEIS

S. 2: picture-alliance; S. 11: picture-alliance / akg-images; S. 21: picture alliance / dpa; S. 22/23: picture alliance / dpa; S. 27: Laziz Hamani; S. 38: picture alliance / Photoshot; S.42/43: Karte von Joachim Schreiber nach: Günter Kettermann, Atlas zur Geschichte des Islam, 2. Aufl. Darmstadt 2008; S.49 oben: Julia Plato; S. 54/55: Abdellaziz Frikha; S. 61: Wikimedia Commons / Arno Lagrange; S. 63 u. 68: Bodleian Library, London; S. 80: Laziz Hamani; S. 95/95: picture-alliance / Herve Champollion / akg-images; S. 96: picture-alliance / Bildagentur Huber; S. 99: Bodleian Library, London; S. 114/115: nach: Iraq Contemporary Art, vol. 1, Lausanne 1977; S. 116: nach: Sijilmassi, Mohammed: L'art contemporaine du Maroc. Paris 1989; S. 118: British Museum, London; S. 119: nach: Al-Fann. Die Kunst. Zeitgenössische Kunst in den islamischen Ländern. Katalog. Kassel 1995; S. 121: picture-alliance / akg-images; S. 122: picture-alliance / Herve Champollion / akg-images; S. 127: picture-alliance / akg-images; S. 128: picture-alliance / akg-images / Erich Lessing; S. 132/133: picture-alliance; S. 135: picture-alliance; S. 137: picture-alliance; S. 138/139: picture-alliance; S. 141: picture-alliance; S. 147: picture-alliance / Reinhard Koester; S. 149: picture-alliance; S. 150: picture-alliance; S. 154: bpk / Museum für Islamische Kunst, SMB; S. 156: picture-alliance / maxppp; S. 157: picture-alliance / Herve Champollion / akg-images; S. 158: picture alliance / Bildagentur-online/TIPS-Images; S. 160: picture alliance / Bildagentur-online/Lescourret; S. 162: Wikimedia Commons; S. 163: picture-alliance / dpa; S. 164: picture alliance / Ronald Wittek; S. 167: picture-alliance / akg-images; S. 177: picture alliance / Bildagentur-online/TIPS-Images; S. 178: nach: H. G. Farmer, Musikgeschichte in Bildern. Bd. 3, 2. Der Islam. Leipzig 1966; S. 195: nach: Culture et les Arts en Irak. Baghdad 1978; S. 206, 207: nach: John Gillow, Textiles of the Islamic World, London 2010; S. 208/209: picture alliance; S. 211, 214, 217, 219: nach: John Gillow, Textiles of the Islamic World, London 2010; S. 220, 225: picture-alliance/ dpa; S. 227: nach: John Gillow, Textiles of the Islamic World, London 2010; S. 235: bpk; S. 237: picture alliance / Arco Images GmbH; S. 238: nach: John Gillow, Textiles of the Islamic World, London 2010
Alle anderen Abbildungen: Archiv des Autors

Verlag und Autor danken allen Leihgebern für die Bereitschaft, Bildmaterial für diese Publikation zur Verfügung zu stellen. Leider war es nicht in allen Fällen möglich, die Inhaber der Urheberrechte zu ermitteln. Etwaige Ansprüche kann der Verlag bei Nachweis geltend machen.

DANK

Dieses Buch wäre ohne die Mithilfe zahlreicher Freunde und Kollegen kaum in der vorliegenden Form zustande gekommen. Vor allem zu danken habe ich Juliane Jäckel für ihre kenntnisreichen Hinweise zur muslimischen Musik, Thomas Krüppner für seine unschätzbare Hilfe bei der Materialbeschaffung und Reingard Neumann für ihre klugen Anmerkungen zu Fragen der Kultur muslimischer Textilien. In Fragen der Literatur half Leslie Tramontini. Für zahlreiche Hinweise zur inhaltlichen und formalen Textgestaltung danke ich Regine Gamm. Wie bei allen meinen Büchern hat meine Frau Ina nicht nur den Text durch zahlreiche hilfreiche Hinweise lesbarer gemacht, sondern Stapel von Quellentexten und Bildbänden an möglichen und unmöglichen Stellen erduldet und einen körperlich wie geistig abwesenden Autor umsorgt. Ihr gilt mein ganz besonderer Dank.